U0863971

INSIDE and OUTSIDE the STOCK MARKET

Re-understanding the Regulation of Insider Trading

股市内外

重识内幕交易规制

钟文财　著

法律出版社 LAW PRESS·CHINA

北京

图书在版编目(CIP)数据

股市内外：重识内幕交易规制 / 钟文财著. -- 北京：法律出版社，2025

ISBN 978-7-5197-7970-2

Ⅰ. ①股… Ⅱ. ①钟… Ⅲ. ①股票交易－基本知识 Ⅳ. ①F830.91

中国国家版本馆 CIP 数据核字(2023)第 099405 号

股市内外:重识内幕交易规制
GUSHI NEIWAI: CHONGSHI NEIMU JIAOYI GUIZHI

钟文财 著

策划编辑 陈 妮
责任编辑 陈 妮 张思婕
装帧设计 李 瞻

出版发行 法律出版社
编辑统筹 法治与经济出版分社
责任校对 王语童
责任印制 吕亚莉
经　　销 新华书店

开本 710 毫米×1000 毫米 1/16
印张 19.75　**字数** 301 千
版本 2025 年 1 月第 1 版
印次 2025 年 1 月第 1 次印刷
印刷 北京中科印刷有限公司

地址:北京市丰台区莲花池西里 7 号(100073)
网址:www.lawpress.com.cn
投稿邮箱:info@lawpress.com.cn
举报盗版邮箱:jbwq@lawpress.com.cn

销售电话:010-83938349
客服电话:010-83938350
咨询电话:010-63939796

版权所有·侵权必究

书号:ISBN 978-7-5197-7970-2
定价:116.00 元

凡购买本社图书,如有印装错误,我社负责退换。电话:010-83938349

To Inacia

以公平竞争看待金融市场内幕交易规制
（代序）

党的二十届三中全会提出要“制定金融法”。在金融法制定的当前阶段，钟文财博士出版新著《股市内外：重识内幕交易规制》，主张从公平竞争层面来重新审视金融市场内幕交易规制体系，具有重要的理论意义和现实价值。本书以“股市内外”为研究视角，系统反思内幕交易规制在不同金融市场的认知差异和制度分歧，并提出以“公平竞争范式”重新定义金融市场的内幕交易及其规制逻辑，勾勒出了金融市场内幕交易统一化规制的新图景。总体而言，本书视角独特、选题新颖、问题意识突出、融通中外、观点明确，可以为未来金融市场内幕交易规制的理论研究、立法统合、执法实践乃至普法教育提供参考。

本书由作者在其博士学位论文基础上修订而成。作为其博士生导师，作为本书从萌芽到付梓的“助产士”和见证者，我很乐意将他近五年来持续探索思考的成果推荐给大家。在博士研究生入学之初，钟文财博士“法学＋英语”的复合型专业背景就给我留下了深刻印象。他擅长金融法的比较研究也敢于创新，对哲学的浓厚兴趣和外文资料的翔实运用使他的思考更具深度和广度。2019 年，他从德国交流学习回来后，决定更换博士学位论文选题，但对于新选题仍比较纠结。其中一个备选题目“股市外内幕交易规制研究”，是受欧盟经验启发在原有债券市场监管相关选题中拓展而来。其研究初衷是，内幕交易规制诞生于股票市场、往往也聚焦于此,那么,如何才能更好地适用于其他金融市场呢?以股票市场为中心的内幕交易规制研究已汗牛充栋,他当时的研究基础尚不足以驾驭金融市场内幕交易规制体系重塑这个宏大命题,论文写作时间也比较有限,聚焦于股市之外的某一市场进行研究又偏离了初衷,故而选择以"股市外"为研究视角。综合考虑后,我鼓励他朝这个研究方向分阶段地进行探索。随后,我们以债券市场为突破点的阶段性成果发表在《证券市场导报》并获得中国人民大学书报资料中的《复印报刊资料》转载,他的博士学位论文也获评西南政法大学校级优秀博士论文。需要说明的是,外审专家对其博士学位论文曾给出三个优秀、一个良好、一个合格的评价,答辩委员会也在肯定其研究价值的基础上对"股市外"的视角创新和"公平竞争改革方案"的观点创新表达了疑虑,包括"股市外"的表述是否准确、研究对象是否明确、研究结论能否涵摄股票市场,以及以公平竞争为理念重塑内幕交易规制体系是否必要和科学。这些宝贵意见为他继续深化研究完成本书提供了动力和方向。

毕业之后,钟文财博士坚持这一研究方向,默默耕耘,终成此书。一方面,他将研究视角从"股市外"上升到"股市内外",补充了内幕交易规制在碳排放权、加密资产、金融衍生品和外汇等领域的最新发展,进一步揭示股票市场规制经验的局限,验证以金融市场内幕交易规制的全局高度进行理论反思和制度重构的必要性。另一方面,他超越了构成要件的思维框架,借鉴反不正当竞争法一般条款之精神,吸纳刑法犯罪构成从"四要件"转向"三阶层"的理论突破,将"公平竞争改革方案"的观点创新锤炼为系统的"金融市场内幕交易规制的公平竞争范式"。随着相关阶段性成果的发表,"股市内外"的视角创新和"金融市场内幕交易规制的公平竞争范式"的理论创新相辅相成,构成了本书的两大亮点,共同成就了本书严格论证的命题:"以公平竞争看待金融市场内幕交易规制"。

"股市内外"的创新视角,是重识内幕交易规制的一个绝佳切片,在拓宽视野的同时展示出鲜活的生命力。该研究视角促使本书将聚光灯投向过往内幕交易规制的理论研究和制度实践关注不足的场域,激励作者竭力发掘股市之外零散而珍贵的素材。以此发生学视角观之,方觉内幕交易规制向股市之外的拓展已近成燎原之势。在理论、立法或执法层面,禁止内幕交易的努力已不同程度地渗透到债券等其他证券产品,期权和期货,信用违约互换、利率掉期、差价合约和点差交易等金融衍生品,存款、基金和外汇等传统金融产品,比特币和非同质化通证等加密资产,超越金融产品之分的程序化高频交易,乃至金融属性较强的碳排放权、剩余索取权、房地产和高端艺术品。在这一过程中,从股票市场总结出来的规制经验在股市之外的解释力减弱,人们对深刻影响各国的美国反欺诈模式和欧盟市场诚信模式祛魅,甚至在股票市场好不容易形成的制度共识也逐渐被瓦解。为什么内幕交易在某些市场被禁止而在某些市场又被允许;到底什么是内幕交易;为什么要予以规制;如何划定受规制的产品范畴;又如何保证规制一致性。这些疑惑使内幕交易规制的理论认知和制度实践在股市内外产生了诸多难以解释的"双城记",内幕交易合法化或差异化规制的主张不断涌现,制度轮廓和统一路径变得模糊,重识内幕交易规制并凝聚共识显得尤为紧迫。因此,以"股市内外"为视角重新理解内幕交易规制,进一步明确并持续检验理论认知和制度经验的可适用范围,并超越"股市内外"之分探索金融市场内幕交易的统一化规制,自然就成为金融法制定的重要任务之一。

"金融市场内幕交易规制的公平竞争范式"的理论创新,是本书以"股市内外"为视角重识内幕交易规制的重大突破,基本实现了选题之初的中长期设想。本书主张将内幕交易理想类型化为"金融市场不当取用信息优势的反竞争行为",并以公平竞争为理念予以规制,具体认定则应超越预设内幕交易存在的"四要件"思维框架,吸收反不正当竞争法一般条款之精神,采用递进式的"符合性—违法性—有责性"三阶层分析框架,逐步判断信息优势取用行为是否存在、取用行为是否违法以及是否应当追究或豁免其责任。以此范式观之,当前以内幕信息为中心的重大性认定其实重在判断信息优势是否存在,而未公开性认定其实是预先将违反公开披露义务当作信息优势取用行为违法的唯一判断标准,股市内外有关内幕交易的制度分歧大多源于诸多违法性判断的抽象标准或客观依据之间的冲突。因此,规制体系重塑应注意区分信息优势取用行为与其违法性判断，并重点明确有哪些法律规范可作为违法性判断依据，而非内幕信息的范围限定。此范式是以股市内外为视角重识内幕交易规制的理论结晶，从公平竞争的新角度系统回答“何为内幕交易”“为何规制内幕交易”“如何认定内幕交易”三大难题。该理论范式超越了美国反欺诈论的经验局限，又对欧盟市场诚信论进行了细化和发展，为构建中国自主、规则统一、监管协同的金融市场内幕交易规制体系提供了新思路。

青年学者的成长需要一个过程，开拓创新的精神值得鼓励，思想的成熟需要深入的学术交流。本书选择以“股市内外”为视角、从公平竞争层面来重新理解金融市场内幕交易的行为本质、规制理念、认定逻辑、执法权力配置和法律责任体系，是该领域研究中一项富有创新性、开拓性的重要成果。我认为本书所讨论的问题（内幕交易规制如何在股市内外实现统一）与提出的命题（以公平竞争看待金融市场内幕交易规制）值得被严肃对待。当然，理论体系中概念的引入与退出以及概念与理论的关系处理，是一项需要小心处理的系统工程。在内幕交易概念泛化的背景下，本书主张将“内幕”概念“驱逐”出内幕交易规则体系，将“公平竞争”概念植入内幕交易规制体系，将规制范畴限定为金融市场，并将所违反法规的层级与法律责任的轻重挂钩，仍有可商榷之处。有趣的是，在我们追问或质疑之际，正是重识内幕交易规制之时，亦是本书视角创新和观点创新展现生命力之时。期待钟文财博士以本书为起点，广泛吸纳意见，继续深化研究，为中国反内幕交易立法的统合乃至金融法的制定作出贡献。

是为序。

 *

2024 年 11 月 3 日于重庆

* 王怀勇，西南政法大学党委常委、副校长，教授、博士生导师、博士后合作导师。

目录

前　言 …… 001
一、内幕交易规制实践的“股市导向” …… 002
二、股市内外:理论研究的“双城记” …… 003
(一)“股市内”的研究现状 …… 004
(二)“股市外”的研究现状 …… 006
三、理论意义与实践价值 …… 011
(一)理论意义 …… 012
(二)实践意义 …… 012

第一章　股市外内幕交易规制的基础认知 …… 014
一、股市外内幕交易的范畴厘定 …… 015
(一)股市外内幕交易与知情交易 …… 016
(二)股市外内幕交易与内幕交易 …… 017
(三)股市外内幕交易与利用未公开信息交易 …… 019
(四)股市外内幕交易与跨市场内幕交易 …… 025
二、内幕交易规制的场域延伸:从股票到非股票 …… 028
(一)债券 …… 028
(二)期权 …… 032

(三)期货 …… 035
(四)金融衍生品 …… 045
(五)其他新兴与传统的金融产品 …… 053
(六)超越金融产品之分的结构性内幕交易 …… 077
(七)非金融产品 …… 082

第二章 股市外内幕交易规制与否的理论争鸣 …… 084
一、反对予以规制的理论努力 …… 085
(一)对传统规制理由的证伪 …… 085
(二)对股市外内幕交易正当性的证成 …… 105
二、支持予以规制的理论努力 …… 110
(一)对规制正当性的证成 …… 110
(二)对去监管化理论的证伪 …… 114
(三)内幕信息广义论的制度共识 …… 117
(四)统一化还是差异化的进路分歧 …… 119
三、股市外内幕交易规制与否之争的反思 …… 121
(一)真正的差异何在 …… 122
(二)理论争鸣的贡献与局限 …… 132

第三章 股市外内幕交易规制的现实图景 …… 137
一、股市外内幕交易规制的产品范畴 …… 138
(一)美国:"证券—期货"分立模式 …… 138
(二)欧盟:"金融产品"统合模式 …… 143
(三)我国:"证券—期货/衍生品"统合与分立模式并存 …… 149
(四)其他法域 …… 155
二、股市外内幕交易规制罕见的原因剖析 …… 157
(一)法经济学考察:内幕交易缺乏经济合理性 …… 158
(二)法教义学考察:法律竞合与排除适用 …… 162

（三）中国国情：政府主导的制度变迁模式 …… 164
三、股市外内幕交易规制的现实需要 …… 167
（一）内幕交易制度准备不足渐现 …… 168
（二）市场化与法治化的应有之义 …… 169
（三）金融市场发展趋势对规制一致性的需求 …… 170

第四章　股市内外：我国内幕交易规制的拓展困境 …… 174
一、行为定性：股市外内幕交易的性质不清 …… 174
（一）股票内幕交易的道德可非难性之争 …… 175
（二）股市外内幕交易的道德迷局 …… 178
二、价值取向：多元价值之争与规制逻辑混用 …… 179
（一）二元对立与价值基础动摇 …… 180
（二）现实虚化与规制逻辑混用 …… 186
三、法律适用："股票化思维"规范的法教义学局限 …… 187
（一）适用范围有限 …… 188
（二）归责原则的混乱与局限 …… 195
（三）内幕信息规定的不适应 …… 202
（四）对非集中竞价交易机制的忽视 …… 208
（五）差异化法律责任设置不甚合理 …… 215

第五章　股市内外：内幕交易规制拓展的公平竞争进路 …… 221
一、内幕交易的再理解：一种不正当竞争行为 …… 222
（一）股票内幕交易的不正当竞争本质 …… 223
（二）股市外内幕交易的不正当竞争本质 …… 225
（三）内幕交易的话语重述 …… 226
二、价值取向：以公平竞争为反欺诈和市场诚信的价值桥梁 …… 228
（一）公平竞争价值的领导特质与桥梁功能 …… 228
（二）公平竞争价值锚定的中国实际 …… 229

（三）公平竞争价值确立的法制路径 …………………………… 230
（四）公平竞争价值确立的难点所在 …………………………… 233
三、范式转换：从内幕信息的教义明晰到正当取用的标准探明 …… 236
（一）从主体到客体：内幕信息中心论的确立与再认识………… 237
（二）从主观到客观：信息公平取用的标准确立………………… 244
（三）从理念到规则：信息公平取用客观标准的具体实现……… 250

结语　共识的瓦解与凝结 …………………………………………… 266

参考文献 ……………………………………………………………… 274

后　记 ………………………………………………………………… 305

前　言

所谓求索,大抵是"根据已知,求其未知,根据其所思,求其所未思"[1]。一个问题,就是一个组织中心。[2] 追问,反映了提问者的认知状态、关注焦点乃至价值判断,也限定了问题的研究范围、思维视角、解答方式乃至答案。在许多情况下,提出问题可能比解决问题更重要,因为它可能引发更多追问,孕育思维的变革和更多可能性,进而把人类认知边界再往前推动些许。本书为什么要强调"股市内外",皆源于一个疑问:"为什么好像只有股票市场才有内幕交易案例"。

强调"股市内外"并非"为赋新词强说愁",而是源于内幕交易规制实践与理论研究的"股市导向",即以证券交易所内采用集中竞价方式交易的股票市场(股市)为中心。换言之,股市之外的内幕交易规制实例罕见,相关理论研究不足或分歧很大。这一判断虽然难逃武断之嫌,但是似乎较合理地反映了法律规范、规制实践和理论研究的基本面貌。相比"非权益类证券"、"非股票金融市场"和内幕交易制度"拓展"研究,"股市内外"这一不那么符合学术规范的表述,似乎更有利于反映这一面貌。想来,规制实践并未完全遵循学术规范,理论研究为了明确研究对象往往局限于另一个具体产品和市场,缺乏统筹整个金融市场、实现

---

〔1〕 张掌然:《问题论》,武汉大学2005年博士学位论文,第1页。

〔2〕 参见[法]阿尔布:《经济心理学》,符锦勇译,上海译文出版社1992年版,第18页。

规制一致性的宏观视野。更重要的是,在这些"双城记"中,作为参考和比较的"股市"经验不尽相同,相关建言似乎并不在同一个"频道"。因此,"股市内外"的表述虽然使研究范围呈现一种半开放的状态,但是它有可能构建一个统一的对话平台,孕育思维变革,触发更多追问和可能性,以重识乃至重构内幕交易规制体系。虽然强调"股市内外"导致工作量和论证难度陡增,会削弱论述严谨性,但是这可能就是体系化和拓展适用的成本和代价。此非一人之力可成之事,吾辈虽在所不辞但仍力有不逮。本书重在对内幕交易规制何以在股市内外保持一致性进行理论阐释,权作承前启后和抛砖引玉之用。

一、内幕交易规制实践的"股市导向"

大不列颠百科全书(Encyclopedia Britannica)电子数据库显示,内幕交易指的是"以牟利为目的非法利用内幕信息进行金融交易"(Illegal use of insider information for profit in financial trading)。然而纵观各国立法史,内幕交易法的诞生都与"股灾"直接相关,制度设计也不同程度地带有"问题导向式立法"的色彩。虽然,各国的内幕交易规范往往冠之以"证券"、"期货"或"金融工具",但是,实践中绝大多数内幕交易规制案例都发生在证券交易所集中交易的股票市场。

在我国,即便是在新三板也很少有内幕交易规制实例,在股票市场之外更是如此。截至 2021 年 1 月 1 日,公开资料显示,对于除股票外最为典型的证券——债券,我国尚无内幕交易规制实例,即便是在 2013 年债市稽查剑指内幕交易之后,即便是在 2016 年中国农业银行被指涉嫌中期票据内幕交易之后,即便是在 2018 年底债市统一执法机制建立并查处首例债券市场欺诈发行、虚假陈述和操纵市场之后。而在内幕交易立法较为充足的期货领域,我国也只出现过 2013 年"光大乌龙指"一案。然而,监管部门并未明确认定其为期货内幕交易,而且相关认定也面临诸多合法性和合理性质疑。这种规制阙如的状态在股市之外普遍存在,比如与股票联系密切的期权、与债券联系密切的信用风险缓释工具,以及基金、黄金、外汇等传统金融产品,还有碳排放权等新兴金融产品。

域外在内幕交易规制向股市之外的拓展走得较远。法制层面,各国内幕交易法的产品适用范围都呈扩张态势。比如,欧盟和日本已分别将所有的"金融工具"和"金融商品"都纳入规制范畴,前者甚至还囊括了碳排放权。而采用"证券—期货"分别立法模式的美国,内幕交易规制的产品范畴也由于对二者的宽泛定义而得到了扩充。实践中,内幕交易规制也已拓展到债券、期权、期货、信用违约互换(Credit Default Swap, CDS)、差价合约和点差交易等金融衍生品,比特币和非同质化代币(Non - Fungible Token, NFT)等加密资产,乃至超越金融产品之分的高频交易领域。这些案例大大丰富了"股市外"内幕交易的规制实践。

二、股市内外:理论研究的"双城记"

总体而言,内幕交易规制理论研究的场域延伸,呈现出一个以股市为中心的"差序格局"状态。这好似往湖中投下一块重石荡起的涟漪,逐渐蔓延到期权、债券、期货、CDS、差价合约和点差交易等金融衍生品,黄金和外汇等传统金融产品,碳排放权和加密资产等新兴金融产品。股市之外,内幕交易的差异化规制乃至去监管化成为主要声音。最终,这一研究视野的拓展,还试图超越股市内外、金融产品和市场之分,蔓延到了高频交易领域乃至金融市场之外金融属性较强的房地产和高端艺术品领域。相关产品(市场)与公司股票(股市)越相似或联系越紧密,相关内幕交易的投机空间就越大,规制实例就越多,理论研究相对就更充实。产品越复杂且大众投资者越少,相关的法教义学质疑与价值立场动摇越激烈。

与此同时,某些突发事件就像是随重石一同落下的碎石,在大涟漪中激起诸多小涟漪甚至是波澜。比如,1986 年美国"垃圾债券大王"证券欺诈案、1995 年"327 国债期货事件"、2004 年英国首例点差交易内幕交易案女王诉比尔等人(R v. Beale and others)、2008 年金融危机、2009 年首例债券衍生品内幕交易案美国证券交易委员会(SEC)诉罗里奇

(SEC v. Rorech)、2013 年中国“光大乌龙指案”和美国纽约“2.0 版内幕交易案”(insider trading 2.0),2014 年利用未公开信息交易的中国“马乐案”、2017 年首例比特币内幕交易案博科诉比特币基地公司(Berk v. Coinbase)、2018 年亚马逊第二总部落户纽约长岛之际的房地产内幕交易事件、2019 年底英国央行会议信息被窃听且被卖给高频交易者事件,等等。这些事件都激发了理论的争鸣。因而,相关研究呈现出一个半开放的散射状态,涉及诸多维度,比如“证券—期货”“场内—场外”“现货—衍生品”“境内—境外”“机构投资者—个人投资者”等,不一而足。

为更好地呈现这一“差序格局”的研究面貌,本节有必要先概括以股市为中心的(证券)内幕交易研究状况,再梳理学界关于股市外内幕交易是否应当规制、法律适用、规制进路和产品边界等方面的分歧。

(一)“股市内”的研究现状

长期以来,以(证券)内幕交易为题的论著实际上主要围绕股市展开。这点在我国是如此(胡光志,2002;曹理,2016;史佳欣,2018;宁荣,2019),在英语文献中也是如此(Andrew Verstein, 2016)。即便是以资管产品内幕交易为研究对象的文献,实际研究也是以资管产品为工具实施的股票内幕交易(张子学,2015;宁荣,2019)。相较而言,英语文献在整体性制度反思层面的研究深度相对领先,我国相关研究总体逐渐趋向微观和技术化,具言之:

1. 重视构成要件的法教义学明晰

近年来,内幕交易构成要件的法教义学明晰成为学界的研究重点之一。有主张内幕信息中心论的(胡光志,2002),有主张“所有知情人”都能构成内幕交易主体的(曾洋,2014),也有主张以信息平等理论为主要理论基础重构内幕交易主体制度的(张淑芬、左坚卫,2022),还有主张将主体认定标准解释为“不当获取并知悉内幕信息”的(李激汉,2020),也有学者主张废除主体要件和主观要件,完善客体要件和客观要件(曹理,2016)。

2. 注重采用实证研究方法

近年来，越来越多的学者注重通过对执法实践进行实证考察，以发现和解决实际的"中国问题"。比如"证券违法与证券处罚间的对称性失调"（李红军，2015）；"谁在偷偷看牌"，即实践中被查处的内幕交易主体有哪些类型（吕成龙，2017）；违法所得计算的实证考察（金燚，2021）。还有供职于中国证监会从事执法工作的学者系统梳理了实践中的监管标准与难点（宁荣，2019）。也有学者提倡内幕交易的"源头规制"：有效改变内幕信息知情人的内在经济激励结构（吕成龙，2020），通过对1994—2020年的内幕交易处罚进行解构和实证分析，认为中国证监会未充分行使自由裁量权，且存在裁量逻辑与标准不明确的问题（吕成龙，2021）。

3. 制度进路分歧越发明显

2014年我国最大"老鼠仓"马乐案爆发后，内幕交易罪与利用未公开信息交易罪（内幕信息与其他未公开信息）的统分成为研究焦点。主张"分轨"者中，有观点认为两罪的经济机理不同（刘宪权，2017），应增设非法经营同类营业罪（龚振军，2009）或背信利用金融信息罪（曾艳，2011）。也有观点认为，在"老鼠仓"的笼统称呼下存在诸多不同模式和法律性质的违法违规行为，不宜"胡子眉毛一把抓"（彭冰，2018）。而主张"并轨"者多认为二者具有相同的本质特征（龙非，2018；古加锦，2015），其中也有学者持"事已至此"的态度，认为应当努力明晰何为"其他未公开信息""利用职务便利""情节特别严重"等，厘清利用未公开信息交易罪与相邻罪名的界域以及法律适用的不一致（王欣元、康相鹏，2014；李耀杰，2015）。此外，在二者的法定刑援引方面有主张部分援引的（孙谦，2016），也有主张全部援引的（谢杰，2015；叶良芳、申屠晓莉，2018）。

美国和欧盟的规制进路也面临诸多质疑。一方面，美国反欺诈规制进路在理论界的认可度逐渐降低。有美国学者指出，由于立法的不明确，美国内幕交易制度是非正义的，因为刑事制裁公示不足而SEC却滥用自由裁量权；它缺乏一致性，因为SEC从信息平等性角度进行规则制定和追诉活动,而司法机关仍遵循反欺诈的立法逻辑;它也缺乏合理性,因为其不确定性会减损本应达成的价值目标(John P. Anderson,2016)。另一方面,虽然欧盟规制模式越来越得到认可(Jed Rakoff,2017),但是也有学者认为欧盟《反市场滥用条例》将所有金融工具纳入内幕交易规制范畴可谓“对一切都唠唠叨叨”(Green J. & Torrens E, 2016),“疯了”(Maytaal Angel & Emma Farge,2013),面临违反一事不二罚原则的合法性危机(Andrea Perrone, 2020),实际规制效果必将不理想(Marco Ventoruzzo & Sebastian Mock, 2017)。在这种情况下,学界在规制与否、立法目的和责任理论等各方面难以达成共识。

在规制与否方面,有学者主张将“反欺诈型内幕交易”合法化(缪因知,2011),也有学者提出“取得发行人明示同意即可进行内幕交易”的制度改革方案(John P. Anderson,2016;宋颐阳,2022),还有学者主张在大数据时代对于“老鼠仓”要轻刑化(李耀杰,2015)。

在价值取向方面,有主张美国反欺诈规制进路的(缪因知,2021),也有主张以欧盟式市场诚信为唯一立法理念的(曹理,2016)。也有学者认为,欧盟内幕交易规制的终极目标是效率,而不是维护市场诚信与提升投资者信心(Aurora Martínez Flórez,2019)。还有学者认为,内幕交易规制具有公司治理与证券监管双重面向,而信息披露制度是二者的连接点(史佳欣,2018)。更重要的是,公平和投资者信息保护似乎都不足以证成内幕交易规制的正当性(John P. Anderson,2016),即便有学者运用康德普遍法则公式推导出公平应该重新作为内幕交易法理学的指导原则(Marcus J. Curtis, 2016)。

在归责理论方面,信义义务理论(张伟,2005)、信息平等获取理论(Marco Ventoruzzo, 2014)、公平交易理论和盗用理论(Zachary J. Gulber, 2017)都有拥趸。也有学者主张以特别关系理论为主、信息优势理论为辅的市场论(周钦逢,2013),主张将内幕交易的规制机理从信义义务理论转向信息滥用理论(Alexander F. Loke,2006)。

(二)“股市外”的研究现状

相比股票内幕交易规制研究,中英文文献中关于股市外内幕交易规制的研究都较少。但是,即便我国学者较早意识到内幕交易规制的诸多理由也无法解释产品范畴为何局限于股票(证券)的问题(胡光志,2002;贺少奇,2000)。由于研究起步时间较晚,中文文献受英文文献的影响比较明显。具言之:

1. 规制与否的理论争鸣

在规制与否的问题上,股市外内幕交易规制与否的争论比较激烈,而且合法化声音比较多。首先,金融衍生品内幕交易合法化的争鸣最显眼。学者们认为,金融衍生品内幕交易"未必影响市场诚信与投资者信心"(刘成墉,2018)。内幕交易规制将严重损害商品期货市场风险对冲的经济功能(Sharon Brown-Hruska & Robert S. Zwirb, 2007)。中国证监会在2013年"光大乌龙指案"中未能理性坚守风险对冲的期货市场逻辑(陈洁、曾洋,2014),混淆了光大证券作为市场中介和普通投资者的区别,忽视了商战中"损人利己"的允当性(缪因知,2014)。内幕交易法很难有效遏制金融衍生品内幕交易,反内幕交易法过于复杂对市场有负面影响,而放松规制有利于市场良性发展,应让市场来决定内幕交易的"存亡"(毛雅娟、喻世友、吴荣福,2006)。CDS应当以"投资—投机"为区分标准,重点规制"投机性"裸持CDS内幕交易,豁免投资性CDS内幕交易,发挥CDS内幕交易的市场培育作用(范黎红,2019)。要求商品期货投资者先公开自己的信息才能从事交易会让其他市场主体坐收渔利,破坏证券市场健康发展所必需的竞争机制(Victor Brudney, 1979)。CDS允许风险转移和外化产品设计、便利融资和增加市场信息供给带来的一系列正外部性,以及注重面对面协商和定制化交易合同的市场特征,都使脱胎于标准化和去个人特征的股市内幕交易规范在CDS市场的可适用性大大减弱(Douglas B. Levene, 2012)。

其次,债券和股票期权领域反对内幕交易规制的主张较少。有学者主张债券市场应该允许市场主体做出豁免或减少内幕交易的自愿安排,俗称"大男孩信"(Big Boy Letter)(张子学,2012)。与之类似,也有学者主张应尽力使破产债权人委员会成员免受内幕交易法的限制,先不着急将内幕交易法规制范围扩大到剩余索取权,以促进信息的双向流动和破产和解(Andrew Verstein,2018)。较早时候也有学者提出应允许银行利用负面内幕信息抛售债券以保护其偿付能力,但是应禁止其利用利好内幕信息买入债券(Franke, Günter,1989);应当以债券约定为中心的合同法路径保护债券持有人,而非保护股东的公司法路径——内幕交易规制(Morey W. McDaniel, 1986)。

最后,金融科技领域也出现了反对内幕交易规制的声音。比如有学者反对将高频交易领域的歧视性数据销售定性为“2.0 版内幕交易”。区别定价带来的价格歧视并不必然有害,有利于降低其他用户的信息成本,坏处则在于会对市场质量带来负面影响。对这一行为的道德谴责更多源于一小部分自动化交易商占据市场优势的现代市场结构的不公平。但是如果花钱购买更快的信息获取渠道是不当的,那么花钱购买任何信息本身都是不当的(James J. Angel, Douglas M. McCabe, 2018)。还有学者认为,对加密资产进行内幕交易规制反而弊大于利,会限制创新和广泛应用(M. Todd Henderson & Max Raskin, 2019)。区块链技术的运用使加密资产交易置于严格的市场环境中,明目张胆的欺诈和市场操纵才是实际问题,并不需要将内幕交易规制作为首要政策目标之一(Peter J. Henning, 2018)。相较之下,中文文献认为,区块链有利于监测和发现内幕交易(乔新生,2019;Sean Belcher,2017),但区块链网络依然可能出现内幕交易问题(汪青松,2019)。

针对上述合法化声音,有许多学者坚持认为相关内幕交易应当予以规制。比如,即便 CDS 市场内幕交易能提高定价效率,但利不能抵弊。过去认为证券市场内幕交易可接受的理由在 CDS 市场也并不存在,禁止 CDS 市场内幕交易能控制困扰 CDS 市场多年的道德风险、提振市场信心、增加流动性、缓解市场结构以机构投资者为主的弊端与系统性风险(Adam Reiser, 2011)。再如,知情交易的信息供给易使金融衍生品市场“太有效”而有损市场稳定,但应警惕监管固守股市传统认知而增加市场成本(Yesha Yadav, 2015)。有学者指出,相关内幕交易合法化的理论往往会采用“选择性论证方式”(Stanislav Dolgopolov, 2012)。证券之于期货的差异性被过分拔高,并不足以证成内幕交易在相关市场的合法性(Andrew Verstein, 2015)。

2. 法律适用方面的争论

法律适用方面,内幕交易法能否拓展适用于股市之外引起了诸多争论,尤其是在责任理论方面。反对内幕交易规制者往往将信义义务关系局限于董事、监事、高级管理人员(以下简称董监高)与公司或其股东之间。相关信义义务并不存在于相关场域,因而内幕交易规制也就无从开展,比如债券(Harvey L. Pitt,1993;Donald C. Langevoort, 2012)、期权(William K. S. Wang, 1988)、加密资产(John P. Anderson, 2019)、CDS(Douglas B. Levene, 2012)、高频交易(James J. Angel & Douglas M. McCabe, 2018; Yesha Yadav, 2016)和期货等金融衍生品(刘成墉, 2018)等。而认为内幕交易规范能适用的学者,大多推崇内幕交易规范的抽象语言和宽泛目标,如认为信义义务和盗用理论仍能为规制 CDS 内幕交易提供法律正当性和基本框架(Adam Reiser, 2011)。侵蚀投资者信心和导致逆向选择的,并非信义义务或保密义务的违反,而是知情交易者的存在本身,无效率的内幕交易在任何市场都是非法的(Barbara Bader Aldave, 1984;R. Rene Pengra, 1992)。

3. 规制进路方面的分歧

学界在规制进路方面的分歧很大。在价值取向方面,有学者对债券及其衍生品内幕交易研究后认为,鉴于内幕交易的不公平竞争本质,以及美欧传统反欺诈和市场诚信立法目的二元对立的局限性,我国应以公平竞争为反欺诈和市场诚信的价值桥梁,进行统一化的顶层设计和差异化的制度调试(王怀勇、钟文财,2020)。

归责理论方面,有学者认为,金融衍生品市场内幕交易的归责应有其独特性,主张以“无权取用信息财产权益”为归责基础,追求“客观的公平”(刘成墉,2018)。也有学者认为,期货内幕交易立法应“参考盗用理论校准归责标准”(鲍晓晔,2021)。还有学者认为,针对高频交易带来的“结构性内幕交易”,我们应当重新思考内幕交易规制到底反对的是什么,从信息平等获取角度探索系统性信息优势的更佳定价模式(Yesha Yadav, 2016)。也有学者主张抛弃“信义义务关系理论”而采纳“市场公平理论”,以有效打击债券市场内幕交易和提高经济效率(Harvey L. Pitt,1993)。还有学者主张“信义义务的弹性化”(Flexible Duty)或将信息盗用纳入信义义务范围,以之替代美国联邦最高法院的绝对方式(Categorical Approach),既能坚守信义义务原则,又将所有债券和市场主体纳入规制范围(R. Rene Pengra, 1992)。也有观点认为,所谓期货内幕交易规制打击的其实是信息盗用,进而倾向于采纳信息私取理论(Neal Kumar,2019)。

规范层面,学界的建议很难转变为立法。比如,我国有学者曾提出股票期权内幕交易规制的三条路径:将《证券法》中“买卖该证券”的表述修改为“买卖该证券或其衍生产品”;将《证券法》规定的内幕信息及其知情人纳入《期货交易管理条例》或将来的“期货法”;由中国证监会在部门规章中对股票期权内幕交易进行特别规定(彭鲁军、陈亦聪,2014)。但是2015年《股票期权交易试点管理办法》只是简单重申了禁止内幕交易,2019年《证券法》更是将衍生品排除在适用范围之外。2022年《期货和衍生品法》也未明确衍生品交易中的何为内幕信息及其知情人。外国也有学者针对比特币内幕交易提出了“不会造成市场萎缩的监管”的三条道路也面临诸多争议:将虚拟货币纳入证券或期货范畴,或构建一个全新的监管制度和机构(Emily Crane,2018)。

4. 产品范畴方面的分歧

近年来,内幕交易规制的产品范畴问题逐渐得到深入研究。有学者主张内幕交易规制仅限于普通上市股票(Sandeep Parekh,2018),有学者认为证券是内幕交易发生的唯一领域(Stephen M. Bainbridge ed., 2013),不能将反欺诈的普通法规则扩展适用到期货或其他市场,并要求同样的信息披露(Victor Brudney, 1979)。也有学者认为保护强制信息披露制度的完整性是内幕交易规制的一个重大理由。相比市场诚信和财产理论,这一视角可为内幕交易规制设置更明确的边界,并将需要强制信息披露的资产类型纳入规制范畴(James J. Park,2018)。还有学者认为,内幕交易法的根本问题不在于弄清到底禁止的是什么,而在于弄清在哪些领域作为基础法的合同法足以解决问题,哪些领域需要增加一层法律予以规制。因此内幕交易法的适用范围应该限定在交易者和中介会因普遍的知情交易而退出的市场,尤其是在规模庞大的中介市场,以及专家能够在众多可替代但复杂的资产类别中发展出专业性、与社会总资产相比单个诉讼当事人持有的资产价值太低的领域(Andrew Verstein, 2019)。值得注意的是,英文文献中"证券—期货"跨市场的研究视角缺失尤为严重。美国研究期货的学者通常也不引用证券内幕交易的相关文献。证券法学者也几乎不提及期货,即便提及也只在于表明自己的理论不会扩张影响到期货市场,也不解释为何不能扩张到期货市场(Andrew Verstein, 2016)。相较之下,中文文献中通常会对证券和期货内幕交易规制进行比较,但多强调二者的差异化规制,缺乏统一的研究视角。这也导致信用风险缓释工具成为内幕交易规制的真空区域(王怀勇、钟文财,2020)。

此外,学界的研究视野也逐渐扩张,涉及私募基金(Sarah Osborne, 2018)、外汇(Owen F. Humpage,2000)、商业地产(Josh Barbanel,2018)、高端艺术品(Andrew M. Goldstein,2015)等。但是相关研究多为经济学文章或市场报道,法学研究较少,因为在这些市场中参与者们对信息不对称问题的严重性、内幕交易和未公开信息的认知及态度均莫衷一是。

三、理论意义与实践价值

综上所述,国内外关于内幕交易规制的理论研究,都不同程度地受到产品和市场界分的思维禁锢,具有明显的"股市导向"。随着理论研究的深入和规制实践的发展,衍生于股票市场的内幕交易规制理论共识被不断瓦解,因而在拓展适用到股市之外的实践中时产生了更多的理论分歧,形成一个问题束。到底什么是内幕交易,内幕交易在股市外是怎样的一个存在,它错了吗,到底错哪了,现行规范体系有哪些不适应,应当如何调适,内幕交易规制向股市之外拓展的边界何在,这些问题将会始终困扰着我们。因此,在这一背景下,本书以“股市内外:重识内幕交易规制”为题进行探索,具有以下意义。

(一)理论意义

首先,本书归纳了股市之外诸多领域的内幕交易规制现状和研究争点。研究者们可省些心力,在较短时间内把握内幕交易规制在股市外的现实图景,并可按图索骥对相关文献和案例作进一步研究。

其次,本书有可能构建一个跨越(乃至超越)股市内外的共同对话平台。一方面,这可以为内幕交易规制的股市经验提供一些试验场,以完善相应的脆弱和粗糙之处,反哺股票内幕交易规制。另一方面,这可以将股市之外的内幕交易规制问题系统化,避免局限于单一产品或市场引致研究的碎片化和颗粒化。

最后,本书提出的公平竞争改革进路,为内幕交易规制在股市内外的统一化和差异化提供新的研究视角,孕育思维变革。对于美国和欧盟经验的碎片化参考和逻辑混用,已经使相关研究日益庞杂、微观和技术化。我国将其作为一种理念性而非技术性的公平竞争改革进路,可能是比较适宜的方案。它有利于构建内在一致的理论体系,对股市内外的差异给予合理观照,厘清规制边界问题的思维框架和基本原则。基于该理念推导出信息公平取用标准的客观化,即从主观抽象的价值判断转向客观的法律渊源厘定,也可能为同仁们的后续探索提供一条思路。

(二)实践意义

首先,本书有利于引起监管部门对内幕交易规制在股市内外“双城记”的重视,增进其对股市外内幕交易及其规制的认识和理解。其次,本书有利于内幕交易规范体系的统一化,消弭其中的错位、断层、空白和冲突,夯实内幕交易规制的正当性基础和法制准备,避免“研究一个,出台一个办法,推出一个产品”的路径依赖,实现股市内外的一致性规制。具体而言,如果法律、行政法规、部门规章、行业惯例等法律渊源,明确规定相关信息必须公开披露、报告或必须保密，违反这些法律渊源，获取并利用相关信息交易金融产品，即构成内幕交易。当然，上述法律渊源的具体范围可以再作论证，是否要将合同约定和行业惯例纳入也可有不同意见。无论如何，规制实践如果围绕信息公平取用客观标准（法律渊源）予以展开，将更具一致性和可操作性。再次，本书可能有利于内幕交易规制在股市之外的差异化调适。股市内外的差异虽然不足以证成股市外内幕交易的合法性，但却会影响具体的规则设计和制度实施。因此，本书提出的些许设想可能可以对这些差异性予以合理观照，比如以无损公平竞争为标准对相关主体、产品、市场和行为进行集中豁免，设置差异化的认定标准，建立非详尽的指示性内幕信息清单，对非集中竞价市场的探询行为开展信息规制，设置差异化的制裁指标和措施。最后，本书有利于合理界定内幕交易的规制边界。公平竞争改革方案既可以将诸多非股票金融产品纳入规制范畴，又能兼顾股市外的复杂性和差异性，为相应产品、市场、主体和行为的豁免预留制度空间，明确相应程序。这种正面肯定加反面否定的方式，既能有效规制股市之外的内幕交易，又能合理确定公权行使的边界和方式。

第一章　股市外内幕交易规制的基础认知

纵观国内外内幕交易立法史,内幕交易规制的诞生与立法高潮都与股票市场的危机有关。比如,20世纪30年代的经济大危机与股市大灾难促成了首部内幕交易法规——美国《1934年证券交易法》(Securities Exchange Act of 1934)的诞生;20世纪80年代的股市大崩盘,迎来了以《欧洲内幕交易指令》(Council Directive 89/592/EEC of 13 November 1989 Coordinating Regulations on Insider Dealing)为代表的国际反内幕交易立法高潮。我国内幕交易法律法规的初创与发展,则与20世纪90年代猖獗的股票内幕交易有着密切关系。[1] 问题导向式立法的原生品格,使得各个国家或地区大多将内幕交易规制置于证券法的框架下,但所谓(证券)内幕交易规制实际主要围绕公开发行和交易的股票而展开。然而,如果内幕交易可以发生在股票市场,它是否也存在于其他金融产品和市场?是否应当予以规制?如何规制?在这些简单的追问下,理论研究和规制实践逐步向股市之外拓展,涉及债券、期权、期货、信用风险缓释工具、差价合约和点差交易等金融衍生品、碳排放权、比特币等加密资产、超越金融产品之分的高频交易乃至金融属性较强的房地产和高端艺术品,引发不少争论。

---

〔1〕 参见胡光志:《内幕交易及其法律控制研究》,法律出版社2002年版,第205~285页。

也许是因为“何为定义”本身仍是逻辑学上悬而未决的难题,[1]也许是因为“在科学上,一切定义都只有微小的价值”[2],也许是认为内幕交易应当规制已是不证自明之理,抑或是因为担忧在概念法学转向评价法学的趋势下深究概念的徒劳无功,近年来有关内幕交易的论著都在淡化内幕交易的定义,尽管它是“一切有关内幕交易理论的逻辑起点”[3]。因此,本章决定不再沿用“内幕信息—内幕交易主体—内幕交易”的循环定义方式对股市外内幕交易进行描述性解释,而试图从“区别的”和“历史的”两个方面尽可能地明确本书的研究对象。所谓“区别的”,就是通过与知情交易、利用未公开信息交易和跨市场内幕交易等相邻概念的比较,认识何为股市之外的内幕交易。所谓“历史的”,就是呈现内幕交易规制“从股票到非股票”的拓展过程及其中的张力,描绘内幕交易规制以股票为中心逐步向外拓展而形成的“差序格局”。

一、股市外内幕交易的范畴厘定

内幕交易制度及其理论在从股票市场向外拓展时面临了诸多挑战,原本不那么坚固的传统共识不断受到冲击、瓦解,甚至面临“自我认知障碍”。本书强调“股市外”,与内幕交易规制“传统认知”的发源地——股票市场相对应,以其为出发点、参照物、检验标准和落脚点,试图探索统一化的内幕交易规制体系。但是,内幕交易制度向股市之外的拓展纵横交错,涉及股票向非股票、场内向场外拓展等多个维度,也从具体产品发展到超越具体产品之分,演变为一个复杂的问题束。在外汇、政府债券、一揽子证券和指数型证券市场中,信息不对称问题并不那么重要,内幕

---

〔1〕 关于定义的定义,是逻辑学上很有意思的一个问题。学者詹姆斯·布朗(James Brown)曾试图对“何为定义”做出解释。在一番详细考究之后,其得出结论如下:“‘何为定义’之问题仍悬而未决。它是个开放的问题。”See Brown J. R, *What is a Definition*?, Foundations of Science, Vol. 3:1, p. 131(1998).

〔2〕 韦建桦主编、中共中央马克思恩格斯列宁斯大林著作编译局编译:《马克思恩格斯选集》(第3卷),人民出版社2012年版,第459页。

〔3〕 胡光志:《内幕交易及其法律控制研究》,法律出版社2002年版,第21页。

交易或知情交易的定义本身都模糊不清。[1] 因此,必须先对股市外内幕交易这一半开放的研究范畴进行界定,厘清上述拓展过程中涉及的诸多类似但又有区别的概念。

按照《新华字典》的解释,内幕指的是内部实际情况。然而,对于内幕交易,国际上依然缺乏一个统一的立法定义。现有理论研究要么避免对内幕交易进行定义,要么内幕交易定义大多局限于股票(或证券)市场。"在科学上,一切定义都只有微小的价值。"[2] 紧盯"内幕"二字,以"内幕信息—内幕交易主体—内幕交易"循环定义的方式解释"股市外内幕交易"意义不大。可以明确的是,股市外内幕交易指的是利用重大未公开信息交易除股票外其他金融工具的行为,这一行为与知情交易、内幕交易、利用未公开信息交易和跨市场内幕交易等相邻概念有着诸多区别与联系。因此,从规制一致性的目的和"股市内外"的叙事结构来看,比较四者,而非进行循环定义,可能更有利于把握股市外内幕交易。

(一)股市外内幕交易与知情交易

股市外的内幕交易,是否应该被称为知情交易?内幕交易往往被称为知情交易。但知情交易比内幕交易的范畴更广,因为前者不含价值判断,属于价值中立的表述。比如,有学者在探讨知情交易及其监管时,将内幕信息分为发行人内部信息和非发行人来源的信息,并将利用后一类内幕信息的交易,区分为社会期许的交易和社会不期许的交易。前者是市场研究机构利用自身专业性和努力发展出来的保密分析资料进行交易或者授权他人使用该分析结果后进行的交易,后者是除前者外未授权的交易。监管应当阻止社会不期许的知情交易形式,促进社会期许的知

---

〔1〕 Stanislav Dolgopolov, *Insider Trading, Informed Trading, and Market Making: Liquidity of Securities Markets in the Zero-Sum Game*, William and Mary Business Law Review, Vol. 3:1, p. 32 (2012).

〔2〕 韦建桦主编、中共中央马克思恩格斯列宁斯大林著作编译局编译:《马克思恩格斯选集》(第3卷),人民出版社2012年版,第459页。

情交易。[1] 换言之，知情交易是个中立表述，包含道德上被允许和被谴责的行为。这也解释了为何知情交易更多地出现在经济学——一个连儿童贩卖都可以客观地用成本效益方法予以分析的学科。值得注意的是，即便是采用知情交易话语的学者，仍有可能将视野局限在股市，如开篇就将知情交易定义为"利用尚未反映在股价中的信息进行的交易"[2]。

按理说，信息不对称是客观现实，只要有经济行为就存在知情交易。比如，有学者指出："禁止内幕交易是知情交易规制的一种形式。其正当性在于可以降低逆向选择施加在非知情交易上的交易成本。但这并不意味着有必要对知情交易进行宽泛的禁止，否则会打击知情交易的积极性，破坏价格的准确性。合理界定内幕交易的规制范围可以保证非知情交易者能够按照准确的市价进行交易，而不用承担太高的逆向选择交易成本。"[3]换言之，股市之外利用信息不对称进行的交易并不一定都具有可非难性，采用知情交易而非内幕交易的表述，似乎更恰当。然而，法学研究往往会因潜在的价值判断而选择使用内幕交易的表述。鉴于本书以法学研究视角聚焦于具有可责性知情交易的规制，并试图探索股市内外内幕交易的统一化规制体系，本书将沿用内幕交易的学术表达。

（二）股市外内幕交易与内幕交易

在我国立法明确区分内幕交易与利用未公开信息交易之后，股市外的内幕交易还能否被称为内幕交易呢？内幕交易本质上是不正当利用信息不对称进行交易的行为。由于信息不对称是一种客观现实，内幕交易应该无处不在。但按照传统认识，内幕交易规制似乎只能发生在集中竞价的公开市场，而对于非集中竞价的询价交易市场，内幕交易规制似乎无从谈起。比如，有学者认为在有组织的重大非公开信息市场，政府

---

〔1〕 Merritt B. Fox, Lawrence R. Glosten & Gabriel V. Rauterberg, *Informed Trading and Its Regulation*, Journal of Corporation Law, Vol. 43:4, p. 826(2018).

〔2〕 Merritt B. Fox, Lawrence R. Glosten & Gabriel V. Rauterberg, *Informed Trading and Its Regulation*, Journal of Corporation Law, Vol. 43:4, p. 826(2018).

〔3〕 Nicholas L. Georgakopoulos, *The Logic of Securities Law*, Cambridge University Press, 2017, p. 140.

事实上已经接受了梅因式市场(Mannean Marketplace)的内幕交易合法化立场。美国证券交易委员会(Securities and Exchange Commission, SEC)已经默许内幕人士在信息公开前违反信义义务进行信息披露,将重要的未公开信息出售。有新证据表明,除2016年纽约"2.0版内幕交易案"外,国家认可的统计评级机构可能也为重大非公开评级信息创建了一个类似市场。SEC似乎默许精英交易者首先接收和交易这些信息,无论获取这些信息是否违反内幕交易法。重大非公开信息被惯常地用以交易违反了内幕交易法,这一事实要求学术界改变研究议程。几十年来学术界一直将内幕交易执法的表象视为现实,但是他们应该给予蓬勃发展的梅因式市场应有的权利,并专注于定义其结构、范围和效果。[1]

因此,实质意义上的内幕交易比法律意义上的内幕交易宽泛。后者的范围之所以较窄,原因主要有三。第一,内幕交易行为往往涉及内幕信息的获取和利用,这一系列的行为可以分解出单独的行为,如获取行为有可能触犯信息保密的法律法规,利用行为可能触犯利用未公开信息交易罪,行为结果导致利益输送和交易对手的利益受损,在不同情境下可能会触犯贪污受贿罪等其他罪名。第二,法律意义上的内幕交易规制作为国家公权力的行使途径,会考虑合理性和必要性,尤其是对于股市之外的非公开交易市场,内幕交易规制可能不具备介入的必要性、正当性和经济性。第三,如果实质意义上的内幕交易都受到规制,所有的信息不对称都要予以披露,否则就要戒绝交易,那金融市场的信息生态就会遭受毁灭性的打击,市场经济可能也就丧失了存在的现实基础。

那么,股市之外的内幕交易既可能涉及违反保密法律法规的行为,也可能涉及贪污受贿等犯罪行为,更可能涉及利用未公开重大信息损害合同相对方利益的民事侵权行为,甚至会涉及房屋买卖等一般商品交易和服务领域。在这种情况下,股市之外的内幕交易几乎无边无际,除了债券内幕交易等较为典型的内幕交易外,可能还包括属于内幕交易但不

---

〔1〕 See Mercer Bullard, *Insider Trading in a Mannean Marketplace*, Temple Law Review, Vol. 88:2, p. 223(2016).

适用内幕交易法的行为,如不正当但法律出于现实考虑不介入的内幕交易,甚至还有合法的内幕交易等。因此,能否将内幕交易规制的分析范式笼统地拓展到股市之外,这是值得质疑的。

需要明确的是,本书所指的股市外内幕交易是能够纳入统一化内幕交易规制体系的行为,包括但不限于债券、期货和金融衍生品等金融市场的内幕交易行为。对于已有其他法律予以规制的内幕交易行为,也只在法条竞合和想象竞合的意义上予以探讨。值得注意的是,除在厘定规制边界时有所涉及外,本书暂不探讨金融市场以外的内幕交易问题。

(三)股市外内幕交易与利用未公开信息交易

股市外的内幕交易,是否就是利用未公开信息交易?利用未公开信息交易罪,是2009年《刑法修正案(七)》为了对治“老鼠仓”严峻形势,在区分内幕信息以及“内幕信息以外的未公开信息”的基础上增设的罪名。2019年《证券法》修订也认可这一区分,增设了关于利用未公开信息交易的第54条。不得不说,在内幕交易统一化的国际趋势下,区分内幕信息与内幕信息以外的未公开信息并创设利用未公开信息交易罪,可能是中国在内幕交易分层规制领域对世界的一个贡献。

2014年我国最大“老鼠仓”马乐案事发,随着最高人民检察院罕见地抗诉、最高人民法院的再审改判,利用未公开信息交易罪如何援引内幕交易罪的法定刑,[1]两者应当“分轨”还是“并轨”,相关争论变得白

---

〔1〕 比如,有学者认为,该罪应全部按照内幕交易、泄露内幕信息罪的法定刑条款进行处罚,即具有“情节严重”“情节特别严重”两档量刑情节及其对应法定刑配置。参见谢杰:《利用未公开信息交易罪量刑情节的刑法解释与实践适用——“老鼠仓”抗诉案引发的资本市场犯罪司法解释反思》,载《政治与法律》2015年第7期。通过体系解释、目的解释的校验,可以印证全部援引这一解释结论具有正当性。参见叶良芳、申屠晓莉:《论理解释对文理解释的校验功能——“两高”指导性案例马乐利用未公开信息交易案评释》,载《中国刑事法杂志》2018年第1期。存疑时有利于被告原则仅适用于案件事实存疑的场合,法官解释刑法时只需得出正确的解释结论而非有利于被告的结论。参见孙谦:《援引法定刑的刑法解释——以马乐利用未公开信息交易案为例》,载《法学研究》2016年1期。但是也有学者认为,两罪具有不同的经济机理,前者不能参照内幕交易犯罪司法解释规定的数额标准。两者共用同一法定刑,有欠科学。基于对现有利用未公开信息交易行政处罚、刑事判例的实证分析,建议将利用未公开信息交易罪“情节严重”“情节特别严重”的核心数额标准以“累计交易量”或“非法获利数额”分别重新设定。参见刘宪权:《论利用未公开信息交易罪法定刑的设置及适用》,载《现代法学》2016年第5期。

热化。其中,对内幕信息与其他未公开信息进行区分,却又将非公开信息交易罪并入内幕交易罪处理,这一逻辑不恰饱受批判,“并轨”似乎成为共识。比如,有学者认为作为一个独立罪名,该罪的犯罪主体、未公开信息的范围、情节严重的标准不明确,也缺乏应有的周延性,未像内幕交易罪一样将泄露行为也纳入规制范畴。[1] 也有观点认为同属《刑法》第180条的内幕信息与其他未公开信息有着相同的本质特征。[2] 然而,还有学者持“事已至此”的态度,承认该罪采用“无先而后”立法技术的正当性存疑,但站在“罪刑既已法定”的立场上,试图在法教义学层面明确争诉较多的“其他未公开信息”“利用职务便利”等构成要件,并厘清与相邻罪名的界域。[3] 也有学者出于两者性质不同,坚持“分轨”。比如,有观点认为不宜将“老鼠仓”行为归在内幕交易类下,宜采用背信罪与特别背信罪的形式予以规定,增设非法经营同类营业罪或背信利用金融信息罪。[4] 还有学者主张将利用未公开信息交易轻刑化,认为同样的获利数额或涉案数额,“老鼠仓”犯罪的危害性比内幕信息犯罪低,其“情节严重”的标准需高于内幕交易犯罪。大数据时代“老鼠仓”行为的查处不再那么困难,《刑法修正案(七)》立法时该行为对金融行业的巨大威胁得到缓解。根据罪责相一致原则,刑法应相应降低对“老鼠仓”行为的处罚力度。[5]

但是,在“老鼠仓”这一笼统称呼下,存在不同模式、法律性质不同的违法违规行为,而不仅仅是利用未公开信息交易罪那么简单。“操纵

---

〔1〕 参见浙江省丽水市人民检察院课题组、陈海鹰:《利用未公开信息交易罪疑难问题探析》,载《河北法学》2011 年第 5 期。

〔2〕 参见古加锦:《利用未公开信息交易罪司法适用的疑难问题研究》,载《政治与法律》2015 年第 2 期。

〔3〕 参见石奎:《利用未公开信息交易罪的刑法分析》,载《财经科学》2014 年第 2 期;王涛、汤琳琳:《利用未公开信息交易罪的认定标准》,载《法学》2013 年第 2 期;王欣元、康相鹏:《利用未公开信息交易罪疑难问题探析》,载《法学》2014 年第 6 期。

〔4〕 参见龚振军:《老鼠仓犯罪立法模式的批判性反思——兼论规范构成要件之修正》,载《学术论坛》2009 年第 8 期;曾艳:《基金“老鼠仓”的法律规制探析》,载《河南师范大学学报(哲学社会科学版)》2011 年第 1 期。

〔5〕 参见李耀杰:《利用未公开信息交易罪的“情节特别严重”之辩——兼评马乐基金老鼠仓案》,载《法律适用》2015 年第 3 期。

型老鼠仓”需要确定行为人对信息的形成具有控制力以及有利用这种信息影响力的主观意图;“传统型老鼠仓”则需要确定该信息具有影响力(价格敏感性);“侵占基金财产型老鼠仓”和“职务侵占型老鼠仓”则只需要确定该信息本身具有投资价值;“模仿交易型老鼠仓”是否需要入罪则值得仔细考虑。将其纳入统一的法律规范追究同样的法律责任并不合适。运动式执法虽然能够提升打击效力,但“胡子眉毛一把抓”不符合罪当其罚的法治理念。应当如何设置刑法罪名,仍有待进一步研究。[1]

尽管如此,立法对内幕信息采取狭义定义,内幕交易罪与利用未公开信息交易罪的区分,似乎已不可逆转。规范层面,2019年6月27日最高人民法院、最高人民检察院联合发布《关于办理利用未公开信息交易刑事案件适用法律若干问题的解释》(以下简称2019年《利用未公开信息交易司法解释》),对过去学界质疑的“内幕信息以外的其他未公开的信息”“违反规定”“依照第一款的规定处罚”“情节特别严重”等关键语句进行了解释。2019年底《证券法》修订延续了《刑法》第180条对两罪的区分,专门增设了第54条。但是《期货交易管理条例》(2017年修订)历经2012年、2013年、2016年和2017年四次修订,也未改变相应的内幕交易规范,未区分内幕信息和内幕信息以外的未公开信息,也未因此增设利用未公开信息进行期货交易的行政责任。有学者认为,之所以没有将双重交易、抢先交易等“老鼠仓”行为纳入期货内幕交易范围,主要原因在于境内期货公司不允许开展自营业务,其工作人员也不得从事期货交易,这就从制度上基本排除了“老鼠仓”的可能性。即使有个别期货公司或期货从业人员甘冒违法风险,从事与期货公司经纪业务、资产管理业务等相关的“老鼠仓”交易,基于期货交易独特的交易机制,从一

〔1〕 参见彭冰:《重新定性“老鼠仓”——运动式证券监管反思》,载《清华法学》2018年第6期。

般理性人的角度来看,其交易也不具有经济上的合理性。[1] 然而,2019年《利用未公开信息交易司法解释》的起草背景中有着不同阐述:“近年来,在我国证券、期货交易活动中,利用未公开信息交易的违法犯罪行为(俗称“老鼠仓”)多发……司法实践层面,近年来我国利用未公开信息交易犯罪案件的发案领域日趋广泛,涉及基金、银行、证券、保险、资产管理等多个领域,逐渐从证券发行、交易环节蔓延至基金托管、资产评估等环节,呈现传统风险与新型风险相互交织的特点。”[2]

但是,问题在于期货内幕交易规范与上述两罪二分的立法逻辑并不一致。按照《证券法》和《刑法》“分轨论”的立法思路,期货市场并无发行人,不以上市公司为制度核心,其实并无内幕交易,而只可能存在“内幕信息以外的其他未公开信息”。然而,《期货交易管理条例》第3条明确将内幕交易作为禁止对象,但并未像《证券法》第50条那般规定何为内幕交易。其中,该条例第81条在明确法律用语的含义时,明确将期货内幕信息定义为“可能对期货交易价格产生重大影响的尚未公开的信息”,并未考虑《证券法》强调的“发行人”因素,所列举的具体信息类型则完全符合《证券法》和《刑法》规定的“内幕信息以外的其他未公开信息”。对此,《利用未公开信息交易司法解释》第1条也予以正面肯定。但是,该司法解释与《期货交易管理条例》的规定完全不同,因此,严格来说,期货内幕交易就不能称为内幕交易。然而,该司法解释将证券持仓数量及变化、资金数量及变化、交易动向信息规定为内幕信息以外的“未公开信息”,却将期货领域的这类信息排除在外。对此,最高人民法院姜永义等法官解释道:“《期货交易管理条例》明确规定此类信息属于‘内幕信息’,不属于‘未公开信息’,如果在期货领域,利用此类信息进

〔1〕 参见李铭:《期货市场何以很少发生内幕交易?——基于法和经济学的分析》,载《南方金融》2019年第7期。

〔2〕 参见姜永义、陈学勇、王尚明:《〈关于办理利用未公开信息交易刑事案件适用法律若干问题的解释〉的理解与适用》,载《人民法院报》2020年4月30日,第5版。

行非法交易的,应当以内幕交易、泄露内幕信息罪论处。"[1]有律师认为,"该理由显然不合法理,只能理解为司法解释无权修改行政法规的无奈之解"[2]。

类似的逻辑不一致还存在于碳排放权交易法律制度中。2021年5月,我国生态环境部《碳排放权交易管理规则(试行)》第33条沿用证券内幕交易规范的逻辑结构,将内幕信息定义为"全国碳排放权交易活动中,涉及交易经营、财务或者对碳排放配额市场价格有影响的尚未公开的信息及其他相关信息内容",并"禁止内幕信息的知情人、非法获取内幕信息的人员利用内幕信息从事全国碳排放权交易活动"。与之类似,2016年9月中国银行间市场交易商协会发布的《信用风险缓释工具试点规则》第34条规定:"参与者不得利用内幕消息开展信用风险缓释工具业务。参与者应建立完善的防火墙制度或措施防范信用风险缓释工具的内幕交易。"然而,如果采用"分轨论"的立法思路,碳排放内幕交易也不能称为内幕交易。

更为重要的是,2022年4月20日通过的《期货和衍生品法》在法律层面强化了这一逻辑冲突。一方面,该法并未采纳《刑法》和《证券法》区分内幕信息以外的其他未公开信息的做法,未改变《期货交易管理条例》内幕交易规范的基本框架。按《刑法》和《证券法》的"分轨"思路,《期货和衍生品法》第14条所列举的交易信息等期货内幕信息,应当属于内幕信息以外的未公开信息。[3] 另一方面,《期货和衍生品法》将内幕交易规制拓展到金融衍生品,即该法第3条所规定的"除期货以外的"

---

〔1〕 姜永义、陈学勇、王尚明:《〈关于办理利用未公开信息交易刑事案件适用法律若干问题的解释〉的理解与适用》,载《人民法院报》2020年4月30日,第5版。

〔2〕 刘凌云、王文君、温宇璇:《期货内幕交易和利用未公开信息交易的规制冲突——兼向〈期货和衍生品法(草案)〉建言》,载金杜律师事务所官网2022年4月19日,https://www.kwm.com/cn/zh/insights/latest-thinking/the-regulation-conflict-between-futures-insider-trading-and-trading-with-undisclosed-information.html。

〔3〕 参见叶林主编:《中华人民共和国期货和衍生品法理解与适用》,中国法制出版社2022年版,第55页;王瑞贺、方星海主编:《中华人民共和国期货和衍生品法释义》,法律出版社2022年版,第30页。

互换合约、远期合约和非标准化期权合约及其组合。按《刑法》和《证券法》的“分轨”思路,这些产品领域只可能存在内幕信息以外的未公开信息。虽然该法第 14 条并未列举衍生品交易的内幕信息,但是该法条已将重大性和未公开性的内幕信息判断标准嵌入衍生品领域。可以预见的是,国务院期货监督管理部门(中国证监会)会按这一标准出台规定列举衍生品内幕信息。在这一路径依赖下,《刑法》、《证券法》和《期货和衍生品法》之间关于内幕信息界定的分歧会进一步扩大,未来调整的难度较大。

值得注意的还有“未公开信息”和“非公开信息”的区分。从字面上看,前者所指的是应当披露而尚未披露的信息,底层逻辑是以强制性信息披露制度为中心的投资者保护,是股票内幕交易规制经验的延伸。而非公开信息的范畴更广,除了应当披露而未披露的信息,还包括那些始终不会也不应公开的信息。但是,从《利用未公开信息交易司法解释》第 1 条的解释来看,“内幕信息以外的其他未公开信息”已超越股票内幕交易规制经验,超越了以强制性信息披露制度为中心的投资者保护思路,将不负有披露义务的非公开信息也囊括在内。概言之,我国内幕交易立法所指的未公开信息其实是非公开信息。可能正因如此,2014 年中国外汇交易中心《银行间外汇市场职业操守和市场惯例指引》第 18 条,2019 年中国外汇交易中心《银行间人民币外汇市场交易规则》第 62 条,以及 2021 年外汇局印发《外汇市场交易行为规范指引》第 13 条,使用的概念都是“非公开信息”,而非“未公开信息”。以欧盟《加密资产市场条例》(The Markets in Crypto – Assets – MiCA)第 87 条第 1 款为例,内幕信息分为应公开而尚未公开(has not been made public)的信息和代为执行订单的人员所掌握的客户交易决策信息两类。虽然这两类信息如果公开(if it were made public)都将对加密资产价格有重大影响,但是该条例并未称后者为内幕信息以外的其他未公开信息,后者并无尚未公开(has not been made public)的限定语,也不需要依照该条例第 88 条强制向公众公开。

因此,本书所指的股市外内幕交易,是利用非公开的重大信息交易非股票金融产品的行为。它至少包含四类:一是较典型的内幕交易,如债券内幕交易;二是广义上的内幕交易,即我国立法专门区分出来,却又参照内幕交易罪处理的利用未公开信息交易;三是实为利用未公开信息交易,但早期被立法定义为内幕交易的期货内幕交易,以及2022年《期货和衍生品法》新规定的衍生品内幕交易;四是在外汇、黄金、比特币和碳排放权等其他金融市场利用对价格有重大影响的非公开信息的交易。同时,除涉及我国利用未公开信息交易相关规定,或特指应披露而未披露的信息外,本书将更多使用"非公开信息"的表述。

(四)股市外内幕交易与跨市场内幕交易

股市外内幕交易与跨市场内幕交易又有什么关系呢?内幕交易具有极强的跨市场运作特征已得到关注,尤其是在期权市场。[1] 比如,2015年中国证券监督管理委员会(以下简称中国证监会)《股票期权交易试点管理办法》第3条规定:"禁止欺诈、内幕交易、操纵股票期权市场以及利用股票期权交易从事跨市场操纵、内幕交易等违法行为。"跨市场内幕交易通常包含两个维度。

一方面,某一重要非公开信息往往会对多个金融产品的价格产生影响,那么利用这一信息可以交易的就不只限于股票。理论上,股票、零息国债、欧式股票的买权与卖权四类资产之间存在一种等价关系,因此每种资产都可由其他三个变量的投资组合来进行等价表达。某些高管利用政府对分属于不同领域投资组合的管制差异,以等价的期权投资组合替代股票交易从而进行变相内幕交易。[2] 与之类似,了解某家公司重大非公开信息的交易员可能会买进一只包括该公司股票的交易型开放式指数基金(Exchange Traded Fund,ETF),然后卖空这只ETF中的其他

〔1〕 参见彭鲁军、陈亦聪:《股票期权内幕交易法律规制之检视与思考》,载《证券法苑》2014年第4期。

〔2〕 参见叶德珠、胡北平:《基于期权平价原理的内幕交易管制设计》,载《广东金融学院学报》2008年第2期。

股票。这种操作被称为"ETF 剥皮"(ETF-stripping),可以让交易员在不直接买卖某公司股票的情况下从该公司的股价波动中获益。对于"ETF 剥皮",知名 ETF 资讯网站 ETF 基地(ETFBASE)模拟了一些情形:交易员获知苹果公司新产品突破性进展的非公开信息后,通过苹果公司占 20% 权重的纳斯达克 ETF 掩盖内幕交易;交易员了解被泄露的中国政府限制稀土出口的决策后,可能通过稀土金属 ETF 实施内幕交易。该网站同时指出,由于对冲基金等大型交易机构经常同时启动与结束多空头寸,如何证明其卖出一些 ETF 成分股的目的是在另一只股票上实施内幕交易,显得颇为复杂,尤其是如何区分内幕交易与合理的套利策略,如何区分内幕交易与"黑天鹅"事件等。美国学者希望美国证监会在跨市场内幕交易愈演愈烈之前,出台相关规则与指引,及早规制这种逃避监管行为。[1] 2011 年 2 月英国《金融时报》也报道,美国证监会正在就华尔街交易员是否利用 ETF 交易掩盖股票市场上的内幕交易展开调查。知情人士称,一些交易员会利用 ETF 在最大化某一只股票收益的同时掩盖交易模式。[2]

另一方面,"跨市场"内幕交易的另一层含义,是利用在股市之外的其他市场中获得的重大非公开信息进行相关的股票交易。理论层面,学者所指的资管产品内幕交易实际是指利用公募基金、私募基金、保险资管产品和信托计划等产品实施股票内幕交易。[3] 规范层面,2007 年中国证监会《证券市场内幕交易认定指引(试行)》(已失效)第 18 条规定:"管理人或受托人等以投资基金、社保基金、保险品种、企业年金、信托计划、投资理财计划等实施内幕交易的,应当认定为管理人或受托人等的内幕交易行为。"实践层面,2008 年中信泰富因投资外汇杠杆期权失利

---

[1] ETF BASE, *ETF Stripping Explained*: *Insider Trading Scheme*, ETF BASE (Feb. 14, 2011), https://www.etfbase.com/etf-stripping/.

[2] John McDermott, *SEC Probes "ETF-Stripping" By Insider Traders*, Financial Times (Feb. 10, 2011), https://www.ft.com/content/2d7b9952-5e5c-3497-9f35-c6e6dc261474.

[3] 参见宁荣:《内幕交易的多副面孔——中国的监管标准与执法实践》,经济科学出版社 2019 年版,第 264 页。

亏损 155 亿港元,时任中信泰富财务部助理董事的崔某年被控涉嫌内幕交易,在事件被披露前沽售中信泰富的股票,避免损失 136 万港元。又如,所谓美国证监会查处的首例也是迄今唯一一例 ETF 跨市场内幕交易,实际上也是高盛公司 ETF 交易部门的一名雇员利用其知悉的高盛公司交易策略与意向信息,伙同其父实施的股票内幕交易。此外,交易方向与套利方向不一致的“反向跨市场”内幕交易的概念也被提了出来。

但是,“跨市场”的表述容易引人误解,甚至可能是一个伪命题。因为投机者并不会在意重大非公开信息来自哪个市场,甚至信息本身并无市场之分,或是超越市场之分。本书所要探讨的股市外内幕交易,指的是掌握了某些可以影响相关金融产品价格的重大非公开信息后,进行了股票之外金融产品交易的行为。采用“跨市场”的表述和分析视角,可能会让这一问题更加复杂。它没有解决内幕交易的法律概念及评判标准,因此相关行为能不能被称为内幕交易都是一个问题。仔细考察还会发现,将之定性为内幕交易,还意味着对内幕信息和内幕人员作无边际的扩大解释,由于内幕交易还涉及刑事规制,这一解释显然有违刑法谦抑原则。更重要的是,这种“跨市场”内幕交易规制的关注点仍然只限于股市,并非本书的探讨重点。

综上所述,本书所指的股市外内幕交易指的是在股票市场之外,掌握非公开而对股票之外的金融产品价格有重大影响信息的人自行或使他人利用该信息从事金融产品交易的行为。它指的是具有否定性法律价值判断的知情交易,即不正当的知情交易;它指的是法律意义上应当予以统一化规制的内幕交易,而非实质意义上因信息不对称而普遍存在的内幕交易;它既包括严格法律意义上的内幕交易,也包括利用内幕信息以外的非公开信息进行的交易;它指的是掌握了某些可以影响金融产品价格的重大非公开信息后买卖非股票金融产品的行为。对于股市外内幕交易的探讨不应在“跨市场”语境下展开,它应该是超越产品和市场之分的。

当然,这种理想类型式的范畴界定不利于我们对股市外内幕交易建立直观的认知,因此,下文将进一步梳理内幕交易规制向股市外拓展的历史进程和理论张力,以说明股市外内幕交易从何而来,又将往何处去。

二、内幕交易规制的场域延伸:从股票到非股票

自从《1934 年美国证券交易法》因股灾而诞生之后,内幕交易的规制实践和理论研究就开始逐渐向股票市场之外拓展,因为非股票金融产品和市场也存在大量的非公开重大信息。有限资料显示,1944 年内幕交易规制开始涉及债券这一除股票外最为典型的证券,而后是与股票联系密切的股票期权,接着是争议最大的期货。进入 21 世纪后,随着金融产品创新和市场的发展,规制范畴逐渐拓展到差价合约和点差交易等更复杂的金融衍生品以及碳排放权和比特币等新兴金融产品,并逐步渗透到似乎与内幕交易毫无关系的外汇和黄金等传统金融产品,乃至超越金融产品和市场之分的高频交易。近年来,这一拓展试图顺势将房地产和高端艺术品等金融属性较强的产品纳入范畴。这一拓展历程波折,理论争议激烈且有一定故事性,值得一一道来。

(一)债券

按理说,内幕交易既然能发生在公司股票市场,也能发生在公司债券、金融债券、政府债券等领域,因为债券市场也存在诸多非公开的、能够影响债券价格的重大信息。实践证明,高收益债券是内幕交易高发区,20 世纪 80 年代末的"垃圾债券之王"麦克·米尔肯(Michael Milken)一案仍是华尔街十大内幕交易案之一。理论层面,该案在 20 世纪 90 年代前后就引起了激烈争论,正反两方观点以《哈佛法律评论》(*Harvard Law Review*)为阵地展开交锋。[1] 对于内幕交易规制在场域延伸中的"双城记"(a tale of two instruments)——对期权和债券的不同态度,发行人就自身债券进行内幕交易而无须承担责任的制度漏洞,以及监管的忽视和拒绝作为,曾任美国证券交易监督委员会主席的哈维·皮

---

〔1〕 See William K. S. Wang, *A Cause of Action for Option Traders against Insider Option Traders*, 101 Harvard Law Review 1056(1988).

特(Harvey Pitt)等学者也早就予以抨击。[1] 法制层面,债券作为股票之外最典型的证券之一,其内幕交易规制应该不存在法律障碍。然而,债券市场内幕交易规制依然呈现全球零星与重视不足的现况。

截至2023年1月1日,我国尚未查处一起债券内幕交易案件。2013年债券市场稽查风暴前夕,内幕交易充斥银行债券市场的批评声很大,且多来自监管部门。[2] 但风暴后的行政执法、司法案例和学术反思,几乎都未涉及内幕交易。2018年11月,中国人民银行等三部门联合颁布《关于进一步加强债券市场执法工作的意见》(以下简称《加强债市执法工作意见》)后,中国证监会获得场内外债券市场的统一执法权,已查处若干起债券市场欺诈发行、虚假陈述和操纵市场案,但"首例"债券市场内幕交易案却仍未出现。而且,在这两次执法行动中,内幕交易查处似乎是被顺带提及。多年来中国证监会查处的股市内幕交易案数以百计,这不禁令人疑惑:债券市场有没有内幕交易?诚然,作为"日常话语"的内幕交易指涉较宽,但是,法律意义上的债券市场内幕交易是否已成伪命题?实际并非如此。2016年4月,中国农业银行被控利用参加主要债权银行沟通会获得的拟实施债务重组事项,未及时披露且在暂停交易前抛售相关中期票据,涉嫌内幕交易。[3] 此案情节与SEC诉英国巴克莱银行案(SEC v. Barclays Bank PLC)[4]高度相似,若能查实则属典型债券市场内幕交易。但是公开资料显示,监管部门并未介入调查,交易商协会似乎对会员自律处分"积极性不高,力度

---

[1] See Harvey L. Pitt & Karl A. Groskaufmanis, *A Tale of Two Instruments: Insider Trading in Non-Equity Securities*, Business Lawyer (ABA), Vol. 49:1, p. 187(1993 - 1994).

[2] (1)"内幕交易时有发生,往往涉及非法利益输送行为。"参见刘升华:《我国银行间债券市场丙类账户监管问题研究》,载《南方金融》2013年第2期。作者当时系审计署广州办工作人员,该文于2012年12月在国家审计署官网发表,吹响了"债市打黑"号角。(2)"内幕交易突出,利益输送特征明显。"参见金永军、赵敏、刘斌:《债券只适合场外交易吗?》,载《证券市场导报》2011年第7期。第一作者曾分别任上海证券交易所副总监和债券业务中心副总经理职务。(3)"债券市场同样存在内幕交易",不加规制将损坏债券市场发展根基。参见张子学:《浅析债券市场内幕交易的规制》,载《证券法苑》2012年第1期。作者曾履职中国证监会行政处罚委副主任。

[3] 参见张宇哲、郭楠:《中国铁物主承被疑内幕交易 农行否认》,载财新网,http://finance.caixin.com/2016-04-30/100938727.html。

[4] SEC v. Barclays Bank Plc, et al., Case No. 07 CV 4427 (S.D.N.Y. May 30th, 2007).

也不大"[1],投诉不了了之。

放眼国际,债券及其衍生品的内幕交易执法案例相当零星。具言之:(1)地域分布上,高度集中于证券市场及法治较为发达的英美两国,尤其是美国,其他法域少见。值得一提的是,2019 年肯尼亚资本市场监管局(Capital Market Authority)处罚了两起国库券交易人员得知客户订单信息后的"抢跑"行为,将其认定为内幕交易,分别开出两张超过一千万元人民币的罚单和十年债券市场禁入的罚单,连续刷新肯尼亚打击金融犯罪中针对个人罚金的最高纪录。[2] (2)产品类型基本覆盖金融债券、国库券、市政债券、可转换公司债、普通公司债券、高收益债券等各类债券。(3)时间跨度上,最早始于 1944 年,归责理论演化的各阶段都有规制实例。(4)交易主体既有狭义内部人,如公司副总经理,也有"外部人",如基金经理、注册经纪人、债券托管人律师、高收益债券做市商和职员、投资咨询机构副总裁、州政府基础设施管理局财务主管、纽约联邦储备银行董事等。其中,破产重组过程中债权人委员会成员涉嫌内幕交易的情形较突出。比如,2019 年 5 月,以凯斯宾资本(Caspian capital)和约克信用机遇基金(York credit opportunities fund)为首的债券持有人指控称,西班牙语广播公司利伯曼广播公司(Liberman Broadcasting, Inc., LBI)的破产重组计划是内幕交易和欺诈的产物,即 LBI 向高桥资本策略投资公司(Highbridge Principal Strategies Investment Partners, HPS)泄露了公司计划发行新债取代第一顺位债务的内幕信息,而后者正是 LBI 的收购方。但是 LBI 和 HPS 都予以否认。[3] (5)交易金额较大,但是获利

---

〔1〕 闵敏:《"违"与"维" | 银行间市场债券违约下投资者的维权之道(下)》,载中伦网,http://www.zhonglun.com/Content/2018/11-21/1508128441.html。

〔2〕 See Brian Ngugi, *CMA Penalises Nairobi Bond Trader Sh208m for Insider Trading*, Business Daily (May 15, 2019), https://www.businessdailyafrica.com/news/CMA-penalises-Nairobi-bonds-trader-Sh208mn-for-insider-trading/539546-5116172-10y59lsz/index.html; Miriam Wangui, *CMA Fines Bond Trader Ksh166.9Mn for Insider Trading*, the Kenyan Wall Street (Feb. 20, 2019), https://kenyanwallstreet.com/cma-fines-bond-trader-sh-166-9-million-for-insider-trading/.

〔3〕 See Peg Brickley, *Bondholders Accuse LBI, HPS of Insider Trading in Debt*, Wall Street Journal (Mar. 19, 2019), https://www.wsj.com/articles/bondholders-accuse-lbi-hps-of-insider-trading-in-debt-11553026256.

或避损金额往往较小。(6)内幕信息包括债务重组等典型股市内幕信息,也包括债券赎回需求、客户订单、利率折扣和新券发行等债券市场特色信息。(7)处罚结果方面,以和解结案居多,最终明确认定或否定构成内幕交易的极少;处罚对象包括单位和个人;处罚措施涵盖没收违法所得、和解金、罚金、吊销执业资格、市场禁入及永久禁止参加与发行人相关的任何债权人委员会等。[1] 这也说明,债券市场内幕交易规制不是一个伪命题。

值得注意的是,债券违约潮的市场化处置,将直接促进债券内幕交易温床——高收益债券市场的发展。2020 年世界经济合作发展组织(OECD)的一份报告称,2021 年发行规模再创新高的全球公司债券市场迎来偿还高峰期和违约潮。低评级债券为主的市场格局与契约保护作用的弱化,直接增加了高收益债券的市场压力。[2] 而截至 2020 年 6 月 8 日,我国债券违约规模已超过 700 亿元。[3] 在债券违约处置逐步法治化和市场化的背景下,2019 年违约债券转让制度分别在银行间债券市场和沪深交易所落地,高收益债券的功能将逐步彰显。2020 年 7 月 1 日,人民银行会同发展改革委和中国证监会联合发布《关于公司信用类债券违约处置有关事宜的通知》,再次强调公司信用类债券违约转让机制的重要性。然而,当前场内外违约债券交易不设价格涨跌幅限制,价格波动会不亚于股票,利用正面或负面内幕消息提前买入或抛售债券,具备更强的经济驱动力和更佳的市场环境。对此如何进行规制,在我国尚未得到应有重视。令人欣慰的是,2020 年 12 月,上述三部门联合发布《公司信用类债券信息披露管理办法》,其中第 36 条授权中国证监会依照《证券法》有关规定,对企业债券、公司债券和银行间债券市场非金

---

〔1〕 相关案例详见张子学:《浅析债券市场内幕交易的规制》,载《证券法苑》2012 年第 1 期。

〔2〕 See Çelik S., G. Demirtaş & M. Isaksson, *Corporate Bond Market Trends, Emerging Risks and Monetary Policy*, OECD Capital Market Series, 2020; Eva Su, *COVID – 19 and Corporate Debt Market Stress*, Mar. 25, 2020.

〔3〕 参见陆慧婧:《多只踩雷债券基金拟清盘》,载证券时报网,https://stock.stcn.com/djjd/202006/t20200609_2018195.html。

融企业债务融资工具等公司信用类债券信息披露违法违规行为进行认定和行政处罚，开展债券市场统一执法工作。此外，2020 年 8 月 3 日《标准化债权类资产认定规则》正式实施。对于其他标准化债权类资产，如国债、企业债券、国际机构债券、政府支持机构债券、金融债券、中央银行票据、地方政府债券、非金融企业债务融资工具、同业存单、信贷资产支持证券、资产支持票据、固定收益类公开募集证券投资基金以及证券交易所挂牌交易的资产支持证券等，是否都在内幕交易规制范围内，也亟待明确。

此外，有从事债券市场一线监管工作的学者主张，银行信贷资产、信托产品项下的信托受益权以及银行承兑汇票等"非标准化债权类资产"，具备大部分证券产品的特征，存在内幕交易的可能，在满足中国人民银行《标准化债权类资产认定规则》规定的五个特征（等分化、可交易；信息披露充分；集中登记、独立托管；公允定价、流动机制完善；在合法交易市场交易）后，也应当纳入内幕交易的规制范畴。[1]

（二）期权

"如果有人掌握内幕消息，并想利用这一机会获利，期权就是一个自然的目标，在杠杆化期权上赚的钱比在股票上赚的钱多得多。"[2] 由于股票期权与股票的联系最为密切，[3] 杠杆化交易隐蔽、复杂，又有惊人的获利空间，而且内幕交易规范模糊且容易被规避，股票期权是投机者

---

〔1〕 贺锐骁：《中国债券市场内幕交易法律规制研究》，华东政法大学 2020 年博士学位论文，第 75～78 页。

〔2〕 Winston Williams, *Insider Trading and Options*, New York TimesApril 13, 1983, at Section D, p. 1.

〔3〕 有实证研究发现期权市场对股票价格发现的贡献率大概在 17%，与交易量、两个市场的价差、股价波动性相关。这从侧面支持了知情交易者会在股票和期权市场进行交易的理论主张，阐述了期权具有重要的信息作用。Sugato Chakravarty, Huseyin Gulen & Stewart Mayhew, *Informed Trading in Stock and Option Markets*, The Journal of Finance, Vol. 59:3, p. 1235 - 1257 (2005)。但是，也有研究发现期权市场不断增加的杠杆率、较低的追诉风险以及不断降低的交易成本，会削弱知情的市场参与者买卖底层有期权上市交易股票的动机。相比底层没有期权交易的股票，底层有期权交易的股票发生内幕交易的概率更低。See David C. Hyland, Salil K. Sarkar & Niranjan Tripathy, *Insider Trading When an Underlying Option Is Present*, Financial Analysts Journal, Vol. 59:3, p. 69 - 77 (2003).

将重大未公开信息进行变现过程中最有吸引力的替代性工具。有大量证据显示,投资银行会在客户的兼并消息公布前交易客户公司的期权,但未在客户公司股票交易中发现类似行为。[1] 虽然理论上股票期权内幕信息的变现有直接交易股票期权和采取组合策略交易两种方式,但是相关案例中的操作都比较直接,即掌握利空信息后买入看跌期权,或掌握利好信息后买入看涨期权。例如,某会计师事务所职员利用职务获取公司并购信息后,先买入短期内到期的价外看涨期权,并在并购信息公布后卖出这些期权获利。[2] 由于组合策略式的内幕交易隐蔽性更高,相关股票期权内幕交易案例非常罕见。[3]

官网显示,SEC 在 2011—2012 年共查处内幕交易案件 115 起,其中有 43 起涉及股票期权,占比达 37%。大部分为公司董监高等传统内部人利用其职务掌握的并购重组、重大交易合同等内幕信息,建议他人对股票现货和股票期权进行混合操作。例如,麦肯锡前全球总裁在保洁和高盛董事会任职期间,向对冲基金经理泄露宝洁和高盛的财务信息,该对冲基金通过购买价外看涨期权等方式获利和避损金额高达 2300 万美元。[4] 谷歌所聘请的投资关系公司的职员泄露了谷歌的重大交易信息供对冲基金从事内幕交易,通过买入和卖出看涨期权获利 60 多万美元。[5] 在起诉书中其他推定知情人从事的内幕交易往往被描述为"高度可疑的暴利交易"。例如,2013 年 SEC 结合亨氏股票期权的历史交易情况,从被告进行特定交易的时机、数量和盈利以及该等账户从未交易过亨氏股票期权的事实,来证明这"绝对是个高度可疑的投机行为",进

---

〔1〕 See Lowry M., Rossi M., & Zhu Z., *Informed Trading by Advisor Banks: Evidence from Options Holdings*, Review of Financial Studies, Vol. 32:2, p. 605 – 645(2019).

〔2〕 SEC v. Mark A. Konyndyk, Civil Action No. 11 – CV – 02055 (D. D. C.), https://www.sec.gov/litigation/litreleases/2011/lr22161.htm.

〔3〕 参见彭鲁军、陈亦聪:《股票期权内幕交易法律规制之检视与思考》,载《证券法苑》2014年第4期。

〔4〕 SEC v. Rajat Gupta and Raj Rajaratnam, Civil Action No. 11 – CV – 7566 (SDNY), https://www.sec.gov/litigation/litreleases/2011/lr22140.htm.

〔5〕 SEC v. Douglas F. Whitman and Whitman Capital, LLC, Civil Action 12 – CV – 1055 (SDNY), https://www.sec.gov/litigation/litreleases/2012/lr22257.htm.

而推定被告在进行特定交易时应当已掌握并购的重大未公开信息。又如，2012 年 SEC 起诉 6 位中国公民和其中 1 人开设的空壳公司，利用内幕交易买入众品公司股票和认购期权，获利超过 920 万美元。其中主要依据是被告此次买入众品公司证券的价值超过所申报的年收入且占净资产的比例高，明显与之前的投资习惯与财务状况不符。[1] 2015 年 4 月 SEC 控称，在 58 同城最大股东腾讯控股同意 58 同城和赶集网合并之后，2015 年 4 月 14 日交易公布之前，两位中国居民买入大量投机性的 58 同城价外看涨期权（Out-of-the-money Call Options）。交易公布后 58 同城股价涨幅超过 1/3，交易量增长超过 20 倍，该期权内幕交易总获利超过两百万美元。[2] 2016 年 6 月 13 日微软宣布以 262 亿美元收购领英，后者的股价随即上涨 46.64%。《财富》杂志发文称，其间可能有人提前得到了消息，因为交易公布前领英的股票期权交易出现异常。比如，交易公布日的前一个星期五，有人分四笔交易以 2.5 万美元的总价格买入了 300 张 175 美元的领英股份的期权。而次日这些期权的价值涨到了 56.19 万美元，涨幅达 2176 倍。[3] 路透社报道称这些交易可能只是“铁鹰套利”（Iron Condor）交易策略的一部分，即同时买卖看涨和看跌期权。这一策略极为巧妙和复杂，容易“赔了夫人又折兵”。[4]

学界对股票期权内幕交易的关注始于 1952 年。[5] 随着 1988 年美国在《1934 年证券交易法》中增加第 20 条第 A 款确认期权持有者的相关诉权，争论渐息。我国学者对期权内幕交易的关注集中在 2015 年《股票期权交易试点管理办法》颁布前后，股票期权内幕交易与股票内幕交

---

〔1〕 SEC v. Siming Yang, et al. Civil Action No. 12 CV 02473 (N. D. Ill, filed April 4, 2012), https://www.sec.gov/litigation/litreleases/2012/lr22320.htm.

〔2〕 SEC v. Xiaoyu Xia and Yanting Hu, Civil Action No. 15 – CV – 3320, Litigation Release No. 23249 (Apr. 29, 2015), https://www.sec.gov/litigation/litreleases/2015/lr23249.htm.

〔3〕 Dan Primack & Stephen Gandel, *Was Someone Tipped Off to The LinkedIn Sale?*, Fortune (June 14, 2016), https://fortune.com/2016/06/13/linkedin-microsoft-insider-trading/.

〔4〕 对于“铁鹰套利”的解释，可详见 Tim Smith, *Options Trading with The Iron Condor*, Investopedia (Jan. 27, 2022), https://www.investopedia.com/articles/optioninvestor/06/ironcondor.asp.

〔5〕 See Covington Hardee, *Stock Options and the Insider Trading Provisions of the Securities Exchange Act*, Harvard Law Review, Vol. 65:6, p. 997 – 1009 (1952).

易的等价性和跨市场特征已成共识。[1] 针对学者们指出的"证券和期货分别立法模式下股票期权内幕交易规制缺乏针对性规定"[2]的问题，该办法第3条明确禁止内幕交易以及利用股票期权交易从事内幕交易等违法行为。但是，我国股票期权的发展起步较晚且仍处于试点阶段，[3]目前尚无内幕交易规制实例。与之类似的还有股指期权、外汇期权、期货期权、利率期权、特种期权及其他非标准产品。比如，2019年11月中国证监会启动扩大股票股指期权试点工作后，沪深交易所才得以上市沪深300ETF期权，中金所上市沪深300股指期权。[4] 在这种情况下试图进行内幕交易似乎异想天开，谈其规制问题似乎也有些杞人忧天。然而，如下文所述，在高频交易等技术的帮助下，ETF跨市场内幕交易一样存在。因此，用ETF期权将重大非公开信息的经济价值变现同样可行。

(三)期货

1.中国

在我国，内幕交易制度向期货领域的拓展有两个重要时间点。一个重要时间点是1999年12月《刑法》第180条增设期货内幕交易罪。随着中国期货市场的发展，各类大宗商品期货、国债期货等在交易过程中

---

[1] 参见叶德珠、胡北平：《基于期权平价原理的内幕交易管制设计》，载《广东金融学院学报》2008年第2期；俞峰、卢勇、黄江东等：《境外个股期权违法行为监管研究》，2015年证券投资咨询机构"创新与发展"论坛论文。

[2] 有学者给出三条路径：第一，将《证券法》中"买卖该证券"的行为样态表述修改为"买卖该证券或其衍生产品"。第二，将《证券法》规定的内幕信息及其知情人，纳入《期货交易管理条例》或将来的"期货法"。此外，还有必要在《证券法》中将利用股票期权市场内幕信息从事相关标的物交易的行为，纳入内幕交易的监管范畴，以防范反向跨市场内幕交易。第三，权宜之计是，中国证监会在股票期权部门规章对股票期权内幕交易进行特别规定。遗憾的是，2015年中国证监会出台《股票期权交易试点管理办法》，将股票期权纳入其监管范围，但只是简单重申禁止内幕交易，并未采纳上述任何一条建议。参见彭鲁军、陈亦聪：《股票期权内幕交易法律规制之检视与思考》，载《证券法苑》2014年第4期。

[3] 2015年股票期权试点首先在上交所开展，直到2019年中国证监会正式启动扩大股票股指期权试点工作后，2019年12月深交所才发布《深圳证券交易所股票期权试点交易规则》等10项规则。

[4] 参见中国证监会：《证监会扩大股票股指期权试点》，载中国证监会官网，http://www.csrc.gov.cn/csrc/c100028/c1000894/content.shtml。

利用未公开的宏观政策信息、大宗商品供求关系信息从事期货交易的行为逐渐开始显现,如1995年“327国债期货事件”。但是,当时《刑法》和《证券法》缺乏相关条文震慑与规制期货市场中的内幕交易,导致了证券与期货市场监管的不平衡。为此,1999年12月25日全国人大常委会以刑法修正案的形式,在《刑法》第180条增加了惩治期货市场内幕交易、泄露内幕信息犯罪行为的内容。而采用的具体修订方式,就是将原有条文的“证券交易”改为“证券、期货交易”。自此,内幕交易罪的产品范畴就从证券拓展到期货。由于证券期货分别立法的模式,《证券法》无法相应地对期货内幕交易进行规定。

自此,学界开始关注期货内幕交易问题,但多为较简单的国际经验译介且规制态度不坚定。有学者主张相关立法和实践可参考美国模糊立法的做法,淡化内幕交易、内幕信息交易、泄露秘密以及期货违法和证券违法的界线,乃至相互替代、诠释。[1] 后来有学者认为,期货内幕交易行为的危害在于导致了不公平竞争和非诚实信用,并建议增设剥夺从业资格的惩处方式。[2] 有学者在考察澳大利亚的反内幕交易法后认为,由于内幕交易与信息非对称性之间存在内在冲突,实际上反内幕交易法规很难有效地阻止金融衍生品的内幕交易行为,反内幕交易法规过于复杂对市场有负面影响,而放松内幕交易监管对市场的良性发展更有益,应让市场来决定内幕交易的“存亡”。[3] 但是后来也有观点认为,金融衍生产品内幕交易是对自由竞争规则的破坏,[4]应当予以规制,但对证券内幕交易和期货内幕交易两种犯罪,应分别确立罪名。[5]

另一个重要时间点是2013年中国证监会处罚的首例期货内幕交易

---

〔1〕 参见张国炎:《期货内幕交易》,载《政治与法律》1999年第6期。

〔2〕 参见李靓:《期货内幕交易罪立法之国际比较》,载《财经理论与实践》2005年第6期。

〔3〕 参见毛雅娟、喻世友、吴荣福:《对金融衍生品市场内幕交易的一些新思考——澳大利亚现行的反内幕交易法及其带给我们的若干启示》,载《金融论坛》2006年第6期。

〔4〕 参见巫文勇:《金融衍生产品交易侵权民事法律责任研究》,载《甘肃政法学院学报》2012年第1期。

〔5〕 参见刘爱童:《证券、期货内幕交易犯罪若干问题研究——以内幕交易、泄露内幕信息罪为视角》,载《武汉理工大学学报(社会科学版)》2012年第4期。

案——“光大乌龙指案”。2013 年 8 月 16 日,光大证券进行 ETF 申赎套利交易时,因程序错误导致巨量申购与巨量成交,在公众投资者未能知悉市场异动的真正原因前、未禁止交易,却随即着手进行反向风险对冲交易卖出 ETF。对此,中国证监会同时适用《证券法》(2013 年修正)第 202 条和《期货交易管理条例》(2013 年修订)第 70 条的规定,行使内幕信息认定的自由裁量权,认为虽然《期货交易管理条例》和《证券法》列举的内幕信息主要关乎政策和发行人自身,但“错单信息”也符合重大性和未公开性,进而将相关对冲行为认定为内幕交易,罚款 52,328 万元。[1] 该行政认定后来也得到了各级法院的支持。[2]

由于该案影响力巨大,学界关于期货内幕交易的论述开始密集出现,但多集中于对中国证监会处罚决定的批评,支持意见较少。支持者多认为,大宗交易信息对公司股票价格同样可能产生重大影响,在上述信息未公开的情况下利用该信息进行抢先交易,违反了市场交易公平原则,如果是基金经理利用客户的交易信息进行抢先交易,同样违反信义义务。因此未公开重大交易信息符合内幕信息的构成要件,利用上述信息进行抢先交易应当认定为内幕交易。同时,应当注意利用交易信息进行内幕交易的主体,通常不包括信息的产生主体。[3] 大部分学者支持对光大证券的行为进行处罚,但对中国证监会对光大证券的内幕交易处罚决定持质疑态度。如有学者认为,光大证券有义务向市场披露错单信息,在披露之前利用此信息进行对冲交易规避损失违背了信息披露义务,应当予以规制,但不应按内幕交易处理。[4] 也有学者认为,从产品

---

〔1〕 中国证监会行政处罚决定书[2013]59 号。

〔2〕 最高人民法院行政裁定书(2015)行监字第 2094 号。

〔3〕 参见龙非:《未公开重大交易信息应当作为内幕信息——光大证券“乌龙指”事件处罚案分析》,载《法律适用(司法案例)》2018 年第 10 期;熊锦秋:《认定光大证券内幕交易依法有据》,载《上海证券报》2014 年 2 月 18 日,第 A02 版;柯静:《“光大乌龙指”诉讼案的行政法问题研究》,载《上海金融》2015 年第 2 期。

〔4〕 参见李西臣:《错单交易信息何以成为内幕信息?——析证监会处罚光大证券“乌龙指”案》,载《兰州学刊》2016 年第 5 期。

类型上,期货和 ETF 并非内幕交易的对象。[1]

相关法教义学的质疑主要围绕内幕交易的构成要件展开。主体认定方面,公司本身不应是内幕交易人,中国证监会避开《证券法》(2013年修正)第 74 条关于内幕信息知情人的规定,直接用第 202 条的行政处罚规定认定光大证券是内幕信息知情人,用结论替代分析推理。[2] 内幕信息方面,错单信息不涉及标的证券发行公司,发行人的外部信息不能被任意地认定为内幕信息。[3] 交易行为方面,有认为光大对冲交易行为不属于"利用未公开信息",光大证券于"系统故障导致交易异常时进行对冲交易",属于按其策略投资部业务管理制度中的预订交易计划,于法构成正当的抗辩事由。[4] 也有观点对此持反对态度,认为光大证券公司在知道信息前并没有形成确定、具体、可执行的合同或书面计划,其所谓"系统故障导致交易异常时应当进行对冲交易"的规则只能算得上是交易策略或方法,而所有的具体交易都是在知道信息以后才达成的。[5]

在此基础上,内幕交易的立法局限得到较为充分的分析。如有观点认为,问题出在我国《证券法》《期货交易管理条例》《刑法》相关条文对内幕信息和"内幕信息以外的未公开信息"的内外部信息界分不一致。[6] 还有学者将此归因于现行期货市场内幕交易法律规范存在实质性缺陷和结构性障碍。前者指的是期货内幕信息具体类型不清晰,期货

---

〔1〕 参见缪因知:《光大证券事件行政处罚与民事索赔之合法性质疑》,载《法学》2014 年第 1 期。

〔2〕 参见缪因知:《光大证券事件行政处罚与民事索赔之合法性质疑》,载《法学》2014 年第 1 期。

〔3〕 参见李西臣:《错单交易信息何以成为内幕信息?——析证监会处罚光大证券"乌龙指"案》,载《兰州学刊》2016 年第 5 期;陈洁、曾洋:《对"8·16 光大事件"内幕交易定性之质疑》,载《法学评论》2014 年第 1 期。

〔4〕 参见陈洁、曾洋:《对"8·16 光大事件"内幕交易定性之质疑》,载《法学评论》2014 年第 1 期。

〔5〕 参见李睿:《光大证券异常交易事件的刑法评析》,载《华东政法大学学报》2014 年第 5 期。

〔6〕 参见李西臣:《错单交易信息何以成为内幕信息?——析证监会处罚光大证券"乌龙指"案》,载《兰州学刊》2016 年第 5 期。

内幕信息知情人员范围过于模糊。后者指的是期货内幕交易犯罪与期货内幕交易违法之间的法律标准倒挂、期货内幕交易与证券内幕交易界限模糊以及反内幕交易违法犯罪的法律规范基本丧失独立性与针对性。[1] 还有刑法学者指出，该事件如进入刑事司法程序，内幕交易的时点确定、被动获悉信息的人员和被建议行为的责任、犯罪情节、入罪标准及管辖等方面也不无疑问。[2]

由表及里，相关探讨也深入到价值取向层面，针对期货市场的差异性是否需要新的规制原理，甚至是否需要规制内幕交易的问题。如有学者认为，中国证监会在此案中未能理性坚守风险对冲的期货市场逻辑，[3]混淆了光大证券作为市场中介和普通投资者的区别，忽视了商战中"损人利己"的允当性，[4]我国金融市场对信息披露和公司风险内控的理解和应对不足。[5] 光大证券公司具备正当使用内幕信息的权源，属于"合法的"跨市场内幕交易。[6] 可见，学界在期货市场内幕交易可苛责性方面的立场动摇比较明显。还有学者通过实证研究发现，期货市场存在抑制性自发因素，会削弱内幕交易动机，所以很少发生内幕交易。[7] 这在客观上支持了去监管化和差异化规制的理论主张，因为从制度经济学角度看，这会降低内幕交易制度的效率，使之不那么必要。

规制进路方面，拒绝照搬股市经验已成学界共识，但在具体措施方面分歧较大。有以结果为标准的区别对待说，认为金融衍生品内幕交易未必影响市场诚信与投资者信心，归责基础应以"侵害内幕信息财产权

---

〔1〕 参见谢杰：《期货市场内幕交易的法律规制》，载《财经法学》2019 年第 5 期。

〔2〕 参见李睿：《光大证券异常交易事件的刑法评析》，载《华东政法大学学报》2014 年第 5 期。

〔3〕 参见陈洁、曾洋：《对"8·16 光大事件"内幕交易定性之质疑》，载《法学评论》2014 年第 1 期。

〔4〕 参见缪因知：《光大证券事件行政处罚与民事索赔之合法性质疑》，载《法学》2014 年第 1 期。

〔5〕 参见熊锦秋：《认定光大证券内幕交易依法有据》，载《上海证券报》2014 年 2 月 18 日，第 A02 版；柯静：《"光大乌龙指"诉讼案的行政法问题研究》，载《上海金融》2015 年第 2 期。

〔6〕 参见刘成墉：《金融衍生品内幕交易问题研究》，法律出版社 2018 年版，第 246 页。

〔7〕 参见李铭：《期货市场何以很少发生内幕交易？——基于法和经济学的分析》，载《南方金融》2019 年第 7 期。

益”为客观判断标准。[1] 有学者认为非契合性仅存于规范层面,主张“从宽”认定内幕交易主体,[2]或主张构成要件应排除内幕交易主体认定,只考虑内幕信息和内幕交易行为。[3] 还有学者认为“证券和期货两个市场应适用不同规则”,主张应结合期货法立法契机,参考盗用理论校准归责标准,逐步扩大期货内幕交易规制的范围。[4] 但是,2022 年 4 月 20 日通过的《中华人民共和国期货和衍生品法》几乎未采纳这些建言。

2. 域外

国际上,内幕交易规制及其研究向期货市场的拓展,大致以 2008 年金融危机为分水岭。2008 年金融危机以前,立法和学界多持去监管化态度。在长达 50 年的时间里,证券内幕交易在美国被认定是非法的,被严厉打击,而同样的行为在期货领域却完全合法。尽管 SEC 诉得克萨斯湾硫磺公司(SEC v. Texas Gulf Sulphur)一案以“平等机会理论”为口号,对证券内幕交易采取了强硬立场,但人们认为没有必要对大宗商品衍生品进行同样的监管。事实上,除了对政府和交易所官员的一些限制外,美国商品期货交易委员会(CFTC)还积极抵制在商品衍生品中引入内幕交易监管的任何努力。[5] 较早有举棋不定者认为,期货市场内幕交易利弊兼有,难以区分,在规制前应做进一步细致的成本效益分析。[6] 否定论者以 CFTC 为代表,理由是证券法内幕交易规则的“不可适用性”和内幕交易在期货市场的“可接受性”。一方面,金融衍生品市场并非从属于资本市场而各有不同,证券法中公司内部人负有信义义务和投资者“平等获取信息”的基础假设和理论基础,在商品期货和衍生品

---

〔1〕 参见刘成墉:《金融衍生品内幕交易问题研究》,法律出版社 2018 年版,第 250 页。

〔2〕 参见谢杰:《期货市场内幕交易的法律规制》,载《财经法学》2019 年第 5 期。

〔3〕 参见钟维:《期货市场内幕交易:理论阐释与比较法分析——兼论我国期货法之内幕交易制度的构建》,载《广东社会科学》2015 年第 4 期。

〔4〕 参见鲍晓晔:《中国期货内幕交易规制立法现状与完善》,载《上海师范大学学报(哲学社会科学版)》2021 年第 6 期。

〔5〕 See Andrew Verstein, *Insider Trader in Commodities Markets*, Virginia Law Review, Vol. 102, p. 447 - 500(2016).

〔6〕 See Sanford J. Grossman, *An Analysis of the Role of "Insider Trading" on Futures Markets*, The Journal of Business, Vol. 59:2, p. 129 - 146(1986).

市场中并不存在。[1] 另一方面,利用非公开信息(privileged information)进行交易是促进大宗商品有效定价的方式之一,为美国《期货交易法》(Commodity Exchange Act)所认可,市场发展有赖于此。予以禁止将严损商品期货市场风险对冲的经济功能。[2] 尽管美国国会组织过多次立法听证会,期货市场的内幕交易还是躲开了自 20 世纪就适用的证券市场内幕交易的法律限制。直到 2009 年,CFTC 还是坚称,"不管怎样,CFTC 对于内幕交易都没有管辖权"[3]。

后金融危机时代,对期货内幕交易进行规制的意见渐占上风。2009 年 SEC 与 CFTC 发布协调监管联合报告,将证券与期货市场的内幕交易规制差异,首先归因于期货市场允许套期保值者利用未公开重大信息进行风险对冲交易的"历史性功能"(historical functions),并认为期货市场不仅应当禁止内幕交易,还应将非公开政府信息纳入重大信息范围,将主体范围扩大到除 CFTC 外的其他自律组织(如证券交易所)、政府机构和部门、国会议员及其幕僚中所有接触到非公开重要信息的工作人员。[4] 2010 年《多德弗兰克法》与《证券交易法》第 10 条第(b)款一样赋予了 CFTC 新的反欺诈职权。CFTC 在其反欺诈规范《第 180.1 号规则》前言中也明确,"违反既有义务,基于重大非公开信息进行交易,可能会触犯本规则"。随后,有学者指出,"内幕交易的研究和规制应当密切关注非证券市场,尤其是近年来某些重大的执法案例已经离证券交易所越来越远。石油、货币、利率基准等期货市场已经演变成赤裸裸的市

---

〔1〕 See U. S. Commodity Futures Trading Commisson, *A Study of the Nature, Extent and Effects of Futures Trading by Persons Possessing Material, Nonpublic Information*, p. 8, 53 – 54 (1984).

〔2〕 See Sharon Brown-Hruska & Robert S. Zwirb, *Legal Clarity and Regulatory Discretion — Exploring the Law and Economics of Insider Trading in Derivatives Markets*, Capital Markets Law Journal, Vol. 2, p. 245, 254(2007).

〔3〕 Andrew Verstein, *Insider Trader in Commodities Markets*, Virginia Law Review, Vol. 102, p. 447 – 500(2016).

〔4〕 See U. S. Commodity Futures Trading Commission, U. S. Securities & Exchange Commission, *A Joint Report of the SEC and the CFTC on Harmonization of Regulation*, Oct. 16, 2009, p. 7.

场滥用和独断执法实验的中心"[1]。与此同时,学者们还着重批判了过去否定论者过分拔高证券市场和期货市场差异性的论证方式,认为这些区别自始存在,市场的发展也并未使之足以证成期货市场内幕交易的合法性。[2]

实践层面,期货市场是全球最大且历史最悠久的金融市场,但直到2015年12月2日美国才出现首例针对个人期货市场内幕交易的处罚案例"CFTC关于莫塔则地的处罚决定书"(*In re* Motazedi)。[3] 阿里亚·莫塔则地(Arya Motazedi)是汽油与石油期货交易员,在了解到其雇佣单位的交易时间、规模和价格后,在执行雇佣单位订单前使用个人账户低买高卖,即业界所称的"抢跑行为"。该案最终以和解结案,莫塔则地支付了总计约35万美元的罚款和赔偿金,并被永久禁止从事期货职业和交易。作为首起期货内幕交易案件,[4]该案有两点值得注意之处。第一,CFTC明确沿用了证券内幕交易法的措辞,并未开辟新的路径。莫塔则地通过盗用非公开的重大保密信息实施了欺诈行为。其与雇佣单位之间存在信托和信任关系,因而产生了保密义务。莫塔则地在日常工作中就能接触非公开的重大信息,利用这一信息使用个人账户进行交易,且未向其雇佣单位披露这一交易,违背了其应有的保密义务。通过引入证券内幕交易的关键要素,CFTC已经采纳了证券和期货市场足够类似、彼此之间可以适用的规制逻辑。但这一观点恰恰是此前诸多学者乃至CFTC之前所反对的。玉米种植园就在公路两旁,真的有人可以掌握玉

---

〔1〕 Andrew Verstein, *Insider Trader in Commodities Markets*, Virginia Law Review, Vol. 102, p. 447 – 500(2016).

〔2〕 See Andrew Verstein, *Insider Trader in Commodities Markets*, Virginia Law Review, Vol. 102:2, p. 447(2016).

〔3〕 See *In re* Arya Motazedi, Commodity Futures Trading Commission Docket No. 16 – 02 (Dec. 2, 2015); CFTC, *CFTC Orders Arya Motazedi to Pay a Civil Monetary Penalty and Restitution and Bans Him from Trading and Registration for Engaging in Gas and Crude Oil Futures Transactions that Defrauded His Employer*, Release Number 7286 – 15, Dec. 2, 2015.

〔4〕 值得注意的是,处罚公告中并未出现"内幕交易"(Insider trading)的表述,所针对的行为是"欺诈雇佣单位"(defrauded his employer),具体是"私取重大未公开保密信息进行欺诈"。但CFTC在关于内幕交易的执法展望中,却明确将其作为基于盗用理论进行的首例内幕交易执法案例。See CFTC, *Enforcement Outlook: Insider Trading*, Oct. 12, 2016.

米期货价格的非公开信息？在没有“股东”的情况下，保密义务的权利对象是谁？如果CFTC要回应这些问题，并接纳证券内幕交易规制的逻辑和规范，本案是一个难得的机会。正如高管在信息披露前交易所在公司股票那样，莫塔则地确实使用了“盗窃”而来的重大信息。第二，虽然可以采用更保守的“抢跑行为”的方式进行处罚，但CFTC选择在本案中宣扬它新的反欺诈职权。莫塔则地的内幕交易行为可以仅仅以“抢跑行为”进行处罚，这一市场滥用行为与内幕交易相关，一早就被禁止。此外，他还利用其雇佣单位与其拥有的虚假账号进行了数十项不必要的不公平交易。这足以使CFTC在和解中采取更加强硬的态度而无须提及内幕交易。而CFTC按影响因素众多的内幕交易进行追究，显然是要提醒交易者们它具有新的反欺诈职权。然而这一职权并未经过严格的法律检验。[1]

尽管如此，CFTC还是加大了对期货内幕交易的打击力度。一方面，2018年9月28日，CFTC设立内幕交易与信息保护处，将打击期货市场内幕交易作为工作重点之一：“旨在联合整个执法部门之力，监测和追诉那些在CFTC规制的市场中参与内幕交易和其他不正当利用保密信息的行为”[2]。另一方面，CFTC还提起了两起期货内幕交易诉讼，分别是2016年和解结案的“CFTC关于拉格尔斯的处罚决定书”（In re Ruggles），[3]和2019年9月得到法院支持的CFTC诉伊奥斯控股公司一案（Commodity Futures Trading Com. v. Eox Holdings LLC et al）。[4]这两起案件也涉及雇员利用雇佣单位的客户信息、专有保密交易和投资组合信息进行个人账户交易。在后一起诉讼中，CFTC指控中介经纪商

---

〔1〕 See Andrew Verstein, *Insider Trader in Commodities Markets*, Virginia Law Review, Vol. 102, p. 447 – 500(2016).

〔2〕 U. S. Commodity Futures Trading Commission, *CFTC Charges Block Trade Broker with Insider Trading*, CFTC(Sept. 28, 2018), https://cftc.gov/PressRoom/PressReleases/7811 – 18.

〔3〕 *In re* John P. Ruggles, Commodity Futures Trading Commission Docket No. 16 – 34 (Sept. 29, 2016).

〔4〕 Commodity Futures Trading Commission v. EOX Holdings L. L. C. and Andrew Gizienski, 405 F. Supp. 3d 697 (2019).

伊奥斯控股公司以及一位已注册的关联人员安德鲁·吉兹恩斯基(Andrew Gizienski),滥用了与洲际交易所美国期货分所(ICE Futures U. S.)交易的大宗能源合约有关的重大非公开信息。吉兹恩斯基的主要犯罪事实为:向伊奥斯控股公司的一位客户透露了其他客户有关的重大非公开信息,包括他们的身份信息、交易活动及持仓情况;在为一客户交易时,掌握并利用了伊奥斯控股公司其他客户的重大非公开信息;在大宗商品交易的磋商和报价过程中,未向客户披露自己这么做是为了自己私下进行的交易。而伊奥斯控股公司的主要过错则在于,未有效地监督吉兹恩斯基,未能有效地实施相关政策和程序来监控吉兹恩斯基的交易活动,未将其能够获取重大非公开信息而产生的"明显可见的利益冲突"最小化。[1]

即便雇佣单位是交易所,也依然在 CFTC 内幕交易规制的范畴。2020 年 8 月,CFTC 与纽约商品期货交易所(New York Mercantile Exchange,NYME)及其两位前雇员达成和解。所涉及的内幕信息包括特定交易的当事人身份和所处地位、经纪商身份、合约数量、已支付价款、交易结构和交易策略等。NYME 与其两位雇员承担 400 万美元民事罚款的连带责任,其中 NYME 需承担 350 万美元。两位雇员还被永久性地禁止以任何形式参与期货交易。[2]

然而,相关质疑依然存在。如一 CFTC 前律师认为,内幕交易的概念对期货市场来说是个异质,CFTC 将"内幕交易"作为打击对象易引人误解,其真正打击的是信息盗用而非内幕交易。[3] 休斯顿大学克雷格·皮容(Craig Pirrong)教授甚至断言:"任何试图将内幕交易这一概念

---

[1] See U. S. Commodity Futures Trading Commission, *CFTC Charges Block Trade Broker with Insider Trading*, CFTC(Sept. 28,2018), https://cftc.gov/PressRoom/PressReleases/7811 – 18.

[2] Consent Order, CFTC v. Byrnes, No. 13 – CV – 1174, ECF No. 227 (S. D. N. Y. Aug. 3, 2020).

[3] See Neal Kumar, *Opinion: Why Words Matter in CFTC Enforcement of "Insider Trading"*, FIA(May 3 2019), https://marketvoice.fia.org/articles/opinion-why-words-matter-cftc-enforcement-insider-trading.

适用于大宗商品期货的努力,都只会制造混乱,造成严重破坏。"[1]

(四)金融衍生品

如果掌握重大非公开信息后交易的不是股票而是期货以外的其他金融衍生品,能否认定为构成内幕交易呢?一方面,英美两国在差价合约、点差交易和违约互换等方面的规制经验表明,这一问题会引发诸多不必要的争议。当基础规范缺乏足够的延展性时,新型金融产品相关的内幕交易争议将耗费大量的制度成本。另一方面,即便中国如今在法律层面(《期货和衍生品法》)明确禁止金融衍生品,衍生品内幕交易规制也面临诸多问题。下文将以差价合约、点差交易和信用风险缓释工具的域外规制经验和中国的立法演进为例,予以说明。

1. 域外

(1)差价合约

英国《1994 年内幕交易(证券和受规制市场)命令》[The Insider Dealing (Securities and Regulated Markets) Order 1994, IDO]第 5 ~ 8 条规定,如果案件涉及的是权证、存托凭证、期权或期货,该产品必须与在欧盟成员国正式上市、或被允许进行交易、或在 IDO 附件所列的受规制市场中存在报价或受到相关规则约束的类似股票和债券相关。

差价合约,就规定在 IDO 的第 8 条:下列替代性的条件也适用于差价合约,即合约目的或其表面目的是通过参考债券或股票价格和这些价格指数的波动来获取利润或避免损失。因此,在相关内幕交易案件中,基础股票或债券必须满足第 4 条规定的其中一个条件,才构成《1993 年刑事正义法》(Criminal Justice Act 1993, CJA)规定的"证券"。由于立法的曲折历程和其中的诸多反常,寻找这些规定并厘清其中的逻辑,需要一定的法律素养。其中会产生一些法律争议也就不足为奇。

---

[1] Maytaal Angel & Emma Farge, *EU Close to Agreeing Rules for Insider Trading in Commodities*, Reuters, http://uk. reuters. com/article/2013/06/14/uk-commodity-regulations-idUKBRE95DOCE20130614.

比如,在女王诉桑德斯等人(R v. Sanders and others)一案中,[1]被告参与了与三家公司股票相关的点差交易,这些股票都首先在纽约证券交易所上市。而纽约证券交易所并不是IDO规定的受规制市场(Regulated Market)。[2] 被告参与的点差交易以纽约交易所交易的股票价格为参考。如果这三家公司的股票不是后来都被允许在柏林证券交易所(Boerse Berlin)的开放市场(Freiverkehr)交易,那么这个案件也就不会被起诉。因此,检察官就必须证明,柏林开放市场是(在交易发生之时仍是)根据柏林证券交易所的规则设立的市场,这样的话它才构成IDO附件中规定的“受规制市场”。所以检察官有必要取得柏林证券交易所及其上市部门负责人的证人证言来予以证实。为了满足IDO第4条和第8条的规定,还必须证明相关基础股票是在纽约证券交易所上市的,而被允许在柏林开放市场进行交易的也是同类股票。

一家公司往往会发行不同类型的股票,如美国对普通股和优先股的区分(英国也一样),此外美国还有一类被称为“条例S”(Regulation S)的股票。[3] 因此,假设一被告在纽约交易所买卖了甲公司的普通股,但只有甲公司的“条例S”股票被允许在欧盟的受规制市场(如柏林证券交易所)中进行交易。那么被告交易的证券就不满足IDO第4条的规定。所幸的是,在所有案件中,涉及的股票都是普通股。在这一问题的预备

---

〔1〕 R v. Sanders and others, unreported, Southwark Crown Court, Mr Justice Simon, 20 June 2012. FSA/PN/060/2012 & FSA/PN/067/2012; R v. Mustafa and others, unreported, Southwark Crown Court, His Honour Judge Pegden QC and a jury, 5 Mar to 23 July 2012; 27 July 2012. FSA/PN/080/2012; R v. Rupinder Sidhu, unreported, Southwark Crown Court, His Honour Judge Gledhill QC and a jury, 28 Nov 2011 to 15 Dec 2011. FSA/PN/114/2011.

〔2〕 这是因为IDO立法技术的局限。IDO附件二最后更新是在2002年6月,明显过时。当时附件二唯一列举的非欧盟交易所就只有纳斯达克。原因似乎在于,纳斯达克在英国有实实在在的交易屏幕,因此才有可能在英国进行纳斯达克的交易。在21世纪的全球化时代,跨境交易变得越加平常,从英国进行跨境交易的机会实际上完全没有限制,但是纳斯达克依旧是IDO附件中唯一列举的非欧盟交易所。特别是,纽约证券交易所已经是英国投资者普遍可以投资和交易的市场,但它仍然未被纳入附件二当中。这也部分解释了为什么在纳斯达克上市的股票受到CJA的规制,而在纽约证券交易所上市的股票则不在其列。

〔3〕 “条例S”规定,对于美国和外国发行者在美国境外发行的股票,不在经修订的《1933年证券法》第5条注册要求的范围内。证券发行,无论是私人的还是公共的,由美国以外的发行人依据法规发行,不需要在《证券法》下注册。

听证程序中,初审法官西蒙(Justice Simon)认为:

“就IDO第8条和第4条文本的一般解读来说,如果涉案股票被允许在一个受规制市场中进行交易,或在该市场中有报价,那就足够了。鉴于《1993年刑事正义法》第五章的措辞和宽泛的立法目标,相关交易参考的是一个未受监管市场上的价格也不要紧,如果该股票被允许在受规制市场进行交易,或者在受规制市场上有相应的报价。”

该案表明,为确定涉案证券是否属于《1993年刑事正义法》规制范畴这一问题,需要费点周折。按该章开头所明确的方式,分两个阶段来解决这一问题,才能保证分析框架是正确的。一旦确定涉案的资产类型的确满足《1993年刑事正义法》第五章、第54节、附件二和IDO的有关于“证券”的定义,下一步才是证明涉及这些资产的相关行为是否在《1993年刑事正义法》第五章的规制范畴。[1]

(2)点差交易

点差交易并未被明确地列入英国《1993年刑事正义法》附件二的证券清单中,是因为在立法之时并没有人会想到点差交易会在金融市场上起到什么作用。尽管如此,法院后来还是认为点差交易在附件二的范畴之内,构成《1993年刑事正义法》规定的“证券”。

相关争论首先出现在女王诉比尔等人(R v. Beale and others)一案[2]中,被告被控意图实施内幕交易,因为被告在知悉相关公司的内幕信息之后对公司的股价走向进行了差点押注。在该案转到刑事法庭之后,被告向审理法官申请驳回这一指控,理由主要是点差交易不是“证券”,因为它不在《1993年刑事正义法》附件二的清单中。附件二第七段的标题表明,该段只适用于差价合约,而点差交易是另一种不同形式的金融工具。

---

〔1〕 See Sarah Clarke, *Insider Trading: Law and Practice*, Oxford University Press, 2013.

〔2〕 R v. Beale and others, unreported, Southwark Crown Court, His Honour Judge Elwen, 17 Mar(2004).

初审法官埃尔温(Elwen)认为,点差交易显然在《1993 年刑事正义法》附件二第七段的范畴之内,因为点差交易的盈亏表面上看来都参考了基础股票的价格波动。即使点差交易公司使用的价差可能包括佣金和融资费用等因素,价差仍是根据与点差交易相关的基础股票计算的,否则利差押注就缺乏存在的逻辑。情况必然如此,因为如果点差交易不参考基础股票的价格,投资者就没有押注的参考系。该法官指出,《1993 年刑事正义法》附件二第七段的措辞并未明确规定损益确定必须完全或排他性地参考基础证券的价格。

点差交易曾经是英国一些高等法院和上诉法院判决中的主要焦点,涉及诸多市场滥用问题。[1] 这些判决都支持了埃尔温法官的观点,认为点差交易确实是参考了基础证券的价格波动。英国上诉法院法官里克斯(Rix LJ)在斯普雷德斯诉巴图(Spreadex Ltd v. Battu)[2]一案中的细致分析也与埃尔温法官的观点一致。如果对这一问题还有疑问的话,英国上议院在女王诉蒙蒂拉等人(R v. Montila and others)[3]一案中已经明确了注释和标题在解释法条规定时的价值。概言之,法律中的标题和注释应该被考虑,但是它们的分量有限,因为它们没有经过辩论,而且可以在议会程序中被修改。按照这一逻辑,将《1993 年刑事正义法》附件二第七段的标题"差价合约"解读为只限于差价合约,不太站得住脚。随后,也有一些内幕交易的指控涉及点差交易。尽管这些被告最初都质疑点差交易是否属于《1993 年刑事正义法》附件二第七段的范畴,但是这些抗辩意见最终都未被采纳。[4]

---

〔1〕 See also Spreadex Ltd v. Battu, [2005] EWCA Civ 855; Spreadex Ltd v. Sekhon, [2008] All ER (D) 329 (May); City Index Ltd (t/as FinSpreads) v. Balducci, [2011] EWHC 2562.

〔2〕 Spreadex Ltd v. Battu, [2005] EWCA Civ 855, p. 2 – 4.

〔3〕 R v. Montila and others[2004] UKHL 50, in particular paras 31 – 6, [2005] 1 Cr App R 26.

〔4〕 R v. Sanders and others, unreported, Southwark Crown Court, Mr Justice Simon, 20 June 2012. FSA/PN/060/2012 & FSA/PN/067/2012; R v. Mustafa and others, unreported, Southwark Crown Court, His Honour Judge Pegden QC and a jury, 5 Mar to 23 July 2012; 27 July 2012. FSA/PN/080/2012; R v. Rupinder Sidhu, unreported, Southwark Crown Court, His Honour Judge Gledhill QC and a jury, 28 Nov. 2011 to 15 Dec. 2011. FSA/PN/114/2011.

英国的上述观点得到了美国的支持。2014 年 10 月,SEC 运用“长臂管辖”的做法,对违反美国证券法利用点差交易开展内幕交易的英国交易商提起了指控,得到了陪审团的判决支持。这也是美国首例针对点差交易的内幕交易规制案例。该案意义重大,因为它明确了点差交易虽然不是“证券”,但是作为一个杠杆化的衍生品,其价值以基础资产的价格为基础,满足《1934 年证券交易法》第 10 条第(b)款和《规则 10b－5》对“与证券买卖相关”(in connection with the purchase or sale of a security)的要求,也在内幕交易规制范畴中。[1]

(3)信用风险缓释工具

内幕交易规制及研究向信用风险缓释工具拓展的标志,当属 2009 年美国首例债券衍生品内幕交易案——SEC 诉罗里奇案(SEC v. Rorech)。在该案中,SEC 主张德意志银行的职员乔恩·保罗·罗里奇(Jon Paul Rorech)违反受托人义务,通过鼓励客户进行某一特定 CDS 的交易,私自获取并利用了保密信息。[2] 在本案中,德意志银行的一位高收益债券销售人员被控将德意志银行客户的保密信息泄露给了雷纳托·奈格林(Renato Negrin),后者之前是风险对冲基金千禧年投资管理公司(Millennium Partners)的交易员。奈格林基于这一信息进行了尼尔森公司债券的 CDS 交易,获利将近 120 万美元。[3] 法院驳回了这一起诉,认为罗里奇和奈格林之间传递的信息并非保密信息,而是债券市场的销售人员和交易员通常会交流的信息。有关一家公司的资本结构的信息会影响 CDS 的风险和价格,这是 CDS 和债券交易员之间正常的行

〔1〕 See Daniel M. Hawke, *Jury Verdict in "Spread Bet" Insider Trading Case: A Reminder of U. S. Long-Arm Regulatory Risk*, Harvard Law School Forum on Corporate Governance, https://corpgov. law. harvard. edu/2017/01/04/jury-verdict-in-spread-bet-insider-trading-case-a-reminder-of-u-s-long-arm-regulatory-risk/#3.

〔2〕 See generally Bronwen Pyle, *Court Confirms that Insider Trading Laws Apply to Credit Default Swaps*, 6 Wel Gotshal: Hedge Fund Returns 1－2 (2010), http://www. weil. com//medialfiles/pdfs/Hedge FundReturns_2010_No6_v3. pdf.

〔3〕 Complaint at 4－10, SEC v. Rorech, 720 F. Supp. 2d 367 (S. D. N. Y. 2010) (No. 09 Civ. 4329).

业交流。[1] 值得注意的是,此案发生在美国《多德弗兰克法》出台之前,SEC试图通过适用盗用理论来处罚CDS内幕交易,但并未成功,突出表明了将传统内幕交易规则适用于CDS市场的挑战。

对此,美国学界的观点可谓针锋相对。反对予以规制者认为,美国国会立法将内幕交易规制范围从股市扩展到CDS市场,并未考虑到CDS的性质、市场结构和主体类型。允许风险转移和外化的产品设计、便利融资和增加市场信息供给带来的一系列正外部性,以及注重面对面协商和定制化交易合同的市场特征,都使脱胎于标准化和无个人特征的股市内幕交易规范在CDS市场的可适用性大大减弱。[2] 但同时,部分否定论者也承认,CDS知情交易这一信息供给方式可能使市场"太有效"而有损市场稳定。债权人可能会过度关注负面消息,其信贷风险转移行为可能会伤害股东,而股东却缺乏与债权人博弈的能力。债务人的谈判地位弱,以合同约定方式弥补法律规则不完备的路径容易落空。因此,部分否定论者们呼吁深化研究和改革,以防止监管固守传统认知而增加市场成本。[3] 肯定论者则强调,基于CDS与基础债务和证券市场的密切关联,应纳入证券法内幕交易规制范畴。[4] 信义义务和盗用理论仍能为规制CDS内幕交易提供法律正当性和基本框架。即便CDS市场内幕交易能提高定价效率,但利不能抵弊。以往证券市场支持内幕交易的理由在CDS市场也并不适用。禁止CDS市场内幕交易,能控制困扰CDS市场多年的道德风险、提振市场信心、增加流动性、缓解以机构投资者为主的市场结构带来的弊端与系统性风险。[5]

---

〔1〕 See SEC v. Rorech, 720 F. Supp. 2d 367, 384 - 86 (S. D. N. Y. 2010).

〔2〕 See Douglas B. Levene, *Credit Default Swaps and Insider Trading*, Virginia Law and Business Review, Vol. 7:2, p. 231(2012).

〔3〕 See Yesha Yadav, *Insider Trading in Derivatives Markets*, Georgetown Law Journal, Vol. 103:2, p. 381(2015).

〔4〕 See Erick Siri., *Testimony Concerning Credit-default Swaps before the House Committee on Agriculture*, SEC(2008 - 11 - 20), https://www.sec.gov/news/testimony/2008/ts112008ers.htm.

〔5〕 See Adam Reiser, *Should Insider Trading in Credit Default Swap Markets be Regulated - The Landmark Significance of SEC* v. *Rorech*, DePaul Business & Commercial Law Journal, Vol. 9:4, p. 531(2011).

2. 中国

在我国,内幕交易规制及研究向 CDS 等信用风险缓释工具拓展的标志,是 2016 年我国银行间市场的首批信用风险缓释工具试点,但目前尚无规制实例。2016 年 9 月中国银行间市场交易商协会发布《银行间市场信用风险缓释工具试点业务规则》(已失效)(以下简称《CRM 试点规则》),其第 34 条规定:"参与者不得利用内幕消息开展信用风险缓释工具业务。参与者应建立完善的防火墙制度或措施防范信用风险缓释工具的内幕交易。"其中有三点值得注意:第一,在此之前,《银行间市场信用风险缓释工具试点业务指引》虽有市场操纵的规定(第 41 条),但并未涉及内幕交易。第二,在此之后,2019 年沪深交易所在中国证监会指导下发布的《信用保护工具业务管理试点办法》和各项指引等规则,都完全没有涉及内幕交易规制问题,即便是对于可交易的标准化程度较高的信用保护凭证仍是如此。第三,《CRM 试点规则》第 34 条采用的表述是"内幕消息",过于宽泛,而且似乎有意与较成熟的证券、期货内幕交易规范所采用的"内幕信息"概念相区别。该规定禁止的主体也只限于"参与者"(交易商),不包含信息泄露型内幕交易中参与者之外的其他"透风者"。而且,作为交易商协会的自律性规定,在缺乏上位法——"中国人民银行相关规定"支持且央行从无内幕交易规制实践的情况下,其易沦为具文。

与此同时,我国理论界的视野扩展只限于 CDS,尚未关注到银行间市场的其他信用风险缓释工具,以及交易所市场的其他信用保护工具,比如,标准化凭证型的信用风险缓释凭证和信用联结票据,非标准化契约型的信用风险缓释合约。其中,对于 CDS 内幕交易问题,我国学者主张区别对待说,即承认 CDS 的差异性给内幕交易规制带来的不适应性,也主张扩大证券范畴将 CDS 纳入规制范畴,但却提出以区分"投资—投机"主观目的为标准,以"投机性"裸持 CDS 内幕交易为规制重点,豁免投资性 CDS 内幕交易,以发挥内幕交易对培育 CDS 市场的积极作用。[1]

---

〔1〕 参见范黎红:《信用违约互换(CDS)市场内幕交易的法律规制》,载《证券市场导报》2019 年第 8 期。

换言之,在我国放开对 CDS 超额购买的限制之前,CDS 内幕交易都应该是合法、正当的,无须做相应的制度准备。不得不说,该学者的观点为国际研究贡献了一个新的视角。尽管该学者选择了一个客观可把握的标准——是否超额购买,但是,以"投资—投机"主观目的为区分标准,是否容易陷入"金融道德风险论",似乎又是值得商榷的问题。[1]

2022 年 8 月 1 日正式实施的《中华人民共和国期货和衍生品法》,是中国内幕交易规制向金融衍生品领域拓展的重要里程碑。该法第 6 条和第 13 条明确禁止衍生品内幕交易,首次在法律层面明确了内幕交易可能发生于金融衍生品市场且应当予以规制,且未采纳诸如以"投资—投机"主观目的为区分标准进行差异化规制的思路。值得注意的是,这一拓展的主要方式是吸收《期货交易管理条例》内幕交易禁止条款的基础结构,在相关条文中增加了衍生品交易。这导致了三个方面的问题。第一,在《期货和衍生品法》严格界分期货和衍生品的立法结构下,衍生品内幕交易并不能适用《刑法》第 180 条内幕交易、泄露内幕信息罪,因为《刑法》将内幕交易规制的产品范围严格限定为证券和期货。第二,《期货和衍生品法》采取"一般 + 列举"立法技术的内幕信息规定(第 14 条)和内幕信息知情人规定(第 15 条),并未列举衍生品交易的内幕信息及其知情人,这可能导致无法对内幕交易进行规制。因为该法第 14 条将内幕信息的兜底认定方式由之前《期货交易管理条例》第 81 条第 11 项的"认定"改为了"规定"。这意味着,期货和衍生品与证券一样,相关内幕信息及其知情人的兜底认定方式只能是证监会的事前规定。在证监会出台相关规定列明衍生品内幕信息及其知情人范围之前,无法对衍生品内幕交易进行规制,上述《信用风险缓释工具试点规则》第 34 条也可能因与上位法抵触而面临合法性危机。第三,在"期货—衍生品"二分立法思维下,期货和衍生品内幕交易规制难以保持一致性。根据《期货和衍生品法》第 3 条的规定,衍生品交易指的是期货以外的,

---

〔1〕 参见盛学军、杨贵桥:《道德维度与法律思维的错位——对金融法学中"金融道德风险论"的批判》,载《天津师范大学学报(社会科学版)》2015 年第 1 期。

以互换合约、远期合约和非标准化期权合约及其组合为交易标的的交易活动，而期货交易的定义中则强调"公开的集中交易方式"、"期货交易场所统一制定"的"标准化合约"。以信用风险缓释(保护)工具为例，其中有标准化凭证型的信用风险缓释凭证和信用联结票据，也有非标准化契约型的信用风险缓释合约，在银行间市场和证券交易所都有交易。交易场所、交易机制和标准化程度等差异是否会影响期货和衍生品内幕交易的规制逻辑？如果不会，内幕信息规定(第14条)和内幕信息知情人规定(第15条)为何有统一性的规定，却又不列举衍生品交易的内幕信息及其知情人呢？诸多问题有待解答。

(五)其他新兴与传统的金融产品

1. 碳排放权

内幕交易规制向碳排放权(排放配额交易)拓展始于欧盟。碳排放配额二级市场的发展，逐渐使其进入金融监管乃至内幕交易规制的视域。这一过程有两条不同的推进路径：前者是渐进式地在碳配额拍卖和交易立法中，吸收资本市场和金融立法的经验及规定；后者则更激进和直接地将碳排放配额纳入资本市场立法的适用范围，尤其是在《欧盟金融工具市场指令》(Markets In Financial Instruments Directive，MiFID)和《反市场滥用指令》(2003/6/EC)中直接把碳排放配额定性为"金融工具"(financial instrument)。虽然后一路径在某种程度上要比前者更具优势，但是行业监管和金融监管的双向融合引发价值冲突(资本市场立法如何吸收减排和环保目标)的同时，让碳市场内幕交易规制体系变得复杂。

行业立法中将碳排放权配额纳入内幕交易规制范畴，并未考虑其是否构成金融工具。2009年4月，欧洲议会针对碳市场运营过程暴露出的不当行为和监管失范，在《欧盟碳排放配额交易系统指令》(2003/87/EC)第12条中增加了一款，明确要求欧盟委员会在2010年12月31日前检查碳市场是否得到足够保护而不受内幕交易和市场操纵之害，并提交相应方案来确保这一保护措施，并指出2003年欧盟《反市场滥用指令》可以通过适当调整适用于现货市场。在随后和欧洲议会的沟通中,欧盟委员会强调:尽管欧盟碳市场在6年中规模迅速扩张、变得复杂,但它依然是一个新兴市场。因此,确保该市场能持续发展并成为传递真实碳价信号的可靠渠道,非常关键。该市场需要适当的监管框架,以确保所有的市场参与者能够拥有公平高效的交易环境。这一目标的实现需要"通过透明度要求、预防和制裁市场中的不当行为,尤其是内幕交易和市场操纵"[1]。然而,欧盟的金融监管体系立基于2004年《欧盟金融工具市场指令》所确立的"金融工具"概念。但是,除碳排放配额是金融衍生品合同基础的情形外,该指令并未将碳排放配额视为一项金融工具纳入考量范围。因此,2010年11月12日,欧盟委员会发布了第1031/2010号条例(俗称《碳排放配额拍卖条例》),将《反市场滥用指令》扩张适用于欧盟碳排放权交易市场,且不论碳排放配额是否属于金融工具。换言之,欧盟针对碳排放配额市场滥用行为建立的第一个金融监管框架《碳排放配额拍卖条例》,实际上是照搬《反市场滥用指令》,包括相关的定义、不当行为的识别、监管权力和制裁措施。其间,《反市场滥用指令》关于内幕信息的定义,以及内幕交易和市场操纵二分的监管格局,也被搬了过去。因此,《碳排放配额拍卖条例》的内幕交易规范最终覆盖了排放权配额现货市场和拍卖市场,以及《欧盟金融工具市场指令》规制范围之外的碳排放配额交易活动和服务。[2]

金融立法将碳排放权配额纳入监管(包括内幕交易规制)范畴的努力,则可能略显牵强。关键的第一步,是在2004年《欧盟金融工具市场指令Ⅰ》中将碳排放配额衍生品纳入衍生品监管范畴。这一"mifidization"通过关键的两步完成:一是将期货衍生品的关键特征重新定义为具有实质性的"金融"(financial)属性;二是增设一类"奇异"

---

[1] See European Commission, *Towards an enhanced market oversight framework for the EU ETS*, COM (2010) 796 final, 21 Dec. 2010, p. 2.

[2] See Danny Busch, Guido Ferrarini & Seraina Grünewald ed., *Sustainable Finance in Europe: Corporate Governance, Financial Stability and Financial Markets*, Palgrave Macmillan, 2021, p. 480 – 482.

(exotic)衍生品。但是这一拓展适用并不容易实现,引致诸多复杂的豁免适用规定。鉴于以碳排放配额为底层资产的衍生品和其他类型的衍生品并无本质差别,而大部分碳排放配额交易依然被排除在该指令的适用范围之外,这一立法扩张其实并未将碳排放配额纳入金融监管范畴。从金融监管角度看,以下问题依然有待回答:(1)碳排放配额是否属于有"金融"属性的期货或"奇异"衍生品;(2)它能否被认为是一种或多种"投资服务";(3)相关交易能否被认定为不属于"面向公众"提供的"专业"产品。面对这些难题以及碳配额二级现货市场的一系列欺诈行为,[1]2014年《欧盟金融工具市场指令Ⅱ》踏出了果决的第二步,直接将碳排放配额定性为金融工具纳入附件一的清单。至此,排放配额与证券、股票、债券和货币市场工具一样被视为金融工具,尽管它们之间的相似性很难把握。概括式地将投资服务规范适用于碳排放配额,最主要的考虑是提高市场透明度、效率和流动性,降低交易成本。但是其中给市场信息流动带来的过高成本,最终也可能限制市场的发展。[2]

但是,尽管存在诸多争议,2014年欧盟《反市场滥用条例》还是加速了将碳排放配额纳入金融监管的进程。"将碳排放配额定性为金融工具的结果之一,就是本条例应当成为监管所有碳排放配额一级市场和二级市场不当行为的单一规则手册。"因此,该条例的法律框架应当适用于碳排放配额拍卖市场和其他相关受规制市场中的行为以及交易(包括投标活动),也适用于以排放配额为基础的拍卖产品,即便根据《碳排放配额拍卖条例》的规定,该拍卖产品不属于金融工具。自此,碳排放配额已完全纳入资本市场立法的规制范畴,没有理由再担心上述行业立法照搬金

---

〔1〕 2009年至2010年,欧盟委员会在碳市场中发现了增值税诈骗、网络钓鱼式攻击和重复销售核证减排量三起欺诈事件,虽然它们均不构成当时《反市场滥用指令》中规定的市场滥用行为,前两起事件也并非碳市场所独有,但却引起了加强碳市场监管以应对相关风险的立法讨论。See Danny Busch, Guido Ferrarini & Seraina Grünewald ed., *Sustainable Finance in Europe: Corporate Governance, Financial Stability and Financial Markets*, Palgrave Macmillan, 2021, p. 481.

〔2〕 See Danny Busch, Guido Ferrarini & Seraina Grünewald ed., *Sustainable Finance in Europe: Corporate Governance, Financial Stability and Financial Markets*, Palgrave Macmillan, 2021, p. 482 – 484.

融立法规范会造成监管真空。但这也产生了两个特殊的问题:一是碳排放配额与其他金融产品不同,存在行业监管与金融监管的重合;二是碳市场不存在传统的金融工具发行人这一内幕信息来源,过去以公司发行人为核心构建的内幕信息规范无法适用。

对于行业监管和金融监管的重叠问题,ESMA 曾予以明晰。一方面,《反市场滥用条例》主导性地适用于金融产品,但是如果现货商品合约的相关交易活动会影响某项金融产品的价值或价格,那么反内幕交易和市场操纵的规范也会扩张性地予以适用。另一方面,《反市场滥用条例》中反内幕交易和市场操纵的规范不适用于《批发能源市场完整性和透明度条例》第 2 条第 4 款规定的"能源批发产品"(wholesale energy products),但是后一条例的适用范围(能源批发产品)却又包括电力和天然气的现货合约及衍生品合约。因此,《批发能源市场完整性和透明度条例》中的内幕信息披露义务适用于电力和天然气的现货及衍生品合约,但是一旦相关产品被认定为《反市场滥用条例》所规范的金融工具,那么《批发能源市场完整性和透明度条例》中的反内幕交易和市场操纵的规范则不适用,金融监管部门才是有权主体。[1] 概言之,批发能源产品不在《反市场滥用条例》的适用范围之内,但是该条例反内幕交易及市场操纵的规范适用于电力和天然气的衍生品,《批发能源市场完整性和透明度条例》对此也予以了肯定。不得不说,这两个领域的边界相当复杂。[2]

对于内幕信息规范的调适,则主要发生在《反市场滥用条例》。为避免扰乱欧盟的气候政策,反映排放配额交易市场特有的结构性特征,该条例主要作了下列修改。主体方面,由于碳市场不存在传统的金融工具发行人,通常是施加于金融工具发行人的义务,如今也拓展适用《碳排

[1] ESMA, Discussion Paper on MIFID II/MIFIR, 22 May 2014, ESMA/2014/548.

[2] See Danny Busch, Guido Ferrarini & Seraina Grünewald ed., *Sustainable Finance in Europe: Corporate Governance, Financial Stability and Financial Markets*, Palgrave Macmillan, 2021, p. 495 – 497.

放配额拍卖条例》规定的"市场参与者"(market participant)[1],包括拥有大型排放设施的公司。根据欧盟《反市场滥用条例》第3条第1款第20项和第17条第2款的规定,强制信息披露义务的豁免,也适用于低于特定排放标准的排放配额市场参与者。[2] 合理投资者测试方面,事前要考虑不再是相关发行人行为等常规信息,而必须要考虑"其他市场变量"[3],包括以碳排放配额为基础的拍卖产品。内幕信息方面,信息准确性的评估必须要考量其"对于该金融产品、相关现货商品合约或以排放配额为基础的拍卖产品的价格产生的潜在影响"[4]。同时,就批发能源产品的衍生品而言,欧盟第1227/2022号条例要求披露的信息均应被认定为内幕信息。豁免事由方面,《反市场滥用条例》第6条第3款也明确将欧盟成员国、欧盟委员会、其他政府部门和获得授权的个人为执行欧盟气候政策实施的行为纳入。[5]

当然,也有些国家或地区不认同欧盟这一类做法。2018年11月,在对碳市场内幕交易和市场操纵规制的影响进行评估时,新西兰环境部认为,由于碳排放配额不属于金融产品(financial product),也不符合《2013年金融市场行为法》(Finanial Markets Conduct Act 2013, FMCA)规定的其他产品类别,故而通过FMCA来规制碳排放权内幕交易和市场操纵是有问题的。因此,在首次碳排放配额拍卖前,修改《2002年气候变化反应法》(Climate Change Response Act 2002)是规制这两类不当行为的有效的、可行的方式,当然同时还要继续运用竞争法来规制其中的反竞

[1] 根据《反市场滥用条例》第3条第1款第20项的规定,市场参与者指所有参与碳排放配额、以此为基础的拍卖产品或衍生品交易(包括下订单)的主体,第17条第2款豁免的主体除外。

[2] See Niamh Moloney, *EU Securities and Financial Markets Regulation*, *third edition*, Oxford University Press, 2014, p. 715.

[3] 《反市场滥用条例》序言第14段。

[4] 《反市场滥用条例》序言第18段。

[5] See Danny Busch, Guido Ferrarini & Seraina Grünewald ed., *Sustainable Finance in Europe*: *Corporate Governance*, *Financial Stability and Financial Markets*, Palgrave Macmillan, 2021, p. 488 – 489.

争行为。[1] 2018年12月10日,新西兰内阁(Cabinet)原则上同意在统一的市场监管框架对这一问题作出最终决定前,应该禁止新西兰碳市场中的内幕交易和市场操纵,其中的规制方式、违法行为和惩罚措施应尽可能实际且适当地与FMCA保持一致,并要求环境部继续研究决定最适合实施监管的部门,同时保证该监管部门有充足资源去实施监管。[2] 因此,2021年7月,新西兰环境部发布政策咨询文件,直言目前碳市场的监管框架不适合,也无法应对一、二级市场和衍生品市场发生不当行为(包括内幕交易)的风险。[3] 虽然大部分建言者(20位)都支持指定一个掌握相应技术的监管者来确保市场合规和声誉,但是在具体机构的选定方面仍存在重大分歧。有11位建言者认为,应当由新西兰金融监管局(Financial Market Authority, FMA)来进行监管,因为其具备充足的专业能力和组织架构来应对各个类型的市场主体和交易模式。有1位建言者则认为,也可以指定一个监管机构来协助新西兰商务委员会(Commercial Commission)和金融监管局的执法及合规工作。有8位建言者则表示,没有证据表明碳市场运行缺乏效率且需要指定监管者,既然市场信心业已建立,市场也能有效地运行,那么就无须额外指定监管者来增加市场负担。有5位建言者对此表示仍不确定,在指定监管者之前需要进行进一步分析。[4]

即便部分法域的立法准备较充分,但是碳排放配额内幕交易案件仍然非常罕见。2018年11月,新西兰环境部(Ministry for the Environment)

---

〔1〕 New Zealand Ministry for the Environment, *Impact Summary: Prohibiting Insider Trading and Market Manipulation in the New Zealand Emissions Trading Scheme*, Nov. 2018, p. 2, 10. 值得注意的是,在后续的政策咨询中,仍然有2位建言者认为将排放配额纳入现行的金融立法框架也是一个方案,这能有效地降低内幕交易等市场不当行为发生的风险,但这会引发强制性的交易信息披露。See New Zealand Ministry for the Environment, *Designing A Governance Framework for The New Zealand Emissions Trading Scheme: Summary of Submissions*, Dec. 2021, p. 23.

〔2〕 New Zealand Cabinet, *Minute of Decision of the Amendment to the Climate Change Response Act* 2002: *Tranche One*, CAB-18-MIN-0606.01, Dec. 2018, p. 6.

〔3〕 New Zealand Ministry for the Environment, *Reforming Industrial Allocation in The New Zealand Emissions Trading Scheme*, 8 Jul. 2021, p. 9.

〔4〕 New Zealand Ministry for the Environment, *Designing A Governance Framework for The New Zealand Emissions Trading Scheme: Summary of Submissions*, Dec. 2021, p. 7, 23-24.

明确指出,对碳市场内幕交易和市场操纵规制的影响进行政策评估的最大障碍,就是缺乏实证证据表明内幕交易和市场操纵“发生过或正在发生”[1]。2021 年 11 月 15 日,为回应波兰和捷克等成员国对欧盟碳排放权交易市场日益加剧投机和市场波动的关切,欧盟证券和市场监管局(European Securities and Markets Authority,ESMA)应欧盟委员会要求发布了《初步报告:碳排放权及其衍生品》(Preliminary Report: Emission Allowances and Derivatives thereof),其中指出:尤其是 2018 年以来,排放配额持续涨价,最初这是受市场改革驱动,到 2020 年 3 月则因疫情影响而急剧上涨,但这主要是受经济基本面和政治决策的影响。“市场主体的日益增加似乎符合欧盟碳排放权交易市场的扩张。市场主体数量增加本身不能被认为是碳市场存在异常交易模式或滥用行为的证据。”[2]在这一基本判断的加持下,2022 年欧盟碳价持续高涨,从 2021 年开盘的 33.56 欧元/吨逐步逼近 100 欧元/吨,涨幅超过 200%。[3] 2022 年 5 月,ESMA 发布最终报告,认为从金融监管视角来看,欧盟碳市场不存在重大异常或根本性问题。相关成员国金融监管机构也尚未从收到的可疑交易和订单报告中查实存在内幕交易或市场操纵。其中,德国金融监管局(BaFin)收到的唯一一份可疑内幕交易报告是关系欧盟可再生能源指令的修订提案,该提案主张在 2030 年把可再生能源在能源使用中的占比目标从至少 32% 提高到至少 40%,并在气候、能源、土地使用、交通和税收政策等方面提出了 55 项具体措施。但是调查发现,相关信息在所谓的内幕交易发生的前一天已经向大众公开,因此不构成内幕信息。这一信息也不能用来解释报告中所说的对碳排放配额期货价格产生负面的预期影响。而且,欧洲能源交易所(European Energy Exchange,

---

[1] New Zealand Ministry for the Environment, *Impact Summary: Prohibiting insider trading and market manipulation in the New Zealand Emissions Trading Scheme*, Nov. 2018, p. 2.

[2] European Securities and Markets Authotity, *Preliminary Report: Emission Allowances and Derivatives Thereof*, ESMA70 – 445 – 7, 15 Nov. 2021, p. 23, 34.

[3] Nina Chestney, Kate Abnett & Susanna Twidale, *Europe's Carbon Price Nears The 100 Euro Milestone*, Reuters (Feb. 7, 2022), https://www.reuters.com/business/energy/europes-carbon-price-nears-100-euro-milestone-2022-02-04/.

EEX)在相关时期的交易数据也没有反映出任何异常的价格波动或市场主体持仓变化。因此,BaFin没有再对案件做进一步调查。[1]

由于我国对碳排放权交易的监管尚未上升到金融监管层面,[2]理论研究和制度建设对碳排放权内幕交易问题的关注不足。虽然,中国历经十年探索已建成全球规模最大的碳市场,[3]但是碳排放权的法律属性依然不清。一方面,学界存在环境容量利用权(或发展权)说、(用益)物权说与特许权说之争,[4]私有财产化虽成为碳排放法律确权的主流理论,其物权化却也面临权利客体不清与物权法定的障碍,仍有待进一步的跨学科深入研究。[5] 另一方面,碳排放配额交易的金融属性已经成为共识。比如,有学者从气候政策金融化、碳市场金融化和碳金融等角度出发,强调碳排放配额交易制度安排的金融监管维度。[6] 概言之,碳市场本质上是金融市场,也适用加强投资者保护等金融市场监管规则。但是,碳排放权内幕交易问题尚未引起学界的足够重视,相关论著对此要么一带而过,要么避而不谈。

在碳市场法制建设过程中,立法层级较高的法律文件中均未涉及碳排放权内幕交易规制问题,比如2024年2月国务院审议发布的行政法规《碳排放权交易管理暂行条例》以及2023年10月生态环境部发布的

---

〔1〕 European Securities and Markets Authotity, *Final Report: Emission Allowances and Associated Derivatives*, ESMA70-445-38, 28 March. 2022, p.28-29.

〔2〕 参见刘明明:《论中国碳金融监管体制的构建》,载《中国政法大学学报》2021年第5期。

〔3〕《中国应对气候变化的政策与行动》白皮书显示,2011年10月,碳排放权交易地方试点工作在北京、天津、上海、重庆、广东、湖北、深圳7个省、市启动。截至2021年9月30日,7个试点碳市场累计配额成交量4.95亿吨二氧化碳当量,成交额约119.78亿元。2021年7月16日全国碳市场上线交易正式启动,纳入发电行业重点排放单位2162家,覆盖约45亿吨二氧化碳排放量,是全球规模最大的碳市场。截至2021年9月30日,全国碳市场碳排放配额累计成交量约1765万吨,累计成交金额约8.01亿元。参见新华社:《白皮书:中国建成全球规模最大的碳市场》,载中华人民共和国中央人民政府官网,http://www.gov.cn/xinwen/2021-10/27/content_5646800.htm。

〔4〕 参见倪受彬:《碳排放权权利属性论——兼谈中国碳市场交易规则的完善》,载《政治与法律》2022年第2期;王慧:《论碳排放权的特许权本质》,载《法制与社会发展》2017年第6期;王明远:《论碳排放权的准物权和发展权属性》,载《中国法学》2010年第6期。

〔5〕 参见郑爽:《碳排放法律确权剖析》,载《宏观经济研究》2019年第10期。

〔6〕 参见涂永前:《碳金融的法律再造》,载《中国社会科学》2012年第3期;毛维准、戴菁菁:《气候政策金融化:问题与对策》,载《国际论坛》2019年第5期;陈波:《论我国碳市场金融化的监管困境及其制度完善》,载《证券市场导报》2017年第9期。

部门规章《温室气体自愿减排交易管理办法(试行)》。我国碳市场内幕交易规范主要存在于全国碳市场法制建设过程中生态环境部发布的部门规范性文件,以及地方碳市场法制建设过程中部分试点碳交所的自律性规范。其中立法层级最高的,当属2021年5月生态环境部《碳排放权交易管理规则(试行)》第33条规定的“全国碳排放权交易活动中,涉及交易经营、财务或者对碳排放配额市场价格有影响的尚未公开的信息及其他相关信息内容,属于内幕信息。禁止内幕信息的知情人、非法获取内幕信息的人员利用内幕信息从事全国碳排放权交易活动”。该条文沿用了传统证券和期货内幕交易的规范结构,将交易的产品替换成碳排放权,将涉及“发行人”的经营、财务信息替换为涉及“交易”经营、财务信息,令人疑惑。值得注意的是,该条文并未出现在2019年生态环境部《碳排放权交易管理暂行条例(征求意见稿)》,而且2021年该条例的草案修改稿还引入了市场调节保护机制、涨跌幅限制、最大持仓量限制和大户报告制度等金融监管框架并禁止操纵碳排放权交易。然而,随着生态环境部领导在公开讲话中多次强调“发展碳市场并非建一个新的金融市场,不能将碳市场与股票市场做简单类比”,[1]2024年《碳排放权交易管理暂行条例》删除了这些拟引入的金融(证券)交易监管框架,规定国务院市场监督管理总局、中国人民银行和国务院银行业监督管理机构为协同监管机构,同时将草案修改稿提及的中国证监会排除在外。

地方碳市场法制建设中,试点省市政府部门颁布的地方政府规章大多回避内幕交易规制问题。碳排放内幕交易规范主要存在于碳交所的自律性规范,按照相应的条文结构可主要分为两类。一类是如上述生态环境部《碳排放权交易管理规则(试行)》第33条的规定专设内幕交易规范,比如,上海环境能源交易所2021年5月发布的《碳排放权交易管理规则(试行)》第33条、2023年11月北京绿色交易所发布的《温室气体自愿减排交易和结算规则(试行)》第34条以及2023年9月发布的

---

〔1〕 参见国务院发展研究中心金融研究所、上海环境能源交易所:《碳市场金融属性的发展与完善》,载能源基金会网,https://www.efchina.org/Reports-zh/report-lceg-20230725-zh。

《上海市碳普惠减排量交易规则(试行)》第32条。另一类则不再沿用传统证券期货内幕交易的规范结构,而是在交易市场监督章节中将内幕交易作为重点监控的违法违规行为进行列举,进而适用相应的自律监管措施。比如,《深圳排放权交易所有限公司碳排放权现货交易规则(2023年第三次修订)》第52条、2017年《重庆联合产权交易所碳排放交易细则(试行)》第49条、《广州碳排放权交易中心广东省碳普惠制核证减排量交易规则(2020年修订)》第48条、《广州碳排放权交易中心碳排放配额交易规则(2019年修订)》第43条以及《广州碳排放权交易中心国家核证自愿减排量交易规则(2019年修订)》第41条。这些条文的适用范围并不局限于碳排放配额,还包括核证减排量及其他碳排放权品种。值得注意的是,这些规范并未明晰何为碳排放权交易的内幕信息及其知情人。部分碳交所甚至未沿用内幕交易的表述,而是将"可能对交易价格产生重大影响的信息披露前,大量或持续买入或卖出相关碳排放权的行为"作为重点监控事项,如2022年《北京绿色交易所碳排放权交易规则(试行)》第3.5条。需要说明的是,该条文规定只重点监控和处罚采用公开交易方式的碳排放权内幕交易,而实际大部分采用大宗协议方式的交易却不在监控和处罚范围。

因此,诸多问题亟待研究,比如,何为碳排放权内幕交易,作为行政法规的《碳排放权交易管理暂行条例》为何对此不作规定,如何针对碳排放权及其期货的交易特性设计具体规则,并做好与现有内幕交易制度的衔接,如何实现内幕交易制度在碳排放权期货和现货市场的统一,我国生态环境部何以规制内幕交易,内幕交易执法权在生态环境部和其他部门之间如何进行合法合理的配置,如何设置碳排放权内幕交易的法律责任。

2. 比特币等加密资产

内幕交易规制向比特币等加密资产领域的延伸,则主要发生在2017年前后比特币等虚拟货币因各国监管态度不明确而野蛮生长的期间。2017年11月,由于得到交易平台比特币公司(Coinbase)支持的利好消息,一个小型加密货币的价格飙升。有交易者指控比特币公司交易网站的高管违反公司政策,在该消息公布之前买入了大量相关虚拟货币(Bitcoin Cash)。[1] 但是原告由于缺乏起诉资格而败诉。法官在判决附带意见中指出,类似诉讼如果由 CFTC 提起则更可能成功。[2] 与此同时,监管态度的变化也容易催生比特币的内幕交易。2018 年 1 月 11 日,时任韩国司法部部长朴相基发布公告称,有可能会禁止比特币交易。韩国金融监管服务局(Financial Supervisory Service,FSS)的一些官员和职员在消息公布前不久卖出了持有的比特币,被控实施了内幕交易。[3] 2018 年 1 月 16 日,瑞士金融市场监管局(FINMA)发布指南,明确了支付型代币(Payment ICOs)不属于证券,资产型代币(Asset ICOs)属于证券,而多功能型代币(Utility ICOs)一旦具有投资属性即属于证券,如果其唯一目的是用于转移对某些应用或服务的数字化权利,即不属于证券。[4]

学界对这一问题的关注,主要是在美国法学院联合会 2019 年年会前后。该年会专门以"内幕交易与加密资产:区块链时代监管的未来走向"(Insider Trading and Cryptoassets: The Future of Regulation in the Blockchain Era)为主题开设了一个分论坛,讨论加密资产的内幕交易是否应当以及如何更好地监管,规制对象和行为到底是什么。

有学者持科技乐观主义态度,认为区块链技术能够追踪到过去认为的"隐形人",能用于快速监测和发现内幕交易。[5] 但是也有学者通过

---

[1] Berk v. Coinbase, Inc., No. 18-cv-01364-VC, 2018 WL 5292244, N.D. Cal. Oct. 23, 2018, at *1.

[2] Berk v. Coinbase, Inc., No. 18-cv-01364-VC, 2018 WL 5292244, N.D. Cal. Oct. 23, 2018, at *2.

[3] See Joseph Young, *South Korean Official Initiated Insider Trading, Bought Bitcoin Before Trading Ban Fiasco*, CCN (Jan. 19, 2018), https://www.ccn.com/south-korean-officials-initiated-insider-trading-bought-bitcoin-before-trading-ban-fiasco/.

[4] See FINMA, *FINMA Publishes ICO Guidelines*, https://www.finma.ch/en/news/2018/02/20180216-mm-ico-wegleitung.

[5] See Sean Belcher, *Tracing the Invisible: Section II's Tracing Requirement and Blockchain*, Colorado Technology Law Journal, Vol. 16, p. 145 (2017).

实证研究发现,受区块链技术去中心化和透明化的性质影响,“抢跑行为”正以一种“明摆着的欺诈”的全新形式呈现。[1] 在重大利好(利空)事件公开前,比特币买方(卖方)发起的订单规模会异常地高。知情交易者倾向于在重大利好消息公布前两天建仓,在重大利空消息公布前一天减持或清仓。比特币对重大事件的价格敏感度高,使这一市场知情交易的获利相当惊人。[2]

由于对加密资产及其市场的法律认知不明确,相关监管面临诸多挑战。有律师指出,虚拟货币和美国内幕交易规范都很复杂,而且 SEC 和 CFTC 都有执法权,这两方面因素放大了虚拟货币内幕交易问题的复杂性。[3] 比如,虚拟货币的法律性质是合约、证券、货币、期货,还是其他?这一问题的答案将直接决定其是否在美国内幕交易规制范畴之内。2018 年 11 月,SEC 主席克莱顿(Clayton)一改此前态度,宣布比特币不属于证券,引起轩然大波。[4] 但是 SEC 却持相反意见。比如在 2017 年,SEC 的一份报告明确将 DAO 代币(DAO Tokens)认定为证券。[5] 在针对加密货币推销人和加密资产交易场所的执法诉讼中,SEC 也主张加密货

---

〔1〕 See Eskandari Shayan, Moosavi Seyedehmahsa & Clark Jeremy, *SoK: Transparent Dishonesty: Front-Running Attacks on Blockchain*, SSRN(Feb. 19, 2019), https://ssrn.com/abstract=3369236.

〔2〕 See Wenjun Feng, Yiming Wang & Zhengjun Zhang, *Informed Trading in The Bitcoin Market*, Finance Research Letters, Vol. 26, p. 63 – 70(2018).

〔3〕 See Jason P. Gottlieb, Daniel Isaacs & Christopher Pendleton, *Insider Trading and Cryptocurrency: A Primer for Traders*, Bloomberg Law(Feb. 22, 2018), https://news.bloomberglaw.com/tech-and-telecom-law/insider-trading-and-cryptocurrency-a-primer-for-traders.

〔4〕 See Neeraj Agrawal, *SEC Chairman Clayton: Bitcoin Is Not a Security.*, Coin Ctr.: Hot Takes(Apr. 27, 2018), https://coincenter.org/link/sec-chairman-clayton-bitcoin-is-not-a-security. 关于该主席此前的表态, See Public Statement, Jay Clayton, Chairman, SEC, *Statement on Cryptocurrencies and Initial Coin Offerings*, https://www.sec.gov/news/public-statement/statementclayton – 2017 – 12 – 11。还有学者认为将比特币定性为证券这类论断并非就被抛弃了,并提出了两个将数字化资产认定为证券的两个标准。M. Todd Henderson & Max Raskin, *A Regulatory Classification of Digital Assets: Toward an Operational Howey Test for Cryptocurrencies, ICOs, and Other Digital Assets*, Columbia Business Law Review, Vol. 2019:2, p. 443 – 493(2019).

〔5〕 See SEC, *Report of Investigation Pursuant to Section* 21 (*a*) *of the Securities Exchange Act of* 1934: *The DAO*, SEC(July 25, 2017), https://www.sec.gov/litigation/investreport/34 – 81207.pdf.

币是证券。[1] SEC和其他主体的分析大多都强调加密资产很有可能构成证券,受到证券法律制度的监管。[2] 但是也有欧盟学者认为,比特币作为纯粹的代币并不受欧盟证券法律的管制。[3] 对此,CFTC则对期货作扩张性解释,主张诸如比特币等虚拟货币都属于期货交易法规制的期货。[4] 该主张也得到了美国两个联邦法院判例的支持。[5] 因此,CFTC可以起诉现货市场(加密资产本身)以及相关衍生合约的内幕交易行为。[6]

反对加密资产内幕交易规制的理由主要有三:现有内幕交易法无法适用;进行内幕交易规制反而弊大于利;有更要紧的问题和政策目标。具言之,首先,去个人特征和去中心化的产品特征使加密资产领域并不存在传统的"高管"。比特币所有的定价信息都是公开的,并不存在内幕信息,因此加密资产不在内幕交易规制范围。[7] 其次,进行内幕交易规制反而弊大于利,会限制创新和广泛应用。[8] 最后,区块链技术使加密资产交易置于严苛的市场环境中,"明目张胆的欺诈"和市场操纵才

---

〔1〕 See SEC, *Two Celebrities Charged with Unlawfully Touting Coin Offerings*, SEC(Nov. 29, 2018), https://www. sec. gov/news/press-release/2018 - 268. See Coburn, Exchange Act Release No. 84553, 2018 WL 5840155.

〔2〕 See Jay B. Sykes, Cong. Research Serv., *Securities Regulation and Initial Coin Offerings: A Legal Primer*, No. R45301, 2018, p. 31 - 34.

〔3〕 See Philipp Hacker & Chris Thomale, *Crypto-Securities Regulation: ICOs, Token Sales and Cryptocurrencies Under EU Financial Law*, European Company and Financial Law Review, Vol. 15, p. 645(2018).

〔4〕 See *In re* Coinflip, Inc., CFTC No. 15 - 29, 2015 WL 5535736(Sept. 17, 2015), at *2.

〔5〕 CFTC v. My Big Coin Pay, Inc., 334 F. Supp. 3d 492, 497 - 98 D. Mass. 2(118); CFTC v. McDonnell, 287 F. Supp. 3d 213, 228 - 29 (E. D. N. Y. ,2018).

〔6〕 Berk v. Coinbase, Inc., No. 18 - cv-os36 4 - VC, 2o18 WL 5292244, at *2 (N. D. Cal. Oct. 23, 2018). 该判决解释了为何在现货市场没有内幕交易的私人诉权。需要注意的是,CFTC有权追诉现货市场的欺诈行为,这足以提出内幕交易指控,但是这一权力并不在一般性的职权范围内。J. Christopher Giancarlo, Chairman, CFFC, *Written Testimony of Chairman J. Christopher Giancarlo Before the Senate Banking Committee*, CFTC(Feb. 6, 2018), https://www. cftc. gov/PressRoom/SpeechesTestimony/opagiancarlo37.

〔7〕 See John P. Anderson, *Insider Trading and Cryptoassets: The Waters Just Got Muddier*, Iowa Law Review, Vol. 104, p. 120 - 129(2020); Mihailis E. Diamantis, *The Light Touch of Caveat Emptor in Crypto's Wild West*, Iowa Law Review, Vol. 104, p. 113 - 119(2020).

〔8〕 See M. Todd Henderson & Max Raskin, *A Regulatory Classification of Digital Assets: Toward an Operational Howey Test for Cryptocurrencies, ICOs, and Other Digital Assets*, Columbia Business Law Review, Vol. 2019:2, p. 443 - 493(2019).

是实际问题,并不需要将内幕交易规制作为首要政策目标之一。[1]

支持加密货币内幕交易规制者认为,普通法和成文法都能为虚拟货币内幕交易的受害者提供相应的救济基础。[2] 从内幕交易规制的产品边界视角来看,内幕交易法的根本问题不在于弄清到底禁止的是什么,而在于弄清在哪些领域作为基础法的合同法足以解决问题,哪些领域需要增加一层法律予以规制。因此,内幕交易法的适用范围应该限定在交易者和中介会因普遍的知情交易而退出的市场,尤其是在规模庞大的中介市场,以及专家能够在众多可替代但复杂的资产类别中发展出专业性、与社会总资产相比单个诉讼当事人持有的资产价值太低的领域。按照这一思维框架,加密资产应该纳入内幕交易规制范畴。[3]

还有学者提出了三条"不会造成市场萎缩"的规制进路。具言之:(1)针对虚拟货币内幕交易构建一个全新制度,甚至一个新的监管机构。采取此路径最大的问题在于成本最高,规范制定虽可以借鉴现有内幕交易法,但工程量也很大。(2)扩大解释 CFTC 规范中的"期货"概念,将虚拟货币纳入。此办法的优势在于成本较低,劣势则在于从 2011 年才开始内幕交易执法的 CFTC 可能经验不足,难以应对这一新兴市场的内幕交易。将虚拟货币纳入期货范畴,可能与虚拟货币的非典型性并不契合。将监管权集于如 CFTC 的一家监管机构,可能赶跑投资者,将交易商变回之前传统金融机构的状态。(3)修改现行的 SEC 规范。修改"证券"定义,将虚拟货币纳入。此路径有三大好处:成本最低;SEC 作为首要内幕交易执法机构,经验最足,能促进投资者信心;民事追偿制度健全,能够鼓励投资者参与。当然,问题也有三:(1)即便是 SEC 也承认,虚拟货币并不是很符合证券的定义,因而很有可能不在其规制范围

---

[1] See Peter J. Henning, *Can Cryptocurrencies Survive the Start of Government Regulation?*, N. Y. Times: Dealbook, https://www.nytimes.com/2018/12/13/business/dealbook/sec-ico-bitcoin.html.

[2] See Travis, Hannibal, *Common Law and Statutory Remedies for Insider Trading in Cryptocurrencies* (Jun. 24, 2019). AALS 2019 Annual Meeting Discussion Group Paper on Insider Trading and Cryptoassets. Florida International University Legal Studies Research Paper No. 19 - 18.

[3] See Andrew Verstein, *Crypto Assets and Insider Trading Law's Domain*, Iowa Law Review, Vol. 105:1, p. 6(2019).

内。毕竟虚拟货币交易并不建立在以利润回报换取资金使用权的允诺基础之上。(2)采取此路径仍需通过新的立法,成本也会上升,且最终不一定会通过。(3)采取此路径后,虚拟货币交易平台须注册为国内证券交易所——传统金融机构,而虚拟货币的产生恰恰是为了避免这一点。[1] 2020 年 3 月,印度最高法院驳回了印度央行(Reserve Bank of India)在 2018 年关于禁止银行进行加密货币交易的命令,内幕交易规制如何适用于加密货币同样面临上述选择和困难。[2]

随着美国、日本、加拿大、瑞士、菲律宾以及印度等为各种数字资产交易平台颁发牌照或放开禁令,加密资产的内幕交易及其规制正成为全球数字金融法制建设的热点问题。2023 年 4 月,作为全球首套加密资产全面监管规则——欧盟《加密资产市场条例》(The Markets in Crypto - Assets - MiCA)针对加密资产内幕交易作出了专门规定。2023 年 6 月,韩国颁布《虚拟资产用户保护法》,虚拟资产内幕交易获利或避免损失金额超过 50 亿韩元(约合人民币 2690 万元)的,最高可判处终身监禁。2023 年 11 月国际证监会组织(International Organization of Securities Commissions, IOSCO)发布《最终报告:关于加密和数字资产市场的政策建议》,建议各监管者采取措施打击内幕交易等不当行为,以回应该市场在诚信和投资者保护方面普遍存在的担忧。[3]

值得注意的是,全球首例比特币和 NFT 内幕交易案均发生在美国。2021 年 6 月至 2022 年 4 月,被告伊桑・瓦希(IshanWahi)作为全球第二大比特币交易平台 Coinbase 的产品经理,先后 10 多次向兄弟和朋友提

---

〔1〕 See Emily Crane, *Regulation without Deflation: Cryptocurrency and Its Insider Trading Conundrum*, John Marshall Law Review, Vol. 51:4, p. 797(2018).

〔2〕 Vijayakumaran Adarsh, Vijayakumaran Adarsh & Aravind Giri, *Error 5XX: A Critique on Application of Insider Trading Regulations to Cryptocurrencies in India*, Rgnul Financial and Mercantile Law Review, Vol. 8(1), SSRN (November 12, 2020), https://ssrn.com/abstract = 3826034. 所不同的是,该学生作品认为还可以考虑将比特币认定为"集合投资计划"(Collective Investment Schemes)进而纳入印度证券交易委员会的监管范畴。

〔3〕 See IOSCO, Policy Recommendations for Crypto and Digital Asset Markets Final Report, FR11/2023.

供即将在交易平台上市的加密资产的保密业务信息,以便他们在 Coinbase 上市公告之前进行交易并获利。2023 年 5 月,被告伊桑·瓦希及其兄弟认罪并接受刑事和解协议,分别被判入狱 2 年和 10 个月,并没收违法所得的比特币。与此同时,SEC 也与认罪的两位被告和解,不再施加行政处罚,并结束于 2022 年 7 月提起的民事诉讼。[1] 与之类似,2022 年 6 月 1 日美国纽约南区检察官办公室正式公布首例非同质化代币(Non – Fungible Token, NFT)内幕交易的指控书。被告纳撒尼尔·查斯坦(Nathaniel Chastain)是全球最大的艺术品非同质化代币交易平台开放海洋(Opensea)的产品经理,负责挑选在平台首页显示的 NFT。自 2021 年 6 月至 9 月,被告在知悉哪些 NFT 将在开放海洋平台首页展示之后,立即买入相关 NFT 或该 NFT 创作者创作的其他 NFT,相关 NFT 在平台首页展示后则快速抛售获利。在此期间,被告大约在 11 次不同场合下买入约 45 个 NFT 并以购买价 2 倍至 5 倍的价格抛售,获利超过 57,000 美元。为掩饰交易,被告还利用了开放海洋和以太坊(Ethereum)的多个匿名账户进行交易和转移资金。[2] 对此,美国地方检察官达米恩·威廉姆斯(Damian Williams)表示:"NFT 可能是新事物,但这类犯罪计划并不新颖。……今天这一指控表明了地方检察官办公室打击内幕交易的决心,不论该交易发生在股票市场还是区块链。"[3]

由于美国内幕交易法的复杂性,被告最终被控电信欺诈(内幕交易的形式之一),这能让检察官回避"NFT 是否属于证券"棘手问题。被告向法院申请驳回指控,理由有三。第一,被告否认犯电信欺诈罪,理由是

---

〔1〕 See U. S. Attorney's Office, Southern District of New York, Former Coinbase Insider Sentenced In First Ever Cryptocurrency Insider Trading Case, May 9, 2023, https://www.justice.gov/usao-sdny/pr/former-coinbase-insider-sentenced-first-ever-cryptocurrency-insider-trading-case.

〔2〕 See United States of America v. Nathaniel Chastain, Indictment, p. 4 – 6. https://www.justice.gov/usao-sdny/press-release/file/1509701/download.

〔3〕 Department of Justice U. S. Attorney's Office Southern District of New York, Former Employee of NFT Marketplace Charged In First Ever Digital Asset Insider Trading Scheme, June 1, 2022, https://www.justice.gov/usao-sdny/pr/former-employee-nft-marketplace-charged-first-ever-digital-asset-insider-trading-scheme.

相关信息并非财产,交易是基于个人作为职员未说出口的想法,哪些NFT将在平台首页优先展示就像哪些艺术品将在画廊橱窗展示一样,所谓的重大非公开信息并没有内在的经济和市场价值(因而并非财产)。对此,300多位辩护律师组团提交请愿书声援被告,认为将所有保密的商业信息认定为财产会引致欺诈范畴的不当扩张,职员将雇主内部信息用于非工作用途的所有情形都纳入在内,这会对许多过去从未认为触犯刑法的行为施加刑事制裁。第二,被告否认犯洗钱罪,理由在于交易都是在公开的区块链上进行,法律所要求的隐匿性(concealment)未得到满足。第三,被告否认犯"内幕交易"型电信欺诈,理由在于NFT既非证券也非期货,而私取理论要求交易客体是证券或期货。美国法院驳回了被告的申请,认为前两点均属于证据是否充分的抗辩,而最后一点则完全缺乏法律依据,因为被告被控违反美国《1934年证券交易法》关于电信诈骗的第1343条,而非有关证券欺诈的第10条第(b)款,前者及相关判例均未将适用范围限定在证券或期货交易。[1]同时,主审法官弗曼(Furman)认为该案虽不属于内幕交易的传统类型,但内幕交易依然能用于描述被告被控的行为,即利用有关资产的保密信息在公开市场交易该资产。2023年4月24日,该案启动庭审再次引发社会关注。[2]2023年8月23日,被告因内幕交易被判处3个月监禁、3个月居家禁闭、3年监督释放、200个小时的社区服务、5万美元罚款,并处没收交易所用到的15.98个以太币(Ethereum)。对此,检察官表示该判决对其他公司内部人是一个警告:内幕交易在任何市场都不会被容忍。[3]

---

〔1〕 See United States of America v. Nathaniel Chastain, Memorandum Opinion and Order, 22 – CR – 305 (JMF), p. 1 – 6.

〔2〕 See Chris Dolmetsch, First NFT Insider – Trading Trial Turns on Art Instead of Stock, on Bloomberg, https://www.bloomberg.com/news/articles/2023 – 04 – 24/first-nft-insider-trading-trial-turns-on-art-instead-of-stock? srnd = all#xj4y7vzkg&leadSource = uverify%20wall.

〔3〕 See U. S. Attorney's Office, Southern District of New York, Former Employee Of NFT Marketplace Sentenced To Prison In First – Ever Digital Asset Insider Trading Scheme, August 22, 2023, https://www.justice.gov/usao-sdny/pr/former-employee-nft-marketplace-sentenced-prison-first-ever-digital-asset-insider.

在我国学界,尚无专门探讨比特币等加密资产内幕交易问题的论著。2017 年 9 月 4 日,中国人民银行、工业和信息化部、原工商行政管理总局、中国证监会等多部门联合发布《关于防范代币发行融资风险的公告》,将比特币等“虚拟货币”的发售、流通认定为是未经批准的非法公开融资活动,涉嫌触犯非法发售代币票券、非法发行证券以及非法集资、金融诈骗、传销等违法犯罪活动。比特币等各类加密货币并非由货币当局发行,不具有法偿性与强制性等货币属性和法律地位,不能也不应作为货币在市场上流通使用。任何组织和个人不得非法从事代币发行融资活动。由于比特币等加密资产本身在中国不具合法性,相关交易都被禁止,加密资产内幕交易也就无从谈起。但是也有学者指出,区块链网络下的主体身份和主体间的关系更难界定、交易行为的意思表示内核更不清晰,将其作为底层技术的加密货币依然可能出现内幕交易问题,而硬分叉(Folking)的技术运用也使得损失确定与责任分配成了难题。[1]

3. 外汇与黄金等传统金融产品

内幕交易的触角伸向传统金融产品,离不开信息技术和金融衍生品的介入。但是,相关拓展主要停留在法律规范、经济学理论研究甚至是市场传闻层面。目前,黄金市场尚无内幕交易规制实例,外汇市场上只有澳大利亚在2015 年成功对首例外汇市场内幕交易定罪量刑。2020 年欧盟 ESMA 经过立法咨询讨论后也暂缓将外汇现货纳入《反市场滥用条例》(含内幕交易规范)的适用范围。

(1)外汇市场

理论界对外汇市场内幕交易问题的关注始于 20 世纪 90 年代。1991 年有经济学者指出私密信息对外汇价格波动的影响,但也指出外汇市场对私密信息和知情交易者的定义并不明确。该学者利用芝加哥商品交易所和伦敦国际金融期货交易所的期货合约交易数据,研究了外汇交易全天的波动性。研究发现,在美国交易时段,美国、欧洲和美国、

[1] 汪青松:《信任机制演进下的金融交易异变与法律调整进路——基于信息哲学发展和信息技术进步的视角》,载《法学评论》2019 年第 5 期。

日本的汇率波动较大,而在欧洲交易时段,欧洲的交叉汇率波动较大。虽然通过交易披露私密信息可能部分解释了这些波动模式,但是,波动性增强更有可能是由宏观经济消息的发布驱动的。对日内和日间数据的分析还显示,在美国宏观经济消息发布的时候波动性增加。当然,波动也可能是由利用私密信息的交易引起。美元波动可能发生在美国市场开市的时候,因为大多数有关美元价值的私密信息是在美国投资者面临交易障碍最少的时候披露的。然而,在外汇市场上,美国投资者有能力24小时在许多市场进行交易。此外,美国营业时间内的交易并不一定意味着交易成本较低。事实上,最具流动性的外汇市场并不在美国,伦敦的交易量是纽约的两倍。虽然无法直接测试私密信息相对于宏观经济信息在波动性、全天候交易能力和非美国市场的高流动性方面的重要性,但研究显示,在美国交易时段,美国汇率波动的集中可能是由公开交易驱动的,而非基于私密信息的交易。[1]

与此同时,还有学者研究了市场规则变化、市场活动和新闻等信息对日元和美元外汇市场收益波动的影响。比如,有实证研究证明日本的外汇市场存在私密信息。证据就是,日本东京改变交易规则允许午餐时间交易后,午餐期间的交易变化随着交易的引入而翻倍。但这不能归因于公共信息的披露,因为公共信息的流动并没有随着交易规则而改变。利用微观结构理论可以识别剩下两种可能:私密信息和错误定价。研究结果支持了私密信息模型的预测,开放交易导致错误定价对波动性的影响下降。[2] 还有研究表明,市场活动的两个组成部分,以及新闻发布,都会影响波动水平。私密信息和新闻效应都是汇率波动的重要决定因素。非预期报价的到来对汇率波动有积极影响,这与"非预期报价的到来是对知情交易的一种衡量"的解释是一致的。证实这一解释的是回归

---

〔1〕 See Campbell R. Harvey & Roger D. Huang, *Volatility in the Foreign Currency Futures Market*, Review of Financial Studies, Vol. 4, p. 543 – 545(1991).

〔2〕 See Ito, T., R. K. Lyons & M. T. Melvin, *Is There Private Information in the FX Market? The Tokyo Experiment*, The Journal of Finance, Vol. 53(3), p. 1111 – 1130(1998).

分析,它表明价差在报价到达率的意外组成部分增加,但在预期组成部分没有增加。通过观察非预期报价到达的单位增量影响和观测值的范围,知情交易有着调节波动性的重要作用。[1]

交易主体方面,有学者以解读新数据和影响未来汇率回报的能力为标准,将外汇市场上的交易者分为知情交易者和不知情交易者。在知情交易者中最突出的是大型央行,它们既先于其他市场参与者观察到与本国货币相关基本数据系列的更新,又能获得外汇市场所在部门最佳的日内订单流信息。央行的外汇交易活动是私密信息最热切寻求的来源之一,既反映了这一类交易者的复杂性,也反映了相关资金流的规模。这些信息可能与预期的市场干预或官方外汇储备货币单位的构成变化有关。例如,自1999年1月欧元问世以来,特别是在2003年至2004年,市场传言中东、欧洲外围国家和亚洲央行将进行重要的投资组合调整,投资重心将从美元转向欧元。当这种活动发生时交易者会获得重要的信息,这些信息至少在短期内可以用来制定他们自己的外汇交易策略。越来越多的央行将一小部分官方外汇储备用于财富创造,这既反映了外汇储备的增加(尤其是在亚洲),也反映了由于衍生工具的广泛使用,这些外汇储备以流动性形式持有的必要性降低。因此,市场传言表明,央行现在是每日交易流的活跃交易者,事实证明,这部分外汇储备的投资活动是成功的。而这些知情交易者可以影响外汇市场上个体交易者的未来交易决策。在外汇市场上,交易者往往会根据更知情的交易对手的情况改变自己的订单流向。知情交易者主要把自己的私密信息和公开信息融入定价之中,而不知情交易者主要放大知情交易者想要的效果。交易者之间的这种交互模式会扩展到不同的订单类型上,即交易者会认为

---

〔1〕 See Ramon P. De Gennaro, Ronald E. Shrieves, *Public Information Releases, Private Information Arrival and Volatility in The Foreign Exchange Market*, Journal of Empirical Finance, Vol. 4:4, p. 295 - 315(1997).

自己和他人的市场订单要比限价订单更有信息含量。[1]

还有学者指出，在外汇市场中高频交易会导致知情交易者分化、加剧市场波动。不同交易速度的知情交易者可分为投机者和中介服务提供者。投机者会对资产的基本价值进行长期押注，其投机行为具有风险中立性。而中介服务提供者只进行短期押注，并会把所有利润转化为现金。这两种策略将会导致大规模持仓或零持仓，加剧市场波动。[2]

更有学者直称美国政府为"知情的外汇投机者"(Informed Foreign-exchange Speculator)。美国外汇市场干预对市场基本面没有直接影响，但可能会影响市场预期。如果干预对汇率变动的预测有影响，那么美国的交易信息将会导致交易者改变先前对汇率变动分布的预测。美国的干预只有在预测近期汇率变动趋缓的情况下才有价值。然而，似乎只有不到一半的干预措施取得了成功，而令人满意的结果总体上仅限于两个短期，其特点是美联储未来政策的不确定性。[3]

信息类型方面，客户订单流是外汇市场最重要的私密信息来源。[4] 带有客户信息的交易信息要比这些交易的表面金额更有信息价值。其中的重要原因之一是外汇市场的异质性：信息不对称、对数据创新的不同反应速度、不同的选择机会和风险回报期望等。但总体而言，如果想要了解某一特定时间的汇率行为，就必须了解当时市场上普遍存在的客户类型，以及他们的交易方式和与更广泛市场互动的方式。通过掌握外汇订单流量指标，可以提高基于基本面的汇率预测质量。订单流使更广

---

〔1〕 See Lukas Menkhoff & Maik Schmeling, *Trader See, Trader Do: How Do (Small) FX Traders React to Large Counterparties' Trades?*, Journal of International Money and Finance, Vol. 29:7, p. 1283 - 1302(2010).

〔2〕 See Ioanid Roşu, *Fast and Slow Informed Trading*, Journal of Financial Markets, Vol. 43, p. 1 - 30(2019).

〔3〕 See Owen F. Humpage, *The United States as an Informed Foreign-Exchange Speculator*, Journal of International Financial Markets, Institutions and Money, Vol. 10:3, p. 287 - 302(2000).

〔4〕 See Rime D., *Private or Public Information in Foreign Exchange Markets? An Empirical Analysis*, SSRN(Jan 15, 2001), https://papers.ssrn.com/sol3/papers.cfm?abstract_id=239149. Ito, T., R. K. Lyons & M. T. Melvin, *Is There Private Information in the FX Market? The Tokyo Experiment*, The Journal of Finance, Vol. 53(3), p. 1111 - 1130(1998).

泛的市场能够了解知情市场主体的私密信息和交易策略,因此能够反映信息不对称融入市场价格的过程。[1]

澳大利亚《2001 年公司法》(Corporations Act 2001)第764 条第A 款将外汇现货认定为金融工具,而其中的内幕交易规范(第1043 条第A款)也可适用于那些利用可能影响市场运行的大单保密信息进行交易的自营交易机构或个人。正是在这一法律框架下,澳大利亚证券与投资委员会(ASIC)才得以对外汇市场的内幕交易等滥用行为进行严厉打击。[2] 2015 年 3 月 17 日,澳大利亚维多利亚最高法院(Victorian Supreme Court)对外汇市场上查处的历史上最大的内幕交易案作出了判决。被告卢卡斯·卡麦(Lukas Kamay)是澳大利亚国家银行(National Australia Bank)的一名雇员,他从一位澳大利亚国家统计局(Australian Bureau of Statistics)的雇员克里斯多夫·希尔(Christopher Hill)处获得月度就业数据等诸多敏感信息,然后在场外外汇市场买卖外汇衍生产品,在九个月的时间里获利接近700 万澳元。涉案人员分别被判处7 年3 个月和3 年3 个月的监禁。这在澳大利亚国家统计局一百一十多年的历史中属于首例。[3]值得注意的是,涉案产品并不是基础外汇,而是外汇衍生品。2012 年瑞士央行行长菲利普·希尔德布兰德(Philipp Hildebrand)曾被指控在瑞士央行宣布把欧元兑瑞士法郎的最低价定为1 欧元兑 1.20 瑞士法郎的几周前,利用妻子账户进行外汇内幕交易,兑换了价值110 万瑞士法郎的美元。其因此引咎辞职,但否认存在任何失

---

[1] See Michael J. Sager & Mark P. Taylor, *Under the Microscope: The Structure of The Foreign Exchange Market*, International Journal of Finance & Economics, Vol. 11:1, p. 81 – 95 (2006).

[2] See Australian Securities and Investments Commission, *Report 525: Promoting Better Behaviour: Spot FX*, ASIC (May, 2017), https://download.asic.gov.au/media/4270050/rep525 – published – 26 – may – 2017.pdf.

[3] See ASIC, *Two Men Sentenced in Australia's Largest Insider Trading Case*, ASIC (Mar. 17, 2015), https://www.asic.gov.au/about-asic/news-centre/find-a-media-release/2015 – releases/15 – 058mr-two-men-sentenced-in-australia-s-largest-insider-trading-case/.

当行为,且并未面临正式的指控或制裁。[1]

2020 年 9 月,应欧盟委员会的要求,ESMA 在对 2014 年《反市场滥用条例》进行评审时,专门探讨了是否应该将外汇现货纳入该条例(内含内幕交易规范)的规制范围。此前,由于欧盟《第 2017/565 号授权条例》第 10 条第 1 款第(a)项明确将外汇现货认定为非金融工具,因此外汇并不在该条例和内幕交易规制的产品范畴之内。在政策咨询过程中,大部分的市场主体都反对将该条例扩大适用到外汇现货,主要原因有三:第一,外汇现货市场涉及面广,扩大适用该条例可能引发意外的不利后果;第二,外汇交易在许多情形下只是其他金融或商业交易的结果,扩大适用该条例可能会对金融产业乃至实体经济造成重大的不利影响;第三,国际外汇市场有很强的碎片化特征,扩大适用该条例可能会打破国际监管的和谐状态,引发监管套利,驱使市场主体将外汇交易活动转移到欧盟之外进行。而少部分市场主体则支持将外汇现货纳入该条例规制范畴,理由主要有三:第一,《外汇市场国际行为守则》(FX Global Code of Conduct)缺乏刑事制裁措施,并不足以查明、惩治和预防外汇现货交易的不当行为;第二,大部分的外汇市场流动性都由专业的技术企业提供,它们并非持牌金融机构;第三,数据收集和处理难并不能作为将外汇现货纳入条例适用范围的正当原因,各个交易所均已具备存储和监测大量订单的能力。综合考量后,ESMA 认为,外汇现货市场可能存在监管空白,但还需综合诸多因素进行政策考量,不宜机械地扩张适用《反市场滥用条例》,因为其中还需要对条例进行结构性调整,比如何为外汇现货合约的"发行人",相关"内幕信息"的识别需考量哪些因素,哪些机构应当被豁免等。[2]

值得注意的是,中国较早就有部门规范性文件禁止外汇市场的内幕

---

〔1〕 参见第一财经日报:《瑞士央行行长卷入内幕交易丑闻》,载第一财经网 2012 年 1 月 6 日,https://m. yicai. com/news/1326145. html。

〔2〕 See European Securities and Markets Authority, *MAR Review Report*, ESMA70 - 156 - 2391, 23 Sept. 2020, p. 14 - 29.

交易,但据公开资料显示尚无规制案例。早在2014年,中国外汇交易中心发布的《银行间外汇市场职业操守和市场惯例指引》第18条就以"内幕交易"为标题,明确规定:"交易员利用所掌握的对价格有重大影响的非公开信息从事交易活动,不得泄露相关信息,或利用该信息建议他人从事交易活动。"2019年12月,中国外汇交易中心发布的《银行间人民币外汇市场交易规则》第7条和第62条也明确禁止外汇市场的内幕交易。与之类似,2021年外汇局印发《外汇市场交易行为规范指引》,其中第13条明确禁止市场参与者"利用所掌握的对价格有重大影响的非公开信息从事交易活动,或利用该信息建议其他人从事交易活动"。该条文显然采用了与证券期货立法禁止内幕交易一样的规范结构,但是在标题和正文中均未采用内幕信息、内幕信息知情人及内幕交易的表述,转而采用了"非公开信息"而非"未公开信息"的概念。只不过这三个规范均属于部门规范性文件,效力层级较低,无法有效震慑和防范外汇市场的内幕交易。据公开资料显示,中国外汇交易中心和外汇局也无内幕交易的规制实践。为此,有监管部门的工作人员提出,应当在《外汇管理条例》等效力层级较高的规范中增设禁止市场操纵、内幕交易等不当行为之条文,并引入刑事法律责任。[1]

(2)黄金市场

内幕交易向黄金市场的渗透始于2013年芝加哥黄金期货市场内幕交易事件。2013年9月18日,与市场预期大有不同,美联储联邦开放市场委员会(Federal Open Market Committee, FOMC)会议公布维持每月850亿美元的购债规模不变,并且尚未推出退出量化宽松的时间表,决议整体偏温和。芝加哥市场数据研究机构那奈斯(Nanex)发现消息公布后2~3毫秒内,芝加哥商品期货市场出现高达8亿美元的黄金期货及黄金ETF等交易。但是,美联储加息决议的消息从华盛顿传递到纽约需要2毫秒,传递到芝加哥需要7毫秒。2013年9月18日纽约商品

〔1〕 参见孙天琦、刘宏玉、张晓东:《金融批发市场的行为监管——以外汇市场为例》,载《当代金融家》2020年第Z1期。

期货交易所黄金开盘价为 1309.5 美元/盎司，盘中最高冲至 1367.8 美元/盎司，预期和事实的“剪刀差”让芝加哥参与黄金内幕交易的投资者赚得盆满钵盈。尽管那奈斯主管敦促芝加哥期货交易所对该事件进行深究，但由于新闻机构发布新闻的时间没有期货交易那样精确，后续不了了之。对此，我国学者提示，监管技术的应用整体地改善了黄金市场的交易透明度，但仍需跟上高频交易等新技术的发展。[1]

综上可见，内幕交易向外汇和黄金等传统金融产品的渗透必须借助高频交易和金融衍生品以扩大投机空间。但是，借助高频交易和金融衍生品后投机者就不会将视野局限于某一个金融产品或现货市场。一方面，他们会不择手段地尽快获取一切能够影响各项金融产品价格的重大非公开信息。另一方面，他们会利用高频交易和复杂的金融衍生品将相关信息的价值变现。如此一来，内幕交易的问题就不限于证券领域，而是整个金融市场，甚至会拓展到金融属性较强的非金融市场，比如房地产和高端艺术品等。概言之，内幕交易已经成了一个系统性的、超越股市内外、超越金融产品和市场之分的问题。

（六）超越金融产品之分的结构性内幕交易

以 2016 年“2.0 版内幕交易”事件为标志，内幕交易规制及理论研究开始超越金融产品与市场之分，向高频交易领域拓展。2016 年，路透社（Thomson Reuters）将密歇根大学的消费者信心指数（Consumer Sentiment Index，CSI）优先出售给高频交易公司，两秒钟后才将数据发布给其他付费客户。纽约州总检察长埃里克·施奈德曼（Eric Schneiderman）将这种歧视性的数据销售称为“2.0 版内幕交易”。最终，施奈德曼通过行使《马丁法》（Martin Act）赋予的调查权签发了相关传票，路透社和彭博社

---

〔1〕 参见王骏、黄岩：《监管不断强化打压不合法交易——芝加哥黄金期货市场内幕交易分析》，载《中国黄金报》2018 年 4 月 17 日，第 6 版。

(Bloomberg)都同意之后不再参与类似行为。[1]

有学者称之为“结构性内幕交易”(Structural Insider Trading),即高频交易技术放大了结构性信息不对称及信息优势的滥用而催生的新型内幕交易。其典型是风险对冲基金、投资银行等偏好高风险的金融机构设法得到信息获取的优先渠道,随后利用高频交易技术在极短时间内高频率地进行金融交易将信息优势变现。[2] 有学者发现,在同样能获取私密信息的情况下,高频交易者很快就会透露大量信息。如果高频交易员不愿意继续持仓,其最佳策略随着厌恶情绪达到一定程度后会发生很大的变化。他不再对资产价值进行长期押注,而是将大部分利润变现,由此产生“烫手山芋”效应:利用信息进行交易后,高频交易者会迅速将部分持仓和损失转移给速度较慢的交易者。[3] 还有研究发现,宏观消息发布前也存在知情交易,其中也可能涉及高频交易的使用。政府机构通常会让经认可的新闻机构在消息封锁期提前获取新闻发布会的信息。FOMC 公告发布前的消息封锁期存在知情交易。标准普尔 500 期货(E-mini Standard & Poor's 500 futures)的异常交易都会跟随后的政策走向一致,能够预测政策公告后的市场反应。这些知情交易的获利估计相当惊人。[4]

---

〔1〕《马丁法》禁止与证券买卖相关的“任何欺诈、欺骗、隐瞒、压制或虚妄”,法院将其解释为禁止“任何有悖于诚实信用规则的欺骗性行为”,包括“所有有欺骗和误导大众倾向的行为”。检察总长签发这一传票并不需要像一般刑事程序那样证明合理根据才能拿到法院命令,或召集有大陪审团监督下的法庭,或像民事诉讼那般提起诉讼由法院依据被告的驳回请求来审查。See N. Y. GEN. BUS. LAW § 352 – c (1982); People v. Federated Radio, 154 N. E. 655, 656 – 657 (N. Y., 1926); N. Y. GEN. Bus. LAW ART. 23 – A, § 352 (1960). James J. Angel & Douglas M. McCabe, *Insider Trading 2. 0? The Ethics of Information Sales*, Journal of Business Ethics, Vol. 147:4, p. 747 – 760(2018).

〔2〕 See Yesha Yadav, *Insider Trading and Market Structure*, *UCLA Law Review*, Vol. 63:4, p. 968(2016).

〔3〕 See Ioanid Roşu, *Fast and Slow Informed Trading*, Journal of Financial Markets, Vol. 43, p. 1 – 30(2019).

〔4〕 但是,该研究并未发现,FOMC 公布非农薪资、美国生产价格指数(Producer Price Index)和国内生产总值等数据公布前存在知情交易。Gennaro Bernile, Jianfeng Hua & Yuehua Tang, *Can Information Be Locked Up? Informed Trading Ahead of Macro-News Announcements*, Journal of Financial Economics, Vol. 121:3, p. 496 – 520(2016).

对于这类高频交易技术带来的结构性内幕交易问题,学界争议很大。支持意见认为,高频交易的背后是主导证券市场的"结构性内幕交易者"(Structural Insiders),这种结构性内幕交易造成的危害与传统的公司内部人交易本质上是一样的,即内幕交易者将其他投资者持续置于信息劣势之中。但是,传统信义义务理论和盗用理论都不足以支持规制,应当重新思考反对内幕交易到底反对的是什么,并提出应当从信息平等获取角度探索系统性信息优势的更佳定价模式。[1] 反对意见认为,"2.0 版内幕交易"这一表述容易引人误解,定性错误。这一歧视性数据销售的道德基础与传统内幕交易相当不同,因为其中无任何信义义务的违反,也无信息的盗用。歧视性数据销售是区别定价带来的价格歧视问题,并不必然有害,好处在于能降低其他用户的成本,坏处则在于会对市场效率带来负面影响。对该行为的道德谴责更多源于一小部分自动化交易商占据市场优势的现代市场结构引发的不公平性。但是,如果说花钱购买更快的信息获取渠道是不正当的,那么花钱购买任何信息本身也都是不正当的。[2]

与此同时,高频交易者通过电子窃听、黑客攻击获取重大未公开信息的问题也引发关注。2019 年 12 月,泰晤士报报道称英国央行内部系统曾遭入侵,会议音频被窃取并提前 5 秒到 8 秒卖给高频交易员。英国央行称这种行为"不可接受"。相关行为是否构成内幕交易,仍须拭目以待。[3] 由此可见,为了获取更多的重大未公开信息,高频交易者们不仅会在企业内部想办法,[4]通过商业安排从新闻专线、评级机构和研究

---

〔1〕 See Yesha Yadav, *Insider Trading and Market Structure*, *UCLA Law Review*, Vol. 63:4, p. 968(2016).

〔2〕 See James J. Angel & Douglas M. McCabe, *Insider Trading 2.0? The Ethics of Information Sales*, Journal of Business Ethics, Vol. 147:4, p. 747 – 760(2018).

〔3〕 See Philip Aldrick, *Hedge Funds Eavesdrop on Vital Bank of England Briefings*, The Times (Dec. 19, 2019), https://www.thetimes.co.uk/article/hedge-funds-eavesdrop-on-vital-bank-of-england-briefings-h7rcqhvbn.

〔4〕 比如,国际上最大的资产管理机构黑石集团会在市场分析师公开发布报告前进行审查,也可以从中获得能够影响市场的重大未公开信息用于交易。See Mercer Bullard, *Insider Trading in a Mannean Marketplace*, Temple Law Review, Vol. 88:2, p. 223(2016).

中心等处获取优先的信息渠道,还可能会不择手段地进行电子窃听与黑客攻击。[1]

对于这种单纯的信息窃取行为,美国内幕交易规制的知名学者曾主张“更具侵略性”的内幕交易规制,因为不管内幕交易是否构成明确的欺诈,它都是市场滥用行为。无论是合理的区分还是严格的类型化,都不应该限制反内幕交易法去规制这类贪婪和市场滥用行径。[2] 也有学者称其为知情网络交易(Informed Cyber-Trading),即市场套利者了解到重大未公开的网络安全漏洞并在公开披露之前执行交易。这种做法在衍生品市场交易中表现得很明显。在衍生品市场交易中,违规披露公司在披露之前表现出明显更大的看跌期权未平仓权益和交易量。在黑客事件发生和公布之前,无论从持仓量还是交易量来看,目标公司的看跌期权交易都会出现明显异常。内幕交易制度拓展到使用欺骗手段入侵公司网络安全系统的外部人士(包括黑客交易者)的努力可能是正当的,尽管不太完美。但是,该学者认为,知情网络交易不构成市场操纵,因为它并未将“不准确的信息注入市场”,也不构成内幕交易,因为并无信义义务或保密义务的违反。概言之,当前的证券欺诈法或《电脑欺诈和滥用法》(Computer Fraud and Abuse Act,CFAA)无以合理应对这一挑战,重新设计相应法律规范,任重道远。长远的立法改革实现之前,权宜之计却是维持现状。[3]

此外,高频交易本身还可以生产出交易信息等诸多重大未公开信息,并进行“抢跑”和“高速试探”等操作。但是,有学者认为,高频交易中的电子抢跑行为(又称 Pinging)是新型的“计算机控制型市场操纵”

---

〔1〕 See Yesha Yadav, *Insider Trading and Market Structure*, *UCLA Law Review*, Vol. 63:4, p. 968(2016).

〔2〕 See Donald C. Langevoort, *Fine Distinctions in the Contemporary Law of Insider Trading*, Columbia Business Law Review, Vol. 2013:2, p. 429(2013).

〔3〕 该学者认为,美国《电脑欺诈和滥用法》是比较可行的规制依据,因为它并不要求意图欺诈的主观构成要件。但是,该法从未用于规制知情网络交易,救济方式也仅限于具体的补偿性赔偿。See Joshua Mitts & Eric Talley, *Informed Trading and Cybersecurity Breaches*, Harvard Business Law Review, Vol. 9:1, p. 1 - 52(2019).

(Cybernetic Market Manipulation),而非内幕交易。[1] 我国学者在系统探讨高频交易监管时也提到,高频交易中的"高速试探"不构成抢先交易或内幕交易,却构成市场操纵。[2]

中国关于高频交易(又称程序化交易)的规范尚未涉及内幕交易问题。早在2015年,针对股市异常波动中活跃的程序化交易,中国证监会就曾组织起草《证券期货市场程序化交易管理办法(征求意见稿)》。在"严格管理、限制发展、趋利避害、不断规范"的指导思想下,该征求意见稿拟系统性地对程序化交易的申报核查管理、接入管理、指令审核、差异化收费、境外服务器的使用、主机托管服务等方面做出规定。然而,受限于市场发展和监管实践等多方因素,该办法并未发布实施,主要由各交易所对程序化交易进行自律管理。2019年最高人民法院和最高人民检察院在起草《关于办理操纵证券、期货市场刑事案件适用法律若干问题的解释》时,曾将"违反规定滥用技术优势进行期货交易"作为市场操纵的类型之一,但鉴于程序化交易及其技术优势本身的中立性和无害性,最终出台的该解释并未采纳这一表述。[3] 这一立场也为后续立法所采纳,比如2019年《证券法》第45条、2020年《可转换公司债券管理办法》第3条、2021年《证券交易所管理办法》第48条、外汇局《外汇市场交易行为规范指引》第37条及2022年《期货和衍生品法》第21条。其间各规范的立法表述比较一致:程序化交易应符合规定并报告,不得影响交易所系统安全和正常交易秩序。《外汇市场交易行为规范指引》第37条稍有不同,只是要求程序化交易"不得损害其他市场参与者的正当利益或者影响正常交易秩序"。

---

〔1〕 See Tom CW Lin, *The New Market Manipulation*, Emory Law Journal, Vol. 66:6, p. 1253 (2017). Gregory Scopino, *The (Questionable) Legality of High-Speed Pinging and Front Running in the Futures Markets*, Connecticut Law Review, Vol. 47:3, p. 686-687, 697(2015).

〔2〕 参见邢会强:《证券期货市场高频交易的法律监管框架研究》,载《中国法学》2016年第5期。

〔3〕 叶林主编:《中华人民共和国期货和衍生品法理解与适用》,中国法制出版社2022年版,第76、78页。

(七)非金融产品

内幕交易规制及其研究还有向金融市场之外拓展的趋势,比如破产领域的剩余索取权,以及金融属性强、单价高的非标准化产品——房地产和艺术品。2018 年 3 月,美国布鲁克林法学院以“破产法领域的公司控制权市场”(The Market for Corporate Control in the Zone of Insolvency)为主题举办了 2018 年春季论坛。有学者超越公司治理的视角,探讨了破产(资不抵债)在经济和法律层面对内幕交易规制的影响,认为内幕交易法难以适用于破产领域的剩余索取权,因为剩余索取权不是股票甚至都不构成证券,但破产企业的走向却对这些剩余索取权的经济价值影响重大且对信息非常敏感。同时,该学者主张应尽力使破产债权人委员会成员免受内幕交易法的限制,先不着急将内幕交易法规制范围扩大到剩余索取权,以促进信息的双向流动和破产和解。〔1〕 同年 11 月,亚马逊决定将第二总部落户纽约长岛市后,州参议员迈克尔·吉纳瑞斯(Michael Gianaris)提议立法禁止利用任何未公开的政府决策信息进行房地产交易,因为在大型零售商宣布也在长岛设立总部之前,亚马逊的员工购买了多处公寓,导致住房需求和公寓价格随即飙升。房地产律师亚当·莱特曼·贝雷(Adam Leitman Bailey)直言:“内幕交易在股市是违法的,但是在房地产市场它不仅是合法的,还通常是用香槟庆贺之事。”吉纳瑞斯说:“没有道理利用内幕信息买卖股票就违法,而买卖房地产等商品就可以。我们需要修改法律,明确这样不行。”〔2〕我国房地产市场也应进行内幕交易规制,尤其是考虑到规划、限购政策出台对房价的重大影响。此外,还有知名收藏家表示,艺术品市场缺乏规则,博物馆和画廊之间的关系以及投机者对艺术家和作品的深刻了解,都容易滋

---

〔1〕 See Andrew Verstein, *Insider Trading: Are Insolvent Firms Different*, Brooklyn Journal of Corporate, Financial & Commercial Law, Vol. 13:1, p. 53(2018).

〔2〕 Josh Barbanel, *After Amazon HQ2, Uproar in New York Over Real Estate "Insider Trading": The Proposed Legislation Would Prohibit People from Buying or Selling Real Estate Based on Any Nonpublic Government Action*, Wall Street Journal (Dec. 3, 2018), https://www.wsj.com/articles/state-senator-proposes-law-to-ban-real-estate-deals-based-on-nonpublic-information-1543842000.

生“内幕交易”。[1] 若按这一逻辑,内幕交易规制也应该拓展到有着“柠檬市场”之称的二手车市场乃至整个市场经济领域,因为信息不对称是无法消除的客观现实。若真如此,内幕交易制度的泛道德化也就到了极端,对于何为内幕交易、为何规制内幕交易的问题就更无从回答。

这充分反映了内幕交易刑事化规制的主观直觉与边界不明的逻辑缺陷。换言之,相较于其他交易,法律为何会对流动性较强的证券市场交易如此不同。比如对于房地产等其他资产交易中不适用类似“或披露或戒绝交易”的规则,即便是在不同的法域,房地产交易者也只有在相当有限的情形下才负有强制性的信息披露义务。[2]

综上可见,内幕交易规制及其理论的场域延伸,呈现出一个以公司股票为中心的“差序格局”状态,好似往湖中投下一块石子荡起的涟漪,逐渐影响到期权、债券、期货、差价合约和点差交易等金融衍生品、黄金和外汇等传统金融产品、加密资产等新兴金融产品。最终,这一拓展还试图超越股市内外、金融产品和市场之分,蔓延到了高频交易领域,乃至金融市场之外。其中,相关产品(市场)与公司股票(股市)越相似或联系越紧密,相关内幕交易的投机空间就越大,规制实例就越多,理论研究和制度准备相对就较为充足。质言之,内幕交易规制向传统股票市场外的拓展呈现出一个半开放的状态,牵涉诸多维度,比如集中竞价市场与非集中竞价市场、现货市场与期货市场等。这些维度需要进一步归纳和梳理。因此,下文将按“规制与否——现实图景——制度困境——改革进路”的思路予以展开。

---

〔1〕 Andrew M. Goldstein, *Collector Alain Servais on Insider Trading in the Art Market, "Blood-Sucking Leeches", and Why We're Now Just the Fashion Industry*, Artspace (May 23, 2015), https://www.artspace.com/magazine/interviews_features/how_i_collect/alain-servais-interview-part-2-52876.

〔2〕 See Marco Ventoruzzo & Sebastian Mock, *Market Abuse Regulation: Commentary and Annotated Guide*, Oxford University Press, 2017, p. 20.

第二章　股市外内幕交易规制与否的理论争鸣

近年来，法律经济学关于（股票）内幕交易规制与否的争论已进入“2.0阶段”。一方面，非管制论者主张允许公司通过合同来设定自己内部的内幕交易政策；管制论者则认为应该赋予公司对内幕信息的产权（property right），并且不允许通过合同约定对此进行再分配。非管制论的论证前提要么是内幕交易可以提升市场效率，要么是将内幕信息的产权分配给管理层是一个有效率的管理层补偿安排。非管制论者往往会诉诸公共选择理论，认为内幕交易规制对市场专业人士和公司管理层有益，而对其所要保护的投资者无益。另一方面，管制论者通常还是会基于公平价值，但这对法律经济学并没有什么吸引力。支持内幕交易规制的经济学理论反而往往会利用不同版本的信息产权经济学（property rights economics）。[1]

股市之外，内幕交易规制与否的理论争鸣并非只是上述争论的简单重复。由于股票（市场）之外的金融产品和市场复杂多样，具有不同程度的差异性，相关理论争鸣可谓丰富有趣，具有一定的专业性、复杂性甚至是故事性。如前一章所述，内幕交易规制向股市外的拓展，既是线性

---

〔1〕 See Stephen M. Bainbridge, *The Law and Economics of Insider Trading 2.0*, Forthcoming in Encyclopedia of Law and Economics (2nd edition), UCLA School of Law, Law-Economics Research Paper No. 19 - 01, 2020.

地往其他金融产品或资产领域蔓延,又是一种类似于涟漪的“差序格局”状态,彼此之间还存在多维度的耦合。为了反映内幕交易规制及其理论向股市外拓展的现象,第一章主要采用了以金融产品为导向、横向的叙事方式。但是,鉴于拓展过程中的争议焦点高度集中于是否应当规制这一问题,本章将采用纵向的章节安排,即先分别对反对和主张规制股市外内幕交易的理论争鸣进行归纳,并甄别股市内外“真正的差异”,进而阐明股市外内幕交易应当予以规制的价值选择。

一、反对予以规制的理论努力

股票市场之外反对内幕交易规制的理论主张有三大特征。一是对传统规制理由进行证伪,强调相关产品(市场)与股票或证券(市场)的差异性,以说明衍生于股票市场的内幕交易规制基础不存在,或制度成本太高,相应规范不应该适用。二是对股市外内幕交易的正当化进行证成,强调股票市场之外内幕交易是必要的、有诸多好处,且不可避免。三是对内幕交易规制的边界进行限定,直接强调相关产品或市场范畴不在规制范围内。[1] 相关产品越复杂,与上市公司和股票市场的关联度越小,散户越少,机构投资者越多,价值动摇就越激烈。这些理论釜底抽薪般冲击内幕交易规范的价值基础,试图从根上消解规制的必要性。

(一)对传统规制理由的证伪

一般认为,股票内幕交易规制的传统理论依据主要有提高资源配置效率说、保护公司财产权益说、公平与公众信任说、内幕交易违背信义义务说。[2] 股市之外,反对内幕交易规制者往往会竭力反驳这些规制理论。

---

〔1〕 诚然,非管制论者也会着力批判当前内幕交易归责理论和规则在股票市场之外的不可适用性。鉴于本章主要探讨的是规范意义上股市外内幕交易应不应当予以规制,关于实证层面现行内幕交易规范体系在股市之外面临的冲击与挑战,本章在此按下不表,而在第四章规制困境部分予以剖析。

〔2〕 参见宁荣:《内幕交易的多幅面孔:中国的监管标准与执法实践》,经济科学出版社 2019 年版,第 6 ~ 14 页;杨亮:《内幕交易论》,北京大学出版社 2001 年版,第 16 ~ 32 页。

1. 资源配置效率说

按照股市内幕交易规制的经典逻辑——资源配置效率说,禁止内幕交易可以消除内幕人员推迟披露重要信息的动机,而重要信息的及时披露、传播有助于提高市场配置资源的效率,而这一效率取决于信息效率提高带来的价格发现效率的提升。[1] 但是,非管制论认为这一逻辑在股市之外不那么受用。

(1)CDS 市场的价格发现机制有别于股票市场

一般认为,CDS 的价格变动能够提供一个"纯粹"的信用风险衡量指标,而有关信用风险的信息过去都只是间接地通过估价予以反映。这是因为对股东来说并非所有负面信贷事件的影响都是负面的,比如杠杆收购可能会对公司信用有负面作用,但是对公司市场估值的影响却可能是正面的。而且,与借贷市场相比,CDS 市场的价格发现贡献率平均在80% 。一方面,是因为其市场结构。相比购买 CDS,债券供给有限很难做空。而 CDS 市场参与者更多、流动性更强,除了债券持有者,还有参与投资、风险对冲和投机的投资者。另一方面,则很可能归因于其普遍存在的知情交易,尤其是其对负面信用信息的高度敏感性。除此之外,CDS 知情交易还能够向监管者和公众提供诸多信息,尤其是在股价被高估和系统性金融危机发生之时。[2] 换言之,如果说 CDS 内幕交易不能提升金融市场的资源配置效率,它至少能够提升信息效率,而这是传统理论几乎没有预料到的。同时,市场效率的传统法理学主张也难以成立,因为 CDS 市场的价格波动更关注"负面"的、与违约相关的信息,这一成本放在市场整体环境下也是更为均衡的。[3] 此外,美国内幕交易规制本身还存在一个悖论,由于立法并未定义何为内幕交易,使相关合

---

〔1〕 当然,该传统理论自诞生之初也受到质疑。See Henry G. Manne, *Insider Trading and The Stock Market*, The Free Press, p.77 - 104 (1966).

〔2〕 See Douglas B. Levene, *Credit Default Swaps and Insider Trading*, Virginia Law and Business Review, Vol.7:2, p.231 - 300(2012).

〔3〕 See Yesha Yadav, *Insider Trading in Derivatives Markets*, Georgetown Law Journal, Vol.103:2, p.381 - 432(2015).

规工作过于繁重，制度成本高企，最终转嫁给内幕交易规制本要保护的股东。[1]

(2)期货市场的信息有效性也与资源配置效率说不符

有研究发现，期货内幕交易可以促进期货市场的信息有效性，从而增强期货市场的定价功能(定价基础和期限结构)。两个不同交割日商品期货的价格差体现了两个合约标的商品仓储成本的差异。由此看来，期货市场对商品不同时期的供求关系进行了经济分配。内幕交易可以加快向仓储商和商品消费者传递信息的速度，促进存货的有效利用，最终提高期货市场为商品现货提供跨期资源配置的效率。[2] 还有研究发现，内幕交易会减少新信息对市场的冲击而降低期货价格的波动性。如果没有内幕交易，内幕信息一经公布就会产生大量的离散价格。如果内幕交易提前释放了部分信息，则价格端就会产生更小的更频繁的价格变动。因此，内幕交易将会减少价格波动，提升价格稳定性。[3] 同时，单个套期保值者也可能因内幕交易对市场有效性的提升而受益，减少套期保值成本。[4]

(3)破产语境下内幕交易可以提升价格准确性、对资不抵债企业更有益

价格准确性和流动性对于所有公司都很重要，包括资不抵债的公司。但是，在特定情形下，价格准确性对资不抵债公司更重要，流动性反而没那么重要。鉴于内幕交易往往会以牺牲流动性的方式提升价格准确性，内幕交易对于资不抵债公司可能更有益，或者损害没那么大。价

---

〔1〕 See John P. Anderson, *Solving the Paradox of Insider Trading Compliance*, Temple Law Review, Vol. 88:2, p. 273 - 312(2016).

〔2〕 See Working H., *The Theory of Price Storage*, American Economic Review, Vol. 39:6, p. 1254 - 1262(1949).

〔3〕 See Stephen J. & Turnovsky, *Futures Markets, Private Storage, and Price Stabilization*, Journal of Public Economics, Vol. 12:3, p. 300 - 301(1979); Streit M E., *On the Use of Futures Markets for Stabilization Purposes*, Review of World Economics, Vol. 116:3, p. 493 - 513(1980).

〔4〕 参见李铭、许恒、杨文飞:《期货市场很少发生内幕交易？——基于投资者特征与内幕交易动机的实证分析》，载《征信》2019 年第 9 期。

格准确性很重要,因为它可以指导实体经济中的决策。在实体经济投资中,没有什么情形比资不抵债应更加注重酌情行事。各方实际上是在决定是将资产作为一个整体还是逐一出售,还是按基本相同的条款继续经营。破产的一个主要考虑因素是,除偿还债务之外,企业是否具有根本的效率,或者基础业务是否效率低下,应该停止经营。各方需要他们所能得到的所有信息,而剩余索取权人的权利价值也使他们应该持续关注某些策略对价值的影响。如果提出的计划和关键索赔权的价值暴跌,价格下跌就会提醒关注者,拟议的计划可能就会造成价值贬损。关键索赔权的价值上涨往往表明该计划可以创造价值,类似事件中股票价格上涨往往也表明应对措施得当。[1]

在各方信息匮乏时信息的重要性不言而喻。由于供应商、雇员和债权人都会避免被卷入破产的旋涡,因而会尽力避免与企业产生更深入的合作,企业发展很可能失去希望,破产企业的信息收集和报告系统往往已经失效。这些效应可能是短期的,也可能是长期的。每一方当事人都有自己的私密信息,即是否有意愿加入破产重组后的企业,以及相应的企业重组后剩余索取权的价值。对于交易是否会产生有关破产企业的信息,尚无定论。一方面,在破产案件中很少能见到破产剩余索取权的交易,意味着信息完全无法按照日常的方式产生。另一方面,债券持有人的改变通常意味着债务人(和债务)质量的重大变化。[2]

流动性也同样重要。如果破产程序中的请求权是极度缺乏流动性的,它们在破产前的吸引力就会大打折扣,使所有公司的融资成本都上升。同时,对于陷入破产程序的担忧也会导致债权人在破产程序启动前产生激烈争执,这也会加快企业下行的恶性循环。流动性降低对于债权

---

〔1〕 See Andrew Verstein, *Insider Trading: Are Insolvent Firms Different*, Brooklyn Journal of Corporate, Financial & Commercial Law, Vol. 13:1, p. 78 - 80(2018).

〔2〕 See Jared A. Ellias, *Bankruptcy Claims Trading*, Journal of Empirical Legal Studies, Vol. 15:4, p. 774(2018); Robert E. Scott et al., *Hidden Holdouts: Contract Arbitrageurs and the Pricing of Collective Rights*, New York University Center for Law, Economics and Organization, Working Paper No. 18 - 27, 2018.

人的影响也不一样。在企业有资不抵债迹象时，富有实力和经验的债权人可以通过短期贷款中的谈判，或快速地抛售自己持有的债务资产，来适应资不抵债后流动性不足的状况。而那些不具实力和经验的投资者则很有可能被抛下。在极端情况下，作为被侵权的债权人并没有办法通过协商确定自己债权的到期时间。他们必须无期限地保留这一索赔权，或者在其有意愿出售时进行交易，而不管当时的流动性条件如何。

即便如此，流动性对于资不抵债公司剩余索取权的影响，也没有对非资不抵债企业剩余索取权的影响大。第一，作为破产政策的争议焦点之一，剩余索取权具有流动性是否真的对破产财产有益，仍然富有争议。[1] 有观点认为，流动性充足在总体上对破产程序不是好事。不论这一争论结果如何，流动性之于非破产企业，尚无相关指摘。第二，对破产企业的剩余索取权往往是无担保的债权。这些请求权永远不可能像权益类证券那么具有流动性。无担保的债权人永远也不可能对流动性有合理的期待。因此，在破产程序中不追求这一目标，也不会对其构成可感知的伤害。第三，破产是一个暂时性的程序，有可能持续数周、数月或数年。当我们考虑到这只是一家公司生命周期中很短的一段时间时，流动性就不那么重要了。而流动性对于一家非资不抵债企业的影响却是长期的，可能持续数十年。

总体而言，相比于流动性，破产语境趋向于增强价格准确性的重要程度。在程度上，这意味着破产语境下内幕交易的社会成本（效益）要

---

〔1〕 See Frederick Tung, *Confirmation and Claims Trading*, Northwestern University Law Review, Vol. 90: 4, p. 1684 – 1754 (1995 – 1996); Edward J. Janger, *The Costs of Liquidity Enhancement: Transparency Costs, Risk Alteration and Coordination Problems*, Brooklyn Journal of Corporate, Financial & Commercial Law, Vol. 4: 1, p. 53 – 58 (2009); Douglas G. Baird, *The Bankruptcy Exchange*, Brooklyn Journal of Corporate, Financial & Commercial Law, Vol. 4: 1, p. 25 – 29 (2009); Adam J. Levitin, *Bankruptcy Markets: Making Sense of Claims Trading*, Brooklyn Journal of Corporate, Financial & Commercial Law, Vol. 4: 1, p. 67 (2009).

低于(高于)非破产语境下的内幕交易。[1]

(4)内幕交易不必然破坏金融衍生品市场的有效性和流动性

在论述金融衍生品市场内幕交易差异化规制时,有学者指出:第一,有关内幕交易对市场有效性的影响,学界有着完全相反的结论。学理上无法得出和印证金融衍生品内幕交易有害或有益于市场有效性的结论,这一问题应当留待经验事实来解答。[2] 由于信息的质(正确性)远比信息的量(充实性)重要,而内幕交易与一般的信息公开相比,向市场传递的信息质量要高很多,因而其应该有助于金融衍生品市场的有效性。第二,内幕交易有害于市场流动性的说法与金融衍生品的市场现状不符。金融衍生品市场中的交易双方当事人在主客观上都无法避免信息不对称的问题,否则交易便无从发生。法律是否禁止内幕交易对市场流动性没有明显的影响。[3]

(5)"2.0版内幕交易"对市场效率具有复合影响

经济学研究表明,CSI数据的优先获取通道的确能够提高信息在价格中反映的速度,即便只是在毫秒之间。但是,就像大部分有关市场效率的研究结论那样,有关内幕交易对市场效率的影响都是复合性的。因此,相互抵消之后,高频交易对市场效率究竟是具有正面还是负面作用依然不清。能够将不同的信息产品提供给不同类型的客户群体,进而将数据销售收入最大化,这能够支付数据收集的高额费用,同时负担起其他有益的大学研究活动。这些数据不仅能够推动市场的发展,也能深化我们对消费者行为和心理的认知。虽然对于美国股市质量的测算显示近年来相关交易成本和日间活跃量都得到了改善,但是交易科技和市场结构也发生了诸多改变很难说这些市场质量的改善在多大程度上归因

[1] 当然,该学者也认为在做出最终结论前有必要进行更加精细化的研究。如果内幕交易会导致某些主体推迟或扭曲信息披露以保护交易前景的话,其就会降低某些资产的价格准确性。See Andrew Verstein, *Insider Trading: Are Insolvent Firms Different*, Brooklyn Journal of Corporate, Financial & Commercial Law, Vol. 13:1, p. 78 – 80(2018).

[2] 参见毛雅娟、喻世友、吴荣福:《对金融衍生品市场内幕交易的一些新思考——澳大利亚现行的反内幕交易法及其带给我们的若干启示》,载《金融论坛》2006年第6期。

[3] 参见刘成墉:《金融衍生品内幕交易问题研究》,法律出版社2018年版,第160~163页。

于高频交易。比如，有研究发现算法交易提升了市场质量。[1]

2. 逆向选择说

传统的逆向选择说认为，内幕交易合法化会导致市场主体“用脚投票”退出市场，做市商提高买卖价差产生“柠檬市场”，市场流动性就会大大减少。[2] 换言之，为应对信息不对称的客观现实，做市商会提高买入和卖出的价差，以覆盖与知情交易者交易的预期损失。[3] 但是，反对内幕交易规制者认为，这一理论在股市之外的其他金融市场中并不贴切。

(1) 内幕交易无损 CDS 市场流动性

知情交易似乎并不会导致 CDS 市场的流动性降低，相反还会缩小一般价差。知情交易商们仍愿意提供流动性，很可能是出于策略性的考虑，也有可能是在彼此竞争。[4] 当然，也有研究表明当 CDS 的价差将要显著扩大时，CDS 市场的流动性提供者会不太愿意提供报价。[5] 但这并不能证成或否定内幕交易规制，因为内幕交易法似乎并不处罚因知悉重大未公开信息而不参与交易的行为。相反，内幕信息知情人可以选择戒绝交易或披露相关信息。证券市场似乎也不规制因掌握内幕信息而不进行计划中的证券交易。因为其中的原因很多，规制它不现实，CDS 市场亦是同理。换言之，CDS 市场的流动性已经因为交易商提前知晓负

---

〔1〕 See James J. Angel & Douglas M. McCabe, *Insider Trading 2.0? The Ethics of Information Sales*, Journal of Business Ethics, Vol. 147:4, p. 752(2018).

〔2〕 然而，有学者从理论和实证两方面对逆向选择理论进行了批判：由于需要对做市商库存的作用和行为做出假设，模型存在局限性；内幕交易、公司规模、披露质量、股价波动和买卖价差之间可能存在不同的因果关系；现有的实证研究可能混淆了价差的各个组成部分；而信息不对称实际上可能有利于做市商。See Stanislav Dolgopolov, *Insider Trading and the Bid-Ask Spread: A Critical Evaluation of Adverse Selection in Market Making*, Capital University LawReview, Vol. 33:1, p. 83(2004).

〔3〕 See Lawrence R. Glosten & Paul R. Milgrom, *Bid, Ask and Transaction Prices in a Specialist Market with Heterogeneous Informed Traders*, Journal of Financial Economics, Vol. 14, p. 71 (1985).

〔4〕 See Johnson C., *Insider Trading in Credit Derivatives*, Journal of Financial Economics, Vol. 14, p. 110 - 112(2007).

〔5〕 See Qiu Jiaping & Yu Fan, *Endogenous Liquidity in Credit Derivatives*, AFA 2012 Chicago Meetings Paper, SSRN(March 14, 2011), https://ssrn.com/abstract=1785750.

面消息拒绝交易而受到不良影响,将 CDS 交易剔除出内幕交易规制范围也不会有什么影响。[1]

(2)歧视性数据销售是否会引发逆向选择依然不清

金融市场的歧视性数据销售与其他市场中的价格歧视和市场分割不同。向某一市场销售某一产品通常不会影响在其他市场中销售的其他产品的质量。但是在数据销售领域,这是个突出的问题,即要考虑通过提供更快速的信息获取渠道进行信息交付,所形成的市场分割是否对市场质量有影响。信息发布之后,通常会有一系列基于该信息的竞相交易。如果市场上有某些主体具备绝对的信息优势已是众所周知的事实,那么处于信息劣势的市场主体很有可能会退出这一市场。同时,这会影响已经参与交易的市场主体之间的竞争。

值得注意的是,购买优先级信息获取渠道的交易者是在与其他信息购买者竞争,而不是在与长期的基本面投资者、指数投资者和具有其他投资策略的投资者竞争。如果一个投资者的投资模式是发掘价值被低估的公司并持仓,他不太可能仅仅因为其他交易者能快几秒获得 CSI 数据而退出市场。反而,免费获取的 CSI 数据反而可以帮助长期投资者更好地做出决策。实证研究表明,在纽约和芝加哥的天气变化导致停电期间,高频交易者丧失了采用微波传输通信网络带来的速度优势,流动性得以短暂提升,降低了逆向选择。然而,这也有可能是其他与天气变化有关的因素所导致的。[2]

3. 管理层激励与补偿说

该学说认为,股票内幕交易是为管理层提供补偿和报酬的有效方式。历经多年争论,该学说的提出者亨利 · 梅因(Henry Manne)教授也已放弃这一观点。但其提出了另一个新的理由,即内幕交易可以作为一

---

〔1〕 See Douglas B. Levene, *Credit Default Swaps and Insider Trading*, Virginia Law and Business Review, Vol. 7:2, p. 231 - 300(2012).

〔2〕 See James J. Angel & Douglas M. McCabe, *Insider Trading 2.0? The Ethics of Information Sales*, Journal of Business Ethics, Vol. 147:4, p. 754(2018).

个有效的方式，让高管发现那些底层管理人员知晓而不会传递给他们的信息。[1]

第一，这两种理由在 CDS 市场都无法成立。一方面，高管很难从 CDS 市场或股票市场的日常变化中抽象出自己并不知晓的、与具体项目或公司相关的信息。而且，其很难从市场的噪声交易（即非理性地根据非真实信息进行的交易）中将这些信息筛选出来。另一方面，CDS 市场并无个人投资者或零售投资者，公司内部人唯一可能的内幕交易行为，就是将相关信息泄露或卖给相关市场主体，随后这一市场主体利用这一信息进行交易。[2]

第二，诸多场域中根本不涉及公司高管，这一理论无从谈起。比如，期货等衍生品、碳排放权、黄金、外汇和高频交易涉及的优先级数据销售（2.0 版内幕交易）完全不涉及公司高管补偿的问题。[3] 而加密资产等领域虽然也涉及公司高管，但相关内幕交易与公司高管补偿和激励似乎是两个维度的问题，不可与股市语境相提并论。

4. 不当激励说

该理论认为，之所以对内幕交易进行刑事规制，是因为它会不当地激励管理层延迟或操纵重大信息的披露、推动公司参与到高风险的项目中。[4] 当然，也有研究认为管理层考虑到自己的职业声誉并不会这样做。[5] 但是，这一理由在股市之外往往很难成立。

---

〔1〕 See Henry G. Manne, *Insider Trading: Hayek, Virtual Markets, and the Dog That Did Not Bark*, Journal of Corporation Law, Vol. 31:1, p. 167 – 186(2005).

〔2〕 See Douglas B. Levene, *Credit Default Swaps and Insider Trading*, Virginia Law and Business Review, Vol. 7:2, p. 231(2012).

〔3〕 See James J. Angel & Douglas M. McCabe, *Insider Trading 2.0? The Ethics of Information Sales*, Journal of Business Ethics, Vol. 147:4, p. 752(2017).

〔4〕 See Levmore, S., *Securities and Secrets: Insider Trading and the Law of Contracts*, Virginia Law Review, Vol. 68, p. 117 – 160(1982); Antonio F. Bernardo, *Contractual Restrictions on Insider Trading: A Welfare Analysis*, Economic Theory, Vol. 18:1, p. 7, 10(2001).

〔5〕 See Dennis W. Carlton & Daniel R. Fischel, *The Regulation of Insider Trading*, Stanford Law Review, Vol. 35:5, p. 873 – 875(1983); Thomas A. Lambert, *Overvalued Equity and the Case for an Asymmetric Insider Trading Regime*, Social Science Electronic Publishing, Vol. 41, p. 1045 (2006).

(1)有关不当激励的担忧与 CDS 市场无关

第一,CDS 市场主体均是机构投资者,不太可能去影响发行人,使之延迟信息披露或参与不当行为。虽然 CDS 市场中的机构投资者对发行人有一定的影响力,如作为发行人的放贷银行或债券持有人等,但这种影响并不会扩大到对发行人信息披露的控制,或允许发行人参与高风险项目。相反,借款合约或债券协议通常会约定发行人要遵守信息披露规则等法律规范,不得参与某些高风险的行为。如果债权人过分参与债务人的经营管理,那债权人很有可能会被要求承担相应的风险。因此 CDS 市场主体几乎不可能让债务人通过拖延信息披露和参与高风险项目来利用未公开信息进行 CDS 交易谋取利益。

第二,个人无法成为 CDS 的市场主体也大大降低高管们推延信息披露进行 CDS 内幕交易的可能性。当然,理论上雇员有可能将未公开的信息卖给 CDS 市场主体,以将相关信息变现。在这种情况下,员工有动机推延信息披露或上报。但 CDS 市场的高准入门槛使此类行为发生的可能性很低,当然该可能性在财务危机出现之时是最高的。如果信息公开后很可能导致破产或管理层震荡,那高管就很有可能采取极端手段去维持公司的运营,包括将相关信息卖给 CDS 交易商。但是,对 CDS 知情交易进行刑事制裁未免过度反应。如有必要,可以通过雇佣合同或者立法禁止内部人将未公开重大信息销售给外部人员来化解这一风险,并不需要将其纳入内幕交易规制范畴。[1]

(2)不当激励理论在破产语境中更为复杂

一方面,激励理论可能在资不抵债的公司中得到强化,使内幕交易的总体收益或成本在激励方面存在更大的不确定性。很显然,个人会利用自己的地位在资不抵债的公司中创造交易机会。在债务人管理不稳定的情况下,管理层也可能会破坏公司的发展前景。在一个摇摇欲坠的公司里,经理们破坏性的决策往往也会被伪装成在诸多不确定的情况下

---

〔1〕 See Douglas B. Levene, *Credit Default Swaps and Insider Trading*, Virginia Law and Business Review, Vol. 7:2, p. 231(2012).

必须做出的艰难决定。同样地,破产公司的任何挫折都可能对剩余索取权的价值贬损产生不成比例的影响。

处于防守地位的债权人更知晓重整计划被通过的可能性,并利用这一信息交易其剩余索取权。因此,能够了解到债权人想法的人,比如债务人公司的管理层、债权人公司的律师,债权人委员会的其他成员等,都有可能进行交易。这些人还会尽力限制信息的流动,甚至会向外传递错误信号,以扩大信息公布前后剩余索取权价值的变化幅度。由于防守地位的恶意使用也会产生诸多可供交易的信息,操纵性的目的也会由此而生。

不当激励同样会影响一些看似中立的判断,比如不同剩余索取权人的分类。采用极端狭窄的分类方式将会导致他们的剩余索取权对信息更加敏感,价值变动幅度也就越大。但是狭窄的分类可能意味着忽视债权人之间的相似性,有些债权人会被推高或降低一个等级。这就会导致认定过程中产生激烈的争论。如果一小批债权人的损失要重于大部分债权人的平均损失,重整或清算方案也就很难获得绝对多数的通过。潜在交易者就有动机促使债权人的分类更狭窄,而不管这样做是不是符合其他债权人或整个过程的利益。

另一方面,非管制论认为内幕交易可以激励出类拔萃的高管们更好地为公司服务。与之类似,内幕交易也可以激励债权人参与债权人委员会。参与债权人委员会的债权人会获取诸多敏感信息进而受到交易限制。然而,影响力最大的债权人往往交易频繁。他们可能具有金融专业知识,对资产价值有较深入的研究,这对债权人委员会是有益的。他们如果失去了这些权利,就没有那么愿意加入委员会。保护其交易权利的制度安排,比如道德限制,会减轻但并不能消灭其参与委员会的法律负担。

破产语境下有一独特之处,债权人有时既是信息生产者也是信息接收者。通常,在正常运营的公司里某些人可能会比其他人知道得更多,关键在于他们是否能利用这一信息进行交易或将消息分享给其他潜在交易者。在某种意义上,内幕交易规则旨在防止单向的信息传递,即禁止交易或从公司内部向外分享信息。然而,在破产企业中则不尽相同。它依赖重要的债权人来产生和提供信息。内幕交易限制不仅会限制信息的向外传递,比如从公司传递到债权人或通过债权人的交易向市场传递,也会限制拒绝加入委员会的债权人将信息传递给公司。概言之,这种双向的信息传递给内幕交易规制带来了诸多挑战,对放松交易限制是一个有力的支持。[1]

5. 公平

反对和禁止内幕交易,最多的理由就在于它不公平,这似乎是不证自明之理。"禁止内幕交易的正当性基础在于,所有投资者进行非个性化交易时都具有相对平等的信息获取渠道这一正当期待。"[2]但这正当期待的法律渊源,却只是一些反常判例和浅显的法学文章,全然不顾结论相反的其他判例。[3] 也有学者试图弥补这一缺陷,认为这一不公平感源于在公共公司有信息披露义务的市场语境下,投资者倾向于依赖新近披露的公司信息。利用内幕信息进行交易之所以是不公平的就在于在去个人特征的市场中,外部人员不可能确定自己掌握最新且准确的信息,或者说确认的成本过高。这是因为证券市场中的交易双方通常并不知悉彼此,不存在面对面披露的可能性,而所需披露的信息范围也是有限的。[4]

内幕交易案件的因果关系存在一个问题,内幕交易与投资者的损失之间并不符合"事实原因(but-for)标准"。在大部分情况下,股票市场投资者并不知晓交易对方,都是基于自身原因做出投资决定,并不受内

---

〔1〕 See Andrew Verstein, *Insider Trading: Are Insolvent Firms Different*, Brooklyn Journal of Corporate, Financial & Commercial Law, Vol. 13:1, p. 77 – 78(2018).

〔2〕 SEC v. Tex. Gulf Sulfur, 401 1.2d 833, 848 (2d Cir., 1968) (en banc), Cert. denied, 394 U.S. 976 (1969).

〔3〕 See Douglas B. Levene, *Credit Default Swaps and Insider Trading*, Virginia Law and Business Review, Vol. 7:2, p. 286(2012).

〔4〕 See Victor Brudney, *Insiders, Outsiders, and Informational Advantages Under the Federal Securities Laws*, Harvard Law Review, Vol. 93:2, p. 327(1979).

幕交易者的投资决定影响。不管内部人是否参与市场交易,反向交易者都会进行交易和遭受同样的损失。斯蒂芬·班布里奇(Stephen Bainbridge)教授在研究内幕交易规制的正当性基础时就提出了三大理由:第一,知情代理人从与不知情委托人的交易中获利是不公平的,因为代理人已经收取了相关代理费用;第二,掌握信息多的一方与另一方交易也是不公平的,内部人具有绝对的信息获取优势,但这有违公平竞争的市场观念;第三,内幕交易损害了反向交易者的利益。[1] 也有观点认为,部分交易者是被内幕交易引起的价格变化吸引进市场的。如果不是受内幕交易影响的话,这些"噪声交易者"确实有可能不会进行交易并遭受损失。经济学者认为,在不考虑因果关系的情况下,投资者每挣一美元,就有另一个投资者损失一美元,因为交易是个"零和游戏"。总体而言,知情交易者会获得高于平均水平的回报率,而这是以不知情交易者的损失为代价的。这种财富转移方式说明了内幕交易是不公平的。[2] 然而,在股票市场之外,上述论证却不一定成立。

(1)公平诉求在CDS市场语境中有着不同意义

第一,公司内部人是股东的代理人一说在CDS市场完全不能适用。信贷保护的买卖双方并不存在代理或信托法律关系。彼此都不依赖对方保护自己的利益或提供专业服务和代为自由裁量。双方都未从交易关系中获得关于参考实体的任何信息。他们通常采用面对面的交易方式,利用彼此所具有的资源和专业性来为自己争取交易的最佳条件。某一方有可能会因自身多元化的经营活动获得更多信息,但这一事实并不违反委托人寄予代理人为自己利益最大化而行事的信任。

第二,无任何证据表明CDS市场主体普遍认为知情交易不公平。2002年,一名对冲基金的执行董事发布了一份报告,呼吁监管者调查和

---

〔1〕 See Stephen M. Bainbridge, *The Insider Trading Prohibition: A Legal and Economic Enigma*, University of Florida Law Review, Vol. 38:1, p. 55 - 62(1986).

〔2〕 See Douglas B. Levene, *Credit Default Swaps and Insider Trading*, Virginia Law and Business Review, Vol. 7:2, p. 286 - 289(2012).

控制 CDS 市场的内幕交易。虽然后续也有若干研究表明 CDS 市场普遍存在知情交易,但再无市场主体大量指责或呼吁规制。诚然,行业协会有发布政策公告反对使用未公开信息进行 CDS 交易,比如,2003 年在联合市场实践论坛中,国际掉期与衍生工具协会(International Swaps and Derivatives Association,ISDA)、债券市场协会(Bond Market Association)、国际信贷组合管理人协会(International Association of Credit Portfolio Managers)以及银团贷款与交易协会(Loan Syndications and Trading Association)联合发布的《基本原则与良好实践》涉及金融机构对非公开信息的使用。[1] 该公告指出,利用未公开信息进行 CDS 交易将会受到《规则 10b－5》的规制,建议市场主体建立恰当的隔离墙,以预防 CDS 交易部门从提供信贷或资本市场服务的银行工作人员处获取发行人的未公开信息。该公告进一步敦促市场主体建立培训机制、合规机制、风险管理机制,以确保不违法。但是,该公告并未建议、也未要求市场主体在标准化借贷合同、债券约定或 CDS 协议中增加一个条文,以对交易对方利用未公开信息的交易行为施予义务或责任。由于没有这一措施且强调合规工作,这一声明更多的是行业对监管压力的回应,而非市场主体对知情交易公平性的需要或确信。也有部分学者呼吁将内幕交易规范适用于 CDS。比如,2009 年有学者就认为重大负面风险信息如果未能得到披露会影响衍生品市场的可靠性。但是该学者也未表示其担忧切实反映了市场主体的真实感受。[2]

还有一个关于公平性的顾虑则在于,在去个人特征的市场中实现信息平等的可能性不大且成本过高,而且这更多只是证券买卖中的问题。市场主体进行 CDS 买卖交易更多出于两大目的。与股票买卖双方不同,CDS 市场主体总是可以通过直接的口头磋商或经纪商中介服务的方

---

〔1〕 See Joint Market Practices Forum, *Statement of Principles and Recommendations Regarding the Handling of Material Nonpublic Information by Credit Market Participants*, October 2003.

〔2〕 See Douglas B. Levene, *Credit Default Swaps and Insider Trading*, Virginia Law and Business Review, Vol. 7:2, p. 231(2012).

式来保护自己。CDS 市场相对较小，例如，美国市场主体主要包括 14 个交易商银行以及其他 1000 多家金融机构和投资公司。银行是大多数交易的参与实体，其他市场主体都可以坚持与交易对手进行直接的口头磋商，让对方保证没有利用任何未公开信息。CDS 交易多采用 ISDA 文本，合同双方可根据合意进行修改和增补。几乎每一份 CDS 合同都会以 14 家交易商银行中的其中一家为交易对手。某个市场主体如果怀疑交易商银行利用参考实体的重大未公开信息进行交易，就可以请求其声明或保证其已经向对方披露了所有重大信息且其交易完全依赖公共信息。最重要的是，CDS 市场主体似乎并不担忧“不可避免的”信息不对称问题，每个市场主体都有自己的未公开信息获取渠道。所有的 CDS 市场主体都是银行、对冲基金或重大金融机构，因此，购买银行券（bank note）可能是一个实际可行且成本较低的解决方案。诚然，对冲基金被报道称通常会购买少量的集合贷款，以获取非公开信息帮助他们进行套利交易。而在股票交易中却没有类似的可能性。

第三，关于财富从不知情交易者向知情交易者转移的原因。与股票市场买卖双方是匿名且彼此不知身份的情况不同，CDS 市场采用的是面对面询价交易方式。因此，CDS 市场主体可以在事前坚持合同保护条款或在事后要求违约救济。所谓财富不当转移的规制理由在 CDS 市场并不成立，因为所有的市场主体完全可以通过合同保护自己。[1]

（2）公平诉求在破产债权处置语境中可能没那么重要

债权人是破产程序中的关键主体。但是，相比非破产企业的剩余索取权人——股东，大部分的破产债权人都更富实力和经验。债券或者杠杆化贷款的持有人，往往也要比持有（购买非破产企业股票的）指数基金的退休人员更富实力和经验。通过贸易成为债权人的那些主体起码也能够决定交易对象和交易条件。他们能够随时关注自己剩余索取权的价值以及相应的市场报价。当然，也有很多债务持有人并不是那么富

---

〔1〕 See Douglas B. Levene, *Credit Default Swaps and Insider Trading*, Virginia Law and Business Review, Vol. 7:2, p. 231(2012).

有实力和经验。比如,公司侵权行为受害者可能并未选择要成为债权人,他们并不了解自己剩余索取权的价值。因此,他们与那些缺乏经验的股东一样需要保护。

在股票市场中,内幕交易规制的公平诉求之一就是保护股东以鼓励其投资。但是,那些缺乏经验的债权人并不太能根据感受到的不公而调整自己的行为。遗憾的是,未经同意而成为债权人的那些主体并不能通过投票来避免与公司产生关系。这在道德上是令人不安的,但从经济角度看便没有那么严重。与之类似,贸易债权人由于业务往来而成为债权人。他们如果认为交易是不公平的,就能够选择压缩赊账的额度。但是,他们不太可能完全地从交易中撤离出来。股票投资者可以选择将自己的资金存在银行,但这些商业贸易的卖方往往不能将货物存到银行去。因此,在破产语境中,传统公平诉求的影响要弱很多。[1]

(3)高频交易与市场结构的公平性

严格来说,提供优先级数据获取渠道并不构成法律意义上的内幕交易,也不构成传统的价格歧视。那么,怎么解释一些人对这种行为表现出的道德厌恶呢?难道他们只是因为对金融市场了解有限而被误导了吗?

一方面,这源于2008年金融危机后对金融市场结构本身不公平的担忧。高频交易者能够更快地获取CSI数据等信息,这强化了高频交易者相对于其他投资者拥有不公平优势的说法。可以肯定的是,高频交易基金确实比其他试图快速交易的投资者拥有速度优势。如果投资者的交易模式是获取密歇根大学发布的带有CSI数据的新闻稿,然后根据新闻稿进行交易,那么他在速度上就要远远落后于高频交易基金。但这是不公平的吗?任何愿意付费的人都可以更快地获取CSI数据。因此,这在机会平等层面并不会导致不公平。此外,长期投资者有很多其他投资机会,大多数投资者并未参与到将CSI数据等新闻信息反映在股价上的

---

〔1〕 See Andrew Verstein, *Insider Trading: Are Insolvent Firms Different*, Brooklyn Journal of Corporate, Financial & Commercial Law, Vol. 13:1, p. 77(2018).

竞争中。同时,一些公司花钱购买更好的数据并不是 CSI 数据独有的,几乎所有的投资都建立在数据的获取和分析的基础上。当高频交易基金花费资源获取更快的数据并据此进行交易时,其他投资者则花费资源收集其他类型的数据。例如,富达(Fidelity)等大型共同基金公司雇用了大量的分析师在公司做投资决策时收集数据。事实上,资本市场依赖于投资者收集数据,以便市场价格能够更好地反映资产的基本价值。然而,花费的资源并不是为了创建新数据,而是为了更快地获得数据。

另一方面,这是对贫富差距拉大与社会分化加剧的道德谴责,因为只有少数资本充足的公司有财力参与高频交易,并为高速数据访问付费。事实上,运行高频交易操作的高成本形成了进入壁垒、降低了竞争压力,这在理论上可以让高频交易获得比正常竞争利润更多的利润。一些投资者可能拥有不公平优势,不是因为更优先的数据销售,而是因为资源的不平等。因此,社会分配的不公平导致了人们对不平等的担忧。穷人们无力参与竞争,而富人可以购买更快的电脑和优先级的信息渠道变得更加富有。在 CSI 歧视性数据销售案例中不存在私取信息的问题。它是密歇根大学创造的产品和财产,并按其可接受的条款和条件出售。然而,市场变化数据并不总是这样。还有一些尚未证实的指控称,一些高频交易公司私取了交易信息。例如,有研究称在 7 个美国宏观经济数据公布前存在知情交易。[1] 这增加了公众对于高频交易的不信任并引发了高频交易是在作弊的道德评判。

各种各样的担忧削弱了人们对金融市场的信任。信任度越低,市场参与度就越低,投资和其他经济活动就会越少。实证数据也在不断印证这样一个推测:2008 年末至 2009 年初经济活动的减少与信任度下降有关。“2.0 版内幕交易”可能是一个引人注目的口号,但它并不能准确地

---

〔1〕 See Alexander Kurov, Alessio Sancetta, Georg Strasser & Marketa Halova Wolfe, *Price Drift Before US Macroeconomic News*: *Private Information About Public Announcements*, European Central Bank Working Paper Series No. 1901, 2016.

反映优先级信息销售中涉及的道德问题。[1]

6. 投资者信心

金融史显示,信心是“合法”资本主义和欺诈活动的共同基础。在参与者不断地更替中,骗子本身仍然是一个稳定的存在,欺诈是唯一的常量。[2] 提升证券市场的公共信心一直以来都是支持内幕交易规制者援引的价值目标。[3] 美国国会在解释《1998 年内幕交易和证券欺诈实施法》(Insider Trading and Securities Fraud Enforcement Act of 1998)的立法目的和需要时,就认为内幕交易会“贬损公众对于资本市场的信心,小投资者如果感觉到会被市场操纵就不太愿意投资”[4]。1997 年,美国联邦最高法院在美国诉奥黑根(United States *v.* O'Hagan)判例中也解释道:“如果法律不对内幕交易进行规制,投资者可能会不愿意拿自己的资本到市场中冒险。”[5]2012 年,金融危机后成功追诉过 70 起内幕交易案件、有着“华尔街警长”之称的普里特·巴哈纳纳(Preet Bharara)也强调,自己作为美国纽约南区检察总长的部分职责就在于积极追诉内幕交易案件,以“重新提升公众对于市场的信心水平”[6]。但是此类将内幕交易与市场信心相联系的表述,所假设的远比所解释的要多。

内幕交易规制对于市场主体参与股市意愿的实际影响如何是一个实证问题。曼尼(Manne)教授开启是否应当规制内幕交易的讨论已数

---

〔1〕 See James J. Angel & Douglas M. McCabe, *Insider Trading 2.0? The Ethics of Information Sales*, Journal of Business Ethics, Vol. 147:4, p. 754 – 755(2018).

〔2〕 参见[奥]卡瑞恩·克诺尔·塞蒂娜、[英]亚力克斯·普瑞达主编:《牛津金融社会学手册》,艾云、罗龙秋、向静林译,社会科学文献出版社 2019 年版,第 409 页。

〔3〕 See Stephen M. Bainbridge, *Incorporating State Law Fiduciary Duties into the Federal Insider Trading Prohibition*, Washington and Lee Law Review, Vol. 52:4, p. 1189, 1234(1995). 该文特别提到,美国证券法中与内幕交易规制直接相关的制度逻辑有三:“保护强制信息披露制度、投资者保护和维护证券市场中的公共信心。”

〔4〕 H. R. Rep. No. 100 – 910, p. 7 – 8 (1988), reprinted in 1988 U. S. C. C. A. N. 6043, 6044.

〔5〕 521 U. S. 642, 658 (1997).

〔6〕 Steve Schaefer, *Wall Street Sheriff Preet Bharara Talks Insider Trading*, Forbes(Jul. 18, 2012), https://www.forbes.com/sites/steveschaefer/2012/07/18/wall-street-sheriff-preet-bharara-talksinsider-trading/#4dl3add86690.

十年,至今仍然有经济学者在考察这一问题。尽管理论模型支持予以规制的主张,但实证材料不足。即便内幕交易规制能够确保大众对股市的信心,也没有证据表明 CDS 市场亦会如此。相反,即便知情交易非常普遍且广为人知,CDS 市场依然迅速地发展。2008 年金融危机后 CDS 市场交易量的降低似乎也是由于宏观经济因素,没有任何对知情交易的公共谴责。也没有多少证据证明,市场主体有意坚持政府干预,以保护他们免受其他市场主体利用未公开信息进行交易造成的损失。因此,市场主体对公平的诉求,并不能正当化对 CDS 知情交易的规制。[1]

期货内幕交易会打击市场信心的观点也缺乏实证材料的支持。1984 年,美国 CFTC 在《利用重大非公开信息进行期货交易的性质、程度和影响》报告中认为,套保交易者作为期货市场重要参与者,能参与到现货标的的生产、加工、运输、消费过程中,从而获知能影响市场的内幕信息。在某种情形下,投机者自身的期货或现货头寸也是一种能影响市场的内幕信息。而有些市场参与者则具有获取或搜索内幕信息的优先渠道,如公开喊价市场的参与者相较于其他参与者也有独特的时间和场地优势。这是市场参与者在参与交易时认可的信息优势。但有些信息优势则是市场参与者不能接受的,会影响其参与期货市场的积极性,进而降低市场流动性。不过上述观点由于缺乏相关实证支持,而无法被检验。[2] 我国也有学者指出,现实中未发现金融衍生品内幕交易损害市场信心的结果。很少有人单纯因为预期市场中存在内幕交易而退出市场。即便有这样的预期,潜在参与者也会将相应的风险反映在市场价格上。因此,无论内幕交易是否发生,对于潜在的参与者投身市场的信心并不会产生影响。[3]

---

〔1〕 See Douglas B. Levene, *Credit Default Swaps and Insider Trading*, Virginia Law and Business Review, Vol. 7:2, p. 231(2012).

〔2〕 See Commodity Futures Trading Commission, *Study of the Nature, Extent And Effects of Futures Trading by Persons Possessing Material, Nonpublic Information*, p. 7(1984).

〔3〕 参见刘成墉:《金融衍生品内幕交易问题研究》,法律出版社 2018 年版,第 163～164 页。

7. 信息财产权理论

有意思的是,支持和反对内幕交易规制的学者们都将财产权作为理据。双方都认同有关公司的信息应该被视为财产。在科斯交易理论下,公司及其高管应当能够按照他们认为最有效的方式分配这些财产的使用权,而不管是用于股票投资还是其他目的。承认这点有利于主张私人主体对内幕信息使用权进行再安排。但是,反对内幕交易规制者辩称即便公司想要禁止高管利用内幕信息进行交易,交易成本也使这一禁止无法实现,因为公司很难及时发现员工的交易。私人公司所能采取的惩罚方式,如解除合同、违约损害赔偿和违反信义义务赔偿等,在被发现的可能性较低的情况下都不足以震慑这类行为。因此,内幕交易的公共规制相比私人执行会具有规模效应,更具经济效率。

但是,信息产权理论在 CDS 市场并不适用。出于效率考虑禁止 CDS 知情交易可分为两种情形:如果法律将大部分市场主体的选择作为默认选项,那它会是有效率的;如果这一禁止的私人执行成本大大超过了公共规制,那这一制度也是有效率的。但这两种情形在 CDS 市场都不存在。

第一,借款人根本不关心或者说不反对债权人在 CDS 市场进行知情交易,因为这会降低信贷成本,债权人对冲风险变得容易会让他们免于转让债权或者压缩给发行人的信贷额度。另外,对借款人而言,保持与银行的债权债务关系同样重要,因为他们可能会需要银行的同意,以进行债务重组、展期,或者修改现有的借贷协议。促进在 CDS 市场使用借款人提供的信贷信息,也可以鼓励用 CDS 来对冲风险。

第二,借款人并不担心债权人会进行 CDS 知情交易进而导致其所要保密的负面信贷信息被披露,否则普遍性的公共规制就是有效率的。利用负面信贷信息进行 CDS 知情交易不太可能导致发行人不愿披露的特定信息被马上公开。当然,这一交易有可能导致股票或债券的价格波动,但这并不会导致特定信息被披露。CDS 交易与股票交易的联系很微弱,几乎不可能从后续的股票价格和交易量变动中识别出特定的敏感信贷信息。因此,借款人并不需要禁止 CDS 知情交易来保护信贷信息的保密性。

第三,如果借款人需要这一保护,监测和惩罚这类违反协议进行的 CDS 知情交易,是否具有可能性?监测这类交易对借款人和政府而言都会很困难,但对政府而言要容易些。借款人往往只有在大量 CDS 交易者抱怨和申诉时才会察觉。而监管者更容易获取 CDS 交易信息,因为这些信息每天被报告到存管和清算中心,比较容易识别出可疑交易。因此政府干预相对会更有效率。但是,在缺乏合同条款约定的情况下,这一政府干预的相对效率,很难对支持全面禁止 CDS 知情交易起到关键作用。

第四,防止债务人雇员私取相关未公开信息并向外泄露,也不太能成为规制 CDS 的理由。一方面,高管们出于对职业声誉、雇佣合同及法律诉讼的考量,不会为了个人私利将相关未公开的公司信息出售给他人。即便 CDS 知情交易被认为普遍存在,也没有任何证据和报道表明企业高管会这样做。但员工很有可能这样做,尤其是在公司面临财务危机可能破产之时。此时,有关公司财务状况的内部信息对 CDS 市场主体而言是最有价值的,也是员工最有可能冒着被解雇、被起诉和丢失职业声誉风险而挣快钱的时候。另一方面,员工往往也知道,公司破产时破产管理人很有可能只追究前任高管的不当行为。不管如何,仅仅为了禁止员工向 CDS 市场主体出售未公开信息而全面禁止 CDS 协议的知情交易太过宽泛。如果认为该问题足够严重,那么仅仅将员工销售内部敏感信贷信息的行为入罪就已经足够了。这将会允许出借人和债权人就公司未公开信息的使用权进行最有效率的安排。[1]

(二)对股市外内幕交易正当性的证成

除了论证股票之外金融产品的特殊性、传统股市内幕交易规制逻辑的不可适用性之外,价值动摇者还会努力证成股票市场之外内幕交易的

---

〔1〕 See Douglas B. Levene, *Credit Default Swaps and Insider Trading*, Virginia Law and Business Review, Vol. 7:2, p. 231(2012).

好处和必要性,予以内幕交易规制反而会弊大于利。在此列举一二,以作说明。

1. 股东受益说

在传统内幕交易理论中,股东会系统性地输给知情交易者。但在CDS交易中,作为债务人的股东可能会成为赢家,因为债务人的信贷成本会更低,进而享受信贷融资带来的发展成果。[1]

2. 信息皆属公开说

第一,在大宗商品期货市场,所有能影响价格的信息本质上都是公开的。例如,雨季来袭某一特定商品的收成可能会受到影响,这是常识。第二,就加密资产而言,由于比特币是一个作为交换媒介的数字资产,所有比特币定价所需的相关信息都是可以公开获取的。比如与传统证券不同的是,比特币不存在收入公告等需要定期披露的重大事件。由于不存在可供利用的"内幕"信息,比特币都是基于可公开获取的信息进行估价,因而其中的信息透明度比较高。[2] 加密资产通过开源的软件运行,因此其中有什么"未公开信息"呢?对于像比特币这样具有投机性的资产,或者像CryptoKitty[3]等一些不太知名、充满幻想的资产,什么是重要信息呢?

3. 私合同说

对于信用衍生品,有学者认为内幕交易法之于买卖合同是一个异质。[4] 就大宗商品期货市场而言,考虑到大宗商品市场参与者的复杂

---

〔1〕 See Yesha Yadav, *Insider Trading in Derivatives Markets*, Georgetown Law Journal, Vol. 103:2, p. 381(2015).

〔2〕 See Craig M. Lewis, *Solidx Bitcoin Trust: A Bitcoin Exchange Traded Product*, 5, SEC, https://www.sec.gov/comments/sr-nysearca-2016-101/nysearca2016101-1579480-131874.pdf.

〔3〕 See CryptoKitties, *What the Heck Is a CryptoKitty?*, Medium(Sept. 18, 2018), https://medium.com/cryptokitties/what-the-heck-is-a-cryptokitty-4e14752e58c.

〔4〕 See Douglas B. Levene, *Credit Default Swaps and Insider Trading*, Virginia Law and Business Review, Vol. 7:2, p. 231(2012).

性和风险对冲需求,他们会理性地选择一种不受限制的交易机制。[1]对于债券市场,有学者就认为,基于债券的契约属性和机构参与特性,可以允许富有实力和经验的机构投资者就彼此之间可能存在的信息不对称表示理解和接受,并保证不追究对方因未披露重大非公开信息的交易责任。这也就是允许做出豁免或减少内幕交易的自愿安排,俗称"大男孩信(big boy letter)"。[2]

4. 风险对冲说

这一理论主要针对的是期货市场。如 CFTC 也长期认为利用非公开信息(privileged information)进行交易是促进大宗商品有效定价的方式之一,予以禁止将严重损害商品期货市场风险对冲的经济功能。[3]如有学者认为,中国证监会在首例期货内幕交易案中未能理性坚守风险对冲的期货市场逻辑,[4]混淆了光大证券作为市场中介和普通投资者的区别,忽视了商战中"损人利己"的允当性。[5]再如,基础债务的债权人出于风险对冲的需要利用相关信息进行 CDS 交易,虽然可能向市场传递负面信息,但属于缔约之初合理预见的范围,不属于滥用信息优势,不应由法律进行干预。[6]

---

〔1〕 但这一论点在印度并不成立,因为印度中央政府将期货市场委员会与证券交易所合并的基本意图,就是吸引更多的市场主体参与整个金融市场,如农民、制造商、促销员等最终用户。See Andrew Verstein, *Insider Trading in Commodities Markets*, Virginia Law Review, Vol. 102:2, p. 447(2016).

〔2〕 参见张子学:《浅析债券市场内幕交易的规制》,《证券法苑》2012 年第 1 期。

〔3〕 See U. S. Commodity Futures Trading Commission, *A Study of the Nature, Extent and Effects of Futures Trading by Persons Possessing Material, Nonpublic Information*, p. 53 – 54(1984). 值得注意的是,持这一论调者多援引该报告。言下之意,市场监管机构都持这一态度,何须多言。但其实 CFTC 是在 2010 年《多德弗兰克法》实施后才获得反欺诈职权的。上述观点恰恰体现的是去监管的市场声音和管制俘获等自律监管的局限。

〔4〕 参见陈洁、曾洋:《对"8 · 16 光大事件"内幕交易定性之质疑》,载《法学评论》2014 年第 1 期。

〔5〕 参见缪因知:《光大证券事件行政处罚与民事索赔之合法性质疑》,载《法学》2014 年第 1 期。

〔6〕 参见范黎红:《信用违约互换(CDS)市场内幕交易的法律规制》,载《证券市场导报》2019 年第 8 期。

5. 信息财产权益说

有学者认为,金融衍生品内幕交易应有其独特性,应当以无权取用信息财产权益为归责基础。就“光大乌龙指”案而言,由于涉及的内幕信息源自光大证券公司本身,其具备正当使用内幕信息的权源,属于“合法的”跨市场内幕交易。[1]

6. 保护银行偿付能力说

在20世纪80年代的欧洲,有学者认为,银行不仅获准根据内幕消息采取行动以保护其偿付能力,而且还被期望这样做,因为这将增强金融体系的稳定性。经济分析表明,利用负面内幕信息出售债务证券的社会效益和成本呈现出不同样态。

第一,针对借款人的负面信息出售债务证券是银行避免债务违约的一种便捷处理方式。因此,社会需要重新分配贷款资金的压力可能会减弱。但是银行只想保护自己的债权,对债务人公司市场价值的最大化并不感兴趣。因此,银行干预借款人的投资策略并不能保证资本的最优配置。此外,银行也不应干预,因为企业所有者被赋予了管理权。因此,资本的最优配置并不要求禁止银行基于负面信贷信息出售债务证券。第二,提前要求偿还贷款和追加贷款抵押的要求,是针对负面信贷信息出售债券的替代方法。如果掌握负面信贷信息后秘密地适用这两种替代方法,可能会在债权人之间创造更高的财富再分配。第三,信息传播速度会随着内幕交易增长,外部人士的信息成本可能会下降。第四,内幕交易对一级和二级债券市场流动性的影响尚不明确。第五,利用内幕交易对银行和管理人员进行补偿是低效的。只允许银行根据负面信息出售债券,可以让银行避免损失但无法赚取额外利润。

总体而言,虽然(股票)内幕交易的社会成本被认为高于社会效益,但对于那些因负面信息而出售债券的银行来说情况似乎正好相反。银行必须根据负面的内幕消息迅速做出决定以保护自己的偿付能力。出

[1] 参见刘成墉:《金融衍生品内幕交易问题研究》,法律出版社2018年版,第246页。

售债券所产生的社会成本似乎并不比要求提前还贷或额外担保的成本高,因此应该允许银行根据不利的内部信息出售债务证券。然而,这并不意味着银行可以利用利好的内幕信息购买债券,或者利用利好和利空的内幕信息交易其他证券。[1]

7. 促成破产重组和解说

在论述破产法中的剩余索取权是否应当纳入内幕交易规制范畴时,有学者认为,债权人委员会成员同时接收和生成非公开的重大信息,不同于非破产企业中的债权人。传统内幕交易规制理论无法应对这种双向的信息流动。如果内幕交易法处罚这些债权人,最知情的债权人可能会拒绝成为债权人委员会成员,导致其他债权人和法院无法获取相关重要信息,达成重组和解的难度更大。因此,目前来看,可先不着急将内幕交易法规制范围扩大到剩余索取权,应当尽力使债权人委员会成员免受内幕交易法的限制。因为在遵循询价的行为准则基础上,交易各方可通过内部信息隔离、互签"大男孩信"和请求"司法宽慰令"(comfort order)等方式,豁免兼具交易者和委员会成员双重角色的市场主体。监管机构应该认可相关行为的正当性,以实现破产法和内幕交易法的统一。[2]

8. 提高定价效率说

相比权益投资关系,借贷关系中的借款人需要提供的重大非公开信息更多。而且,CDS 市场是机构投资者高度集中的市场。这两个因素使得 CDS 市场比证券市场更加像"内部人市场"。CDS 市场的大多数参与者都是掌握内幕信息的内部人。因此,相较证券市场,CDS 市场中利用重大非公开信息的交易节奏更快,更能提高定价效率。[3]

---

〔1〕 See Franke Günter, *Inside Information in Bank Lending and The European Insider Directive*, Discussion Papers, Series Ⅱ 97, University of Konstanz, Collaborative Research Centre (SFB) 178 "Internationalization of the Economy", 1989.

〔2〕 See Andrew Verstein, *Insider Trading: Are Insolvent Firms Different*, Brooklyn Journal of Corporate, Financial & Commercial Law, Vol. 13:1, p. 53(2018).

〔3〕 See Adam Reiser, *Should Insider Trading in Credit Default Swap Markets be Regulated-The Landmark Significance of SEC v. Rorech*, DePaul Business & Commercial Law Journal, Vol. 9:4, p. 542 - 543(2011).

与之类似,也有学者认为,期货市场中知情交易者从不知情交易者身上赚的钱,很大程度上能够提高市场流动性,增强期货市场的信息交换和风险对冲功能。如果以“公平”价值为标准,认定利用私密信息谋利是不公平的,那么通过监管来消灭知情交易限制“不公平”,将会严重影响期货市场的交易量和社会价值。[1] 在新西兰设计碳排放权市场监管框架过程中也有智库指出,内幕交易和市场操纵可能会提高市场流动性,进而让相关重要信息在市场价格得以反映,最终促进碳市场的价格发现,但这可能会削弱公众对碳市场的信心,因此需要进行权衡。[2]

二、支持予以规制的理论努力

当去监管化理论试图在股票市场之外瓦解内幕交易规制的正当性基础时,有一批学者则竭力证明股市外内幕交易的消极价值,内幕交易制度的价值取向和基本原则依然适用。一方面,为证成股市外内幕交易应当予以规制,他们紧抓内幕交易的不公平性,坚持点滴好处不足以抵销其弊端的价值判断,并认为全市场的内幕交易都应予以规制,甚至赞成扩大交易主体和内幕信息范围。另一方面,为了证伪“差异性——不可适用性”逻辑,他们会着重批判去监管化理论的选择性论证方式,认为这些理论过分拔高股票之于非股票、证券之于期货等金融产品的差异性,这些区别自始存在,相关产品市场的发展与变化,并不足以证成内幕交易在相关市场的合法性。然而,由于对内幕交易制度的定位和内幕信息范围的大小,持规制态度的学者对于内幕交易制度的拓展适用也存在统一化与差异化的进路分歧。

(一)对规制正当性的证成

股票市场之外,支持内幕交易规制者对于规制正当性的证成主要分

---

〔1〕 See Sanford J. Grossman, *An Analysis of the Role of "Insider Trading" on Futures Markets*, The Journal of Business, Vol. 59:2, p. S129 – S146(1986).

〔2〕 The New Zealand Initiative, Submission to the Ministry for the Environment on Designing a Governance Framework for the New Zealand Emission Trading Scheme, 17 Sept. 2021, p. 2.

为两方面：一是证明内幕交易的危害性，二是对传统规制基础进行再解释，或者探寻新的规制基础。

1. 内幕交易的危害性

总体而言，学界对股市之外内幕交易的危害性论述并不多。下面概述之：

（1）债券。早在1992年就有学者指出垃圾债券市场的内幕交易是无效率的，它会增加市场交易成本，降低资本市场的流动性，抑制资本信息流动，却又无法提供足以抵销的社会效益。[1] 新近也有学者指出，债券作为证券的一种，其内幕交易同样有损市场公平性、市场效率、投资者利益、证券公司和资本市场的发展，应当予以禁止。[2]

（2）期货。1984年就有学者认为，利用未公开信息进行期货市场交易是个"零和游戏"，交易者每获利一美元都有另一个交易者损失一美元。因此，期货内幕交易可能比想象的更加不公平。而且，期货交易波动性大、对细微信息敏感、交易风险无限且投资者保护程度弱于证券市场，这些因素都在呼唤内幕交易规制。[3]

（3）CDS。基础债务债权人或承销商、财务顾问等合同对手方的投机性CDS内幕交易，有三方面的危害：一是滥用债务人提供的信息，存在道德风险；二是容易损害常处于卖方的交易对手（如保险公司）的利益；三是强化CDS市场对负面信息的偏好，加剧内幕交易对市场的损害。[4] 我国有学者笼统地指出，由于CDS具有场外交易性质，其内幕交易对一般投资者的危害要小得多，但从交易公平性方面考虑仍应将其纳

---

〔1〕 See Anonymous, *Insider Trading in Junk Bonds*, Harvard Law Review, Vol. 105:7, p. 1738(1992).

〔2〕 参见贺锐骁：《中国债券市场内幕交易法律规制研究》，华东政法大学2020年博士学位论文，第46页。有关债券内幕交易的文献可能甚至不会论述其危害性或禁止的必要性，参见王怀勇、钟文财：《统一化与差异化：债券市场内幕交易规制的困境与法制进路》，载《证券市场导报》2020年第12期；张子学：《浅析债券市场内幕交易的规制》，载《证券法苑》2012年第1期。

〔3〕 See Nina Swift Goodman, *Trading in Commodity Futures Using Nonpublic Information*, Georgetown Law Journal, Vol. 73:1, p. 127－152(1984).

〔4〕 参见范黎红：《信用违约互换（CDS）市场内幕交易的法律规制》，载《证券市场导报》2019年第8期。

入内幕交易规制范围。[1] 即便 CDS 市场内幕交易能提高定价效率,但利不能抵弊。禁止 CDS 市场内幕交易,能控制困扰 CDS 市场多年的道德风险、提振金融市场信心、增加流动性、缓解以机构投资者为主的市场结构带来的弊端与系统性风险。[2]

(4)加密资产。"在每一个重大事件公布前,比特币知情交易的平均获利估计在 2,222,973 美元和 2,367,409 美元之间。"[3]

至于碳排放权,也有学者指出碳排放内幕交易最根本的问题在于破坏市场诚信。如果部分排放单位能利用重大非公开信息以较低成本向政府清缴碳资产,或者部分交易者可以通过重大非公开信息获利,那么可持续发展目标的实现就会面临怀疑和抵触情绪,碳市场充斥欺诈的社会认知也会打击投资积极性。如果掌握了重大非公开信息的碳市场参与者在"或披露或戒绝交易"规则下大多选择保密,其他参与者就很难获取相关信息,碳市场的价格发现机制和效率就会受损。如此,碳市场无法发挥预期作用,碳中和目标的实现也需要更长时间。[4]

2. 规制基础的再解释与重生

总体而言,在股市之外,支持内幕交易规制者关于规制基础的论证比较薄弱。比如,有学者认为 CDS 应纳入证券法内幕交易规制范畴,原因在于"CDS 与基础债务和证券市场的密切关联"[5]。场外交易方式使 CDS 内幕交易对一般投资者的危害要小得多,但"从交易公平性考虑",

---

〔1〕 参见李铭:《期货市场何以很少发生内幕交易?——基于法和经济学的分析》,载《南方金融》2019 年第 7 期。

〔2〕 See Adam Reiser, *Should Insider Trading in Credit Default Swap Markets be Regulated-The Landmark Significance of SEC* v. *Rorech*, DePaul Business & Commercial Law Journal, Vol. 9:4, p. 545 - 548(2011).

〔3〕 Wenjun Feng et al., *Informed Trading in the Bitcoin Market*, Finance Research Letters, Vol. 63:19, p. 68(2017).

〔4〕 See Seokjin Oh, *Regulating Carbon Assets Insider Trading: A US - EU Comparison to Protect Carbon Market Integrity*, Journal for European Environmental & Planning Law, 2023, Vol. 20, p. 326, 335.

〔5〕 Erick Siri, Testimony Concerning Credit-default Swaps before the House Committee on Agriculture, SEC(Nov. 20, 2008), https://www.sec.gov/news/testimony/2008/ts112008ers.htm.

仍应将其纳入内幕交易规制范围。[1] 至于加密资产内幕交易的规制理由，与规制其他资产类型内幕交易的正当理由并无差别：如注重公平、价格准确性和财产权利等。[2] 而在论证期货市场内幕交易的规制理由时，往往也是简单提及维护公平、保护投资者和维护风险转移的市场机制这三大理由。[3] 至于期权，有观点主张将个股期权内幕交易视为股票内幕交易并予以规制，原因是二者在“交易标的和盈利逻辑上高度相似”[4]。

相较之下，学界关于垃圾债券内幕交易的规制理由论述较为充分。腐蚀投资者信心和导致逆向选择的是知情交易的存在本身，而不是信义义务或保密义务的违反。首先，债券持有者本身无法有效通过债券契约来限制内幕交易，需要政府干预。由于债券契约远比公司章程和内部规章灵活，发行人在发债时可以较低成本引入内幕交易禁止条款，债券持有人应该比股东更能发现和禁止（债券）内幕交易。然而，债券内幕交易难以监测，公司不太可能有足够的动机予以禁止。利息发放和优先级债务等债券条款常用于防止机会主义行为，主要是因为它们监测和执行成本较低。但是，内幕交易禁止条款的执行却需要对管理层的商业行为和实际交易模式进行持续监测，成本极高。一是公司内部人可能会以他人名义进行交易；二是债券持有人必须判断内部人的交易不是出于流动性管理或投资组合调整的原因，而是单纯地利用了禁止使用的重大信息。因此，债券市场规制内幕交易的私人执行成本可能会高于在债券契约中引入内幕交易限制条款为公司带来的利益。相反，采用国家干预的集中监测和规制可以达成单个公司无法达成的成本效率目标。其次，内

---

〔1〕 参见李铭：《期货市场何以很少发生内幕交易？——基于法和经济学的分析》，载《南方金融》2019年第7期。

〔2〕 See Andrew Verstein, *Crypto Assets and Insider Trading Law's Domain*, Iowa Law Review, Vol. 105:1, p. 6(2019).

〔3〕 参见钟维：《期货市场内幕交易：理论阐释与比较法分析——兼论我国期货法之内幕交易制度的构建》，载《广东社会科学》2015年第4期。

〔4〕 李铭：《期货市场何以很少发生内幕交易？——基于法和经济学的分析》，载《南方金融》2019年第7期。

幕交易被侦测到的概率极低,唯一有效的规制方式是施以严苛的罚金或刑罚。这些都无法通过违约金的方式予以实现。最后,债券市场内幕交易规制的私人和社会利益存在错位,国家干预是予以弥补的必要工具。通过私合同的方式予以规制,可能会导致实施不足,因为公司可能只会在收益大于成本的前提下才会在债券契约中引入反内幕交易条款。但是,内幕交易的社会成本和规制所产生的好处却由整个经济体来承担和享受。由于债券内幕交易存在明显的负外部性,单个公司从限制内幕交易中获得的利益,要明显低于整个社会从整体规制中获得的收益。因此,债券内幕交易规制的私人执行不如公共执行。[1]

(二)对去监管化理论的证伪

1. 管理者补偿理论和以内幕交易为信息披露工具的理论在债券市场不成立

一方面,以内幕交易为信息披露工具的去监管化理论并不成立。首先,解析内幕交易行为的首要工具,是公司必须依据证券法律[如美国《1934年证券交易法》第16条第(a)款]向证券监管部门披露的报告,但是相关规定并不适用于债券。因此,相较股票市场,这类衍生性知情交易机制在垃圾债券市场的运行效率要低得多。其次,由于垃圾债券市场的效率低于股票市场,其交易模式和交易者身份更难破译。与股票市场不同,垃圾债券市场并不存在一个中央系统供交易者获取市场价格和交易信息。更为重要的是,债券内幕交易不太可能对价格有显著影响。

另一方面,管理层补偿理论也不成立。即便垃圾债券内幕交易无效率,公司也可能缺乏禁止动机,进而引发股东投机问题。公司可以通过多种方式将公司价值从股东转移给债券持有者,比如资产出售、发行新的优先级债券、提高公司投资决策的风险等。公司还可更改管理层补偿合约,比如允许管理层在降低薪酬的条件下利用重大未公开信息交易公司的垃圾债券。如此,股东就会因公司用人成本降低而收益。但是债券

---

〔1〕 See Anonymous, *Insider Trading in Junk Bonds*, Harvard Law Review, Vol. 105:7, p. 1720(1992).

持有者就会系统性地输向公司内部人。公司价值会在股东与债券持有者之间进行再分配。为应对该机会主义,债券持有者将在事前要求更高的利率以补偿可能会因内部人交易造成的损失。所以如果不禁止债券内幕交易,公司的资金成本就会升高。[1]

2. 规制无差别理论和代理关系改善论在 CDS 市场不成立

规制无差别理论认为,无论内幕交易规制与否,“外部人”(内幕交易者的交易相对方)都不可避免地会遭受损失,因为它们还是会寻找其他外部人进行交易。但是,该理论有一个假设前提,即将内幕交易者排除在市场之外不会影响外部人的交易决策。如果这些持有重大未公开信息的交易者被禁止交易,交易者数量减少,也会影响产品的价格,进而影响非知情交易者的决策。相较证券市场,CDS 内幕交易导致的价格变化更大,因为内部人占总交易者的比重更大。与证券市场不同,能够稀释内部人交易活动影响的外部人更少。因此,规制无差别理论在 CDS 市场中就不那么站得住脚。如果 CDS 内幕交易得以规制,外部人可能不会做出同样的决策。此外,CDS 市场流动性不足更削弱了该理论的可适用性。CDS 是高度个性化的金融产品,在集中的交易所中交易的历史并不长。流动性不足使得交易者并不是那么容易找到交易对手。因此内幕交易规制可以有效地防止外部人的交易损失。[2]

而代理关系改善论认为,内幕交易可以改善委托人和受托人之间的关系。但是,这在 CDS 市场难以成立,因为目前 CDS 交易中并不存在被认可的委托代理关系。CDS 交易各方——保护权购买方、出售方以及参考实体都不具有任何正式的代理功能。[3]

---

〔1〕 See Anonymous, *Insider Trading in Junk Bonds*, Harvard Law Review, Vol. 105:7, p. 1726 - 1728(1992).

〔2〕 See Adam Reiser, *Should Insider Trading in Credit Default Swap Markets be Regulated-The Landmark Significance of SEC* v. *Rorech*, DePaul Business & Commercial Law Journal, Vol. 9:4, p. 543 - 544(2011).

〔3〕 See Adam Reiser, *Should Insider Trading in Credit Default Swap Markets be Regulated-The Landmark Significance of SEC* v. *Rorech*, DePaul Business & Commercial Law Journal, Vol. 9:4, p. 545(2011).

3. 风险对冲理论于大宗商品期货市场的证伪

首先,农民关于农作物收成的信息不具重要性,因为它不太可能会影响市场价格,而理性投资者也不会在意这一信息。其次,许多关于风险转移和对冲的假设案例都被证明是乱贴标签,其社会价值可疑,因而内幕交易规制并不会抑制具有社会价值的交易。相反,未披露相关重要信息而进行的损失转移行为将引发逆向选择,损害市场中所有不知情的风险对冲者。再次,内幕交易规制最多只是禁止迟到的风险对冲。限制这样的损失转移可能会伤害那些在掌握关键信息之前没有进行对冲的正当对冲者。这是一个可以避免的伤害,因为交易者可以尽力更早地进行对冲。迟到的对冲者就像在生病前战略性地避免购买保险而得病后隐瞒病情进行投保的人。禁止转移损失型交易往往会提高大宗商品期货市场的效率。在专业人士中,内幕交易规制的效果只可能是鼓励及时对冲。最后,该理论提及的风险对冲仅涉及风险对冲者,但并不是所有的商品期货市场参与者都是风险对冲者。在该市场中,投机者大致是风险对冲者的两倍,美国国会也曾考虑过以此为分类标准,在 CFTC 的主体分类申报基础上,只限制投机者利用内幕信息进行交易。当然,投机行为减少可能会间接挫伤风险对冲者,因为潜在的交易对冲减少了。投机者利用内幕信息进行交易也可以间接促进风险对冲目的的实现。但是,内幕交易是否有利于风险对冲者依然是个悬而未决的问题。证券领域的相关研究表明,内幕交易通常有损流动性。但允许内幕交易是否能为风险对冲者提高市场流动性,依然是一个开放的实证性问题。如果内幕交易规制反而会让风险对冲更加容易,那么风险对冲者可能宁愿失去交易的权利,尤其是只有极少数风险对冲者掌握相关重大未公开信息时,而这只是意味着风险对冲在早期生产环节中变得稍微容易了一点。[1]

---

〔1〕 See Andrew Verstein, *Insider Trading in Commodities Markets*, Virginia Law Review, Vol. 102:2, p. 483 – 486(2016).

4. 诸多去监管化主张在加密资产市场不成立

首先,金融创新需要说认为,加密资产处于新兴阶段,监管可能会导致其无法实现其可行性所必需的最低有效使用规模。但是,监管可以减少因市场滥用行为导致的风险和成本,进而促进加密资产的发展和使用。其次,技术变革说认为,分叉技术使得加密资产与用户能够通过私力救济的方式解决市场滥用问题,无须政府干预。但是,分叉技术为内幕交易提供了新的"温床"。分叉信息以及市场中介的相关反应等内幕信息,并不能在现有规制案例和研究文献中找到类似存在。再次,用户选择说认为,加密资产用户可能在意识形态上就反对法律干预。他们倾向于用代码来解决问题,内幕交易是他们自愿承担的风险之一。但是,法律也应该考虑那些现实生活中不那么认为的用户。内幕交易法也尊重和维护自由价值。由于这一新兴市场的创新本质以及驱动诸多加密资产狂热者的无政府主义的存在,进行内幕交易规制并非不恰当。相反,监管如果谨慎对待这些狂热者就可以有效驯服这一市场。最后,轻重缓急说认为,欺诈和市场操纵才是加密资产市场亟待解决的问题,内幕交易问题并不严重。但是,各类市场滥用行为规制之间有着深层次的关联,相互增进。内幕交易规制的完善完全有助于治理其他类型的市场滥用问题。[1]

(三)内幕信息广义论的制度共识

去监管化理论所批评的内幕交易规制,其内幕信息范畴往往局限于公司语境,甚至仅限于公司内部信息。相反,认为内幕交易规制不应局限于股票市场者,多主张以"市场价格"为风向标的内幕信息广义论。凡是以理性投资者为判断标准能够影响金融产品价格的非公开信息,都应纳入内幕信息范畴。这些信息远远超出现有法律法规对内幕信息的列举,甚至使得列举毫无必要。在此列举一二,以作说明。

---

〔1〕 See Andrew Verstein, *Crypto Assets and Insider Trading Law's Domain*, Iowa Law Review, Vol. 105:1, p. 38 – 51(2019).

1. 期货市场

有国外学者认为,大宗商品期货市场的内幕信息还应包括政府研究和决策(如农产品最低价格)、金融基准数据、跨国集团因持股和多元化经营而掌握的信息。[1] 我国学者也主张将下列信息纳入:(1)期货行业机构中的未公开交易业务数据、技术数据等信息。(2)金融投资机构在从事期货自营业务、期货交易业务、资产管理业务、投资咨询业务等过程中形成的经营性信息。(3)金融机构以及全国性和地方性社会保险基金管理机构在从事与期货投资相关的经营活动时所形成的投资决策、资金动向数据、投资咨询等综合性信息。(4)金融监管部门以及与金融相关的政府机构、行业协会在行政执法与行业管理中形成的执法监管信息、政策信息、经济态势数据信息以及行业管理信息等。(5)大宗商品主管部门、行业协会等在行政执法与行业监管中形成的执法监管信息、政策信息、数据信息等。[2]

2. 加密资产

SEC 认为,可能存在以下与比特币相关的重大非公开信息:(1)各国监管者针对比特币的监管与执法措施。比如,SEC 做出拒绝温克莱沃斯(Winklevoss)设立 ETF 的决定。(2)订单流向。比如,市场主体计划大量增持或减持比特币。(3)新的需求来源。比如,有市场主体将要增持比特币交易所创设的交易产品(Exchange Traded Products, ETPs)。(4)比特币型 ETP 和比特币交易场所的决策、比特币钱包服务提供商有关它将如何处理区块链中分叉问题的决策,而这会产生两类不同的、无法互相转换的比特币。(5)发行人信息。比如,代币发行公司的财务状况,常被忽视却又非常普遍和重要的禁售协议信息。(6)新闻报道。比如,赛百味(Subway)和微软等蓝筹股公司将会接收比特币支付的消息,推高了比特币的价格。《商业内幕》(*Business Insider*)报道称高盛

---

[1] See Andrew Verstein, *Insider Trading in Commodities Markets*, Virginia Law Review, Vol. 102:2, p. 447(2016).

[2] 参见谢杰:《期货市场内幕交易的法律规制》,载《财经法学》2019 年第 5 期。

(Goldman Sachs)将要抛弃开放加密货币交易柜台的计划后,比特币下跌了 5 个百分点。(7)入市和退市。比如,交易所关于相关加密资产能否上市交易和退市的决定。(8)交易信息。比如,比特币期货的清算价格建立在某一特定时间点五个现货市场的平均交易价格基础上。这五个现货市场可以在这一特定时间点前看到预先设定的订单。又如,2018 年 9 月,第三大加密资产瑞波币(Ripple Labs' XRP)创始人开始抛售自己名下的大量加密资产。在这一消息公布后瑞波币价格下跌了 13%。(9)与分叉相关的新型重大非公开信息。[1]

(四)统一化还是差异化的进路分歧

为应对非股票金融产品和技术创新对内幕交易规制的冲击,学界提出的统一化制度设想大致可分为两类:一类是主张利用现有的(股票)内幕交易规范,将其他与股票相关的金融产品纳入规制范畴。比如,基于个股期权内幕交易与股票内幕交易在"交易标的和盈利逻辑上的高度相似性"[2],"期货内幕交易本身就是对股票内幕交易的扩张性理解"[3],学者们建议将个股期权和股指期货内幕交易等同于股票内幕交易并纳入法律规制范围。与之类似,在新西兰设计碳排放权市场监管框架过程中,也有智库认为碳排放配额市场与其他期货(commodity)市场并无二致,主张政府的规制策略应该是引入期货市场的法律法规,并将现行监管者的职权范围扩张至碳市场,而非创设新的监管者。[4] 另一类则主张抽象出股市内外的内幕交易共性,提炼出统一的归责原则,构建一个内在逻辑一致、具有普适性、能够涵摄各类金融产品的规制体系。比如,在债券和期货市场语境下,盗用理论就被认为更适合作为股市内

---

〔1〕 See Andrew Verstein, *Crypto Assets and Insider Trading Law's Domain*, Iowa Law Review, Vol. 105:1, p. 22 – 31(2019).

〔2〕 李铭:《期货市场何以很少发生内幕交易?——基于法和经济学的分析》,载《南方金融》2019 年第 7 期。

〔3〕 闫荣涛:《股指期货交易的私法分析》,中国政法大学 2011 年博士学位论文。

〔4〕 See The New Zealand Initiative, Submission to the Ministry for the Environment on Designing a Governance Framework for the New Zealand Emission Trading Scheme, 17 Sept. 2021, p. 2.

外内幕交易规制的统一归责原则。

然而,更多的学者认可非股票金融产品与股票之间的差异及其对传统理论的挑战,拒绝照搬股市经验,主张差异化的制度建构。比如,有学者认为,期货内幕交易应予以规制,但不能照搬证券法的原则和实践。[1] 也有学者认为,金融衍生品的内幕交易未必都影响市场健全与投资者信心,不宜从主观视角探讨内幕交易造成的不公平,应当以"无权取用信息财产权益"为归责基础追求"客观的公平",以内幕信息为建构的核心主轴,参考"信息关联性"方法,实现信息权益的公平合理分配。[2] 还有学者认为,个股期权内幕交易与股票内幕交易的表现形式无本质区别,所不同的只是前者具有更强的跨市场特征、投机性和隐蔽性。[3] 另有学者认为,二者的差异在行为手段和获利模式上,有必要制定有针对性的监控指标和手段。[4] 然而,与其说这些是内幕交易的差异化规制,倒不如说是内幕交易规制统一化的制度改革。

至于那些超越金融产品界分、由技术发展带来的冲击,内幕交易法是否需要予以调整,学界也有不同意见。早在1985年唐纳德·C.兰格沃特(Donald C. Langevoort)教授就预见网络技术对内幕交易规制的冲击。[5] 而罗伯特·A.普伦蒂斯(Robert A. Prentice)教授在20世纪末深入研究后认为,在内幕交易等反欺诈领域无须进行任何变革。欺诈无论以何种手段进行,它都是欺诈。但是有必要做出一些法律上的调整:(1)SEC必须重新考虑什么是"非公开"信息。(2)黑客和其他小偷为了利用这些信息进行交易而窃取内部信息,应该作为盗用者进行分类和惩

---

〔1〕 See Nina Swift Goodman, *Trading in Commodity Futures Using Nonpublic Information*, Georgetown Law Journal, Vol. 73:1, p. 127(1984).

〔2〕 参见刘成墉:《金融衍生品内幕交易问题研究》,法律出版社2018年版,第133~214页。

〔3〕 参见俞峰、卢勇、黄江东等:《境外个股期权违法行为监管研究》,2015年证券投资咨询机构"创新与发展"论坛论文,第1101~1112页。

〔4〕 参见彭鲁军、陈亦聪:《股票期权内幕交易法律规制之检视与思考》,载《证券法苑》2014年第4期。

〔5〕 See Donald C. Langevoort, *Information Technology and the Structure of Securities Regulation*, Harvard Law Review, Vol. 98:4, p. 747(1985).

罚。(3)当网络服务供应商安全措施松懈,黑客得以窃取属于网络服务供应商客户的内部信息时,他们可能存在过失责任风险。互联网服务供应商也可能要承担《1988 年内幕交易与证券欺诈实施法》规定的关于员工发起黑客攻击的责任。(4)证券公司、上市公司、律师和会计师必须重新制定信息隔离等内幕交易合规制度以应对新技术。除非他们考虑并采用了最新的互联网安全设备,否则合规计划本身不足以豁免其内幕交易责任。(5)像监管国际证券市场一样监管互联网电子市场的内幕交易。通过双边条约、谅解备忘录和国际组织的国际合作,同样积极的单边权力主张应该有助于建立一个可行性框架来监管网络空间的内幕交易。[1] 但是,也有学者认为,必须针对黑客攻击型内幕交易修改内幕交易法。第一,在 SEC 有关内幕交易的规定中,对黑客及其潜在的内幕交易行为提出警告,以明确黑客可以构成内幕交易的信息泄露者。第二,取消在对受密人提起内幕交易指控前必须先确认信息泄露者身份的规定。第三,内幕交易法规可以将公司作为信息泄露者,将黑客作为受密人,以及将那些从黑客手中获得信息并利用这些信息的人作为间接受密人,从而将黑客包括在内。这将确保上市公司拥有强大的网络安全措施,因为目前网络安全法规匮乏是通过黑客攻击进行内幕交易问题的因素之一。[2] 综合看来,相关建议依然属于内幕交易制度的整体完善部分,即法律如何应对超越金融产品和市场之分的内幕交易,而非差异化建构。

三、股市外内幕交易规制与否之争的反思

如果说科学发现的逻辑在于证伪而非证成,上述理论争鸣的证伪比较容易成功,而要证成股市内外的内幕交易(及其规制)正当性相当困

---

〔1〕 See Robert A. Prentice, *Internet and Its Challenges for the Future of Insider Trading Regulation*, Harvard Journal of Law & Technology, Vol. 12:2, p. 263(1999).

〔2〕 See Sonal Sahel, *Circumventing Insider Trading Laws by Cyberhacking: A Look into the Vulnerability of Cybersecurity Breaches in Regard to Insider Trading*, Journal of International Business and Law, Vol. 15:2, p. 257(2016).

难且容易失败。客观评价这些理论争鸣并做出规制与否的价值选择,首要回答的问题是:就内幕交易制度而言,股市内外金融产品与市场的真正差异何在?在此基础上,还必须客观评价这些争鸣的理论意义与局限。

(一)真正的差异何在

针对不同金融产品展开差异化监管已成共识。[1] 2014 年欧盟《反市场滥用条例》第 7 条第 5 款明确规定, ESMA 在明确内幕信息清单时应当充分考虑各金融产品和市场的特殊性。比如,在信息重大性认定方面,即信息公开后所引起证券市场价格的变化幅度,德国证券交易所曾给出的参考阈值是股票为 5% ,其他固定收益类证券是 1.5% 。[2] 然而,股市内外的哪些差异使得内幕交易规制需要进行个性化的制度建构和调适,值得思考和甄别。遗憾的是,大多数主张去监管化和差异化规制的论著都过分拔高了各产品和市场之间的差异,并简单地从这些差异中推导出内幕交易的去监管化和差异化规制。下文将首先筛选出部分被过分拔高的差异性,进而梳理股市内外可能影响内幕交易规制的差异性,最后引出真正的差异何在,以作说明。

1. 被过分拔高的差异

有学者提出对金融衍生品内幕交易进行差异化规制时,提炼出的差异性有:(1)产品属性不同。资本市场交易的证券产品,如股票、公司债券、长期政府债券和银行长期贷款等,属于现货领域,而金融衍生品交易

---

〔1〕 比如在债券市场,拒绝照搬股市经验和进行差异化建构成共识。参见何志刚:《中国债券市场微观结构研究》,中国经济出版社 2011 年版,第 250 页;刘成墉:《金融衍生品内幕交易问题研究》,法律出版社 2018 年版,第 129 页;European Commission, *Improving European Corporate Bond Market* (Nov., 2017), p. 3;Adam Reiser, *Should Insider Trading in Credit Default Swap Markets be Regulated-The Landmark Significance of SEC* v. *Rorech*, DePaul Business & Commercial Law Journal, Vol. 9:4, p. 542 – 543(2011).

〔2〕 对此,有两种反对的声音,都认为这一标准过于宽松。一是被告可能会声称他们对证券价格的涨跌幅度的预期不像实际发生的那么大。这似乎只是个证据问题:法院是否认为一个像被告这样专业人士在当时情况下认识到相关信息可能带来的影响。二是该数值只有参考价值,应当有立法层面的解释,或者至少要有法院的明确解释。参见[英]理查德·亚历山大:《内幕交易与洗钱:欧盟的法律与实践》,范明志、孙芳龙等译,法律出版社 2011 年版,第 103、112 页。

是从现货产品衍生出来的金融合同,属于非现货领域。(2)基本功能不同。资本市场的主要功能在于投融资,为实体经济提供资金支持;而衍生品的功能则在于套期保值的风险管理、风险转移和对基础资产的价格发现。比如在产品设计上,CDS似乎就有违内幕交易法,因为债权人可以利用看起来像是内幕信息的信息,将信贷风险转移或外化给另一家金融机构。[1] (3)市场与风险的关系不同。资本市场的泡沫化会导致系统性金融风险,甚至是金融危机;而金融衍生品是"零和博弈",原则上不创造也不消灭风险,市场总风险是均衡的。(4)市场价格变动因素不同。资本市场的产品以股票为典型,其价格主要受发行人的表现影响,管理层信息优势明显,可以影响甚至决定市场价格;而金融衍生品的价格影响因素众多,不局限于发行人因素,非人为因素的影响明显,如政治、经济、军事等宏观或区域性突发事件等,一般的市场参与者难以预测价格走势。(5)市场交易损失不同。资本市场现货交易的最大损失为全部投资成本之总数;而金融衍生品交易采用保证金制度,其收益与风险具有高杠杆性,最大损失可能比投资成本要高得多。[2] 与之类似,也有学者认为法律本质的不同使股指期货在内幕交易方面与股票内幕交易有很大的差异。股指期货是一种与买卖股票组合法律效果相当的特殊交易方式,其主要目的在于促进股票价值的发现和风险转移。由于不存在发行主体,且股指期货交易内幕信息具有宏观性,股指期货内幕信息在较多方面都有自己的特征,进而使股指期货内幕交易独具特性。[3]

在论述加密资产不应被纳入内幕交易规制范畴时,分叉技术也被认为是其关键的独特性。相关学者认为,加密资产展示了一种创新性技术的特征,它可能会排除监管的必要性,予以监管甚至可能导致负面结果。比如,加密资产的市场滥用会受到严格制衡:如果用户不喜欢一组交易,

---

[1] See Yesha Yadav, *Insider Trading in Derivatives Markets*, Georgetown Law Journal, Vol. 103:2, p. 381(2015).

[2] 参见刘成墉:《金融衍生品内幕交易问题研究》,法律出版社2018年版,序言第2~3页。

[3] 参见闫荣涛:《股指期货交易的私法分析》,中国政法大学2011年博士学位论文,第112、113页。

他们可以自由地在区块链中为其他用户背书,受争议的交易就会被撤销。[1] 实际上,他们全体一致抛弃了该资产以启用几乎一样的替换系统。比如,某加密资产的用户发现了一个能让6000万美元消失的漏洞,他们可以"用脚投票"甩卖这一资产并启用一个新的资产系统,唯一的差别就是新系统没有漏洞和盗窃。[2] 这一激进的退出选择权在传统证券市场中找不到类似的存在。即便大多数股东想要抛售公司股票来抵制内幕交易,股票仍然代表他们对公司资产的所有权。[3] 当任何形式的市场滥用都会受到激进的改变时,诸如公平等广为人知的内幕交易规制理由是否还有存在的必要性?当内幕交易的受害者可以通过民主方式撤销这些违法行为时,为什么还要将公共执法行为置于首位?尤其是在市场操纵和赤裸裸的欺诈等现实问题更为突出的情况下。[4] 但是,这些特性实际上为内幕交易提供了新的"温床"。比如,尽管分叉可以解决一些问题,但它也产生了其他新问题。而在现有规制案例和研究文献中并不能找到与分叉信息和市场中介的反应措施等类似的重大非公开信息。[5]

2. 可能的差异

综合来看,有三方面的差异似乎足以影响内幕交易规制于股市内外的制度安排:交易机制是集中竞价还是询价制,市场主体结构是以机构

---

〔1〕 See Wulf A. Kaal, *Crypto Economics—The Top 100 Token Models Compared*, 30, University of St. Thomas Legal Studies, Research Paper No. 18 – 29, 2018, https://ssrn.com/abstract=3249860. 该研究报告指出,在2015年排名前100的代币绝大多数都会使用分叉这一治理机制。

〔2〕 See Michael del Castillo, *The DAO Attacked: Code Issue Leads to $60 Million Ether Theft*, Coindesk (June 17, 2016), https://www.coindesk.com/dao-attacked-code-issue-leads-60-million-ether-theft; David Siegal, *Understanding the DAO Attack*, Coindesk (June 25, 2016), https://www.coindesk.com/understanding-dao-hack-journalists.

〔3〕 See Raina Haque et al., *Blockchain Development and Fiduciary Duty*, *Stanford Journal of Blockchain Law & Policy*, Vol. 2:2, p. 1 – 63 (2019).

〔4〕 See Peter J. Henning, *Can Cryptocurrencies Survive the Start of Government Regulation?*, N. Y. Times: Dealbook, https://www.nytimes.com/2018/12/13/business/dealbook/sec-ico-bitcoin.html; John P. Anderson, *Insider Trading and Cryptoassets: The Waters Just Got Muddier*, Iowa Law Review, Vol. 104, p. 120 – 129 (2020).

〔5〕 See Andrew Verstein, *Crypto Assets and Insider Trading Law's Domain*, Iowa Law Review, Vol. 105:1, p. 38 – 51 (2019).

投资者还是个人投资者为主，以及相关金融产品是否适用强制性信息披露制度。但是，这三点更多的只是程度上的差别，都无法用作二分的标准并以之进行差异化的制度建构。2022 年《期货和衍生品法》将内幕交易规制拓展至衍生品领域，似乎是最直接的佐证和回应。因为金融衍生品不以集中竞价为主要交易机制，立法将市场主体统称为"交易者"而不沿用"机构投资者—个人投资者"这一带有法律父爱主义的划分思路，而且依赖信息披露的（中小）投资者保护制度在金融衍生产品复杂化之时业已失灵。

（1）交易机制是集中竞价还是询价制

证券交易所诞生后，集中交易、去个性化和匿名化成为股票交易的显著特点。实践中，大部分内幕交易案件发生在股票二级市场集中竞价交易中。而股票市场之外，比如债券、期权、碳排放权 CDS 和其他个性化较强的金融衍生品领域，多采用做市和一对一询价制，多数学者认为合同法足以应对。比如，有学者主张应当以债券约定为中心的合同法路径保护债券持有人，而非采用保护股东的公司法路径——内幕交易规制。[1] 又如，有人认为内幕交易法之于买卖合同是一个异质。[2] 我国也有观点认为，从立法目的来看，大宗交易形式下不存在内幕交易问题。一方面，即便交易存在欺诈，大宗交易也不可能损害公众投资者的利益。另一方面，上市公司收购和既定交易是《关于办理内幕交易、泄露内幕信息刑事案件具体应用法律若干问题的解释》（以下简称《内幕交易司法解释》）第 4 条第 1、2 项明确豁免的交易，它们都以大宗交易方式进行，予以禁止有损市场公平交易秩序。[3] 此外，以 2022 年《北京绿色交易所碳排放权交易规则（试行）》第 3.5.1 条为代表，即便是弃用内幕交易表述部分碳排放权交易所的自律性规范，也只监控和处罚采用公开交易

---

〔1〕 See Harvey L. Pitt & Karl A. Groskaufmanis, *A Tale of Two Instruments: Insider Trading in Non-Equity Securities*, Business Lawyer (ABA), Vol. 49:1, p. 220 - 221 (1993 - 1994).

〔2〕 See Douglas B. Levene, *Credit Default Swaps and Insider Trading*, Virginia Law and Business Review, Vol. 7:2, p. 231 (2012).

〔3〕 参见肖中华：《内幕交易、泄露内幕信息罪之规范解释》，载《法治研究》2016 年第 4 期。

方式的碳排放权内幕交易,而实际交易大部分采用大宗协议方式却不在监控和处罚范围内。

然而,这一区别不适合用以划分内幕交易规制范畴。首先,这明显有违场内场外金融市场融合的趋势。技术层面,传统的场外市场、交易所竞价撮合市场以及电子化交易商市场,三者的边界已愈加模糊,比如,债券市场和衍生品市场。[1] 实践层面,场内外金融市场的差别逐渐弥合。比如,交易所对银行间债券市场经验的大规模复制,沪深交易所固定收益平台和综合协议平台的运行,债券转托管和实时交易机制的逐步实现,个人投资者逐步被允许进入银行间债券市场,允许参与场内债券交易银行范围的扩大,信用保护工具和 CRM 的规则趋同。从二级市场基础设施看,我国银行间市场更具场内特征。[2] 其次,这两类交易机制往往会在场内外混合使用。比如,2015 年中国证券业协会《场外证券业务备案管理办法》第 2 条明确了新三板属于场内市场,不再是场外市场。但是,新三板和传统的交易所市场一样有采用询价交易方式。而如第一章第二节所述,欧盟《反市场滥用条例》中的内幕交易规制早已突破场内场外之分,而将传统证券交易所之外的多边交易设施(Multilateral Trading Facility,MTF)和组织化交易设施(Organised Trading Facilities,OTF)[3] 等诸多交易场所纳入规制范畴,甚至还纳入了碳排放权配额的拍卖市场。最后,从执法实践看,执法机关也曾处罚以大宗交易方式实施的内幕交易,比如,2016 年朱某洪泄露内幕信息、上海金力内幕交易

---

〔1〕 参见上海证券交易所:《债券技术:创新与发展》,上海人民出版社 2013 年版,第 24 页。

〔2〕 中国证监会行政处罚决定书〔2016〕33 号。

〔3〕 MTF 是欧盟 2004 年 MiFID 首次引入的概念,指的是一种非交易所模式的自律性金融交易场所。根据 MiFID 的定义,MTF 是“一家投资公司或市场运营者运行的多边系统,将多个第三方的买卖双方的价格聚集在系统中,让订单依据一定的规则进行交易从而成交”。MTF 系统中所有交易者都处于一个绝对平等的状态,不存有任何优先级以及任何的“区别对待”。MTF 是传统交易场所的一种替代模式,是一种由计算机系统构成的创新交易技术,它能将所有流动性提供者的订单聚合在一个区域,包括央行、投行、跨国企业、对冲基金、机构及个体交易者,客户发出订单后(买入及卖出),会通过此系统在该区域内与其他市场参与者进行撮合交易。而 OTF 就像美国“互换交易系统”(SEF),是欧盟等监管者为把场外衍生品交易转移到场内或电子交易平台所作的努力,以根本性改造衍生品市场,使其增加透明度和流动性。

"宏达材料"案。[1] 即便投资者保护必备条款嵌入债券契约,也无法取代禁止内幕交易的强制性法律规范的作用。[2] 概言之,内幕交易规制可以作为合同法保护的补充,并不影响合同法的适用,反而更有利于保护内幕交易对手方的利益。而法律保护的"其他投资者"没有数量限制,并不仅仅因为交易以非集中竞价方式进行而不具违法性。[3]

(2)市场投资者是个人还是机构

相比其他金融市场,股票市场的特点就是"散户"多,而其他金融市场往往以机构投资者为主,甚至只有机构投资者能参与其中。一般认为,机构投资者比个人投资者更具专业性和组织性,更注重投资安全和长期利益,更不容易有非理性的投机行为。按照这一区别,内幕交易规制不适用于只有机构投资者参与的金融市场。

比如,有学者认为"机构性"(institutional)是 CDS 市场与权益类证券市场的关键差别之一。CDS 市场的参与者全都是专业和经验丰富的机构投资者。相比之下,股票市场既有个人投资者也有机构投资者。股票市场投资者的范围更广使传统的经济分析有诸多细微差异。更重要的是,如果股票市场允许公司内部人利用保密信息进行交易,市场效率的提高就会让大众股民更加难以判断信息是否重要。换言之,市场上的信息可能过多,有必要通过专业的分析来判断哪些信息是相关的,可以据此进行交易谋取获利。如果股票内幕交易被允许,大众投资者可能遭受市场波动带来的损失。如果零售投资者必须自负成本、竭力获取信息以打败管理层才能够获利,他们就会"用脚投票",导致市场流动性的枯竭。鉴于零售投资者在股票市场"弱且愚"的地位,监管者在确定股市

---

[1] 参见宁荣:《内幕交易的多幅面孔:中国的监管标准与执法实践》,经济科学出版社 2019 年版,第 158 页。

[2] 贺锐骁:《中国债券市场内幕交易法律规制研究》,华东政法大学 2020 年博士学位论文,第 51 页。

[3] 参见宁荣:《内幕交易的多幅面孔:中国的监管标准与执法实践》,经济科学出版社 2019 年版,第 158 页。

外内幕交易规制边界时可回归这一传统的公平逻辑。[1]

又如，有学者认为，CDS 市场与传统证券市场不同，其主要由机构投资者组成，进行内幕交易的主体为相关合同对手方而非公司的内部人员，交易的目的可能是对冲债务头寸的风险，也可能是通过“裸持”交易投机获利。[2] 实践中，债券市场的机构投资者可能比证券监管部门和司法部门更具识别内幕交易行为的专业能力。[3] 也有实证研究表明，个人投资者参与内幕交易的动机和影响范围普遍强于机构投资者，而期货市场以机构投资者为主，这是期货市场内幕交易的抑制性因素之一。[4] 此外，中国证监会谈及内幕交易的危害时强调，其“严重损害投资者特别是广大中小投资者的合法权益”[5]。相比之下，股市之外的金融市场以机构投资者为主，直接参与的广大中小投资者较少甚至没有。如此一来，股市外内幕交易的危害就没那么严重，内幕交易规制是否应当介入、规制强度的选择，似乎都可以有所差别。

然而，这一区别也不适合用以划分内幕交易规制的产品范畴。首先，以投资者是机构还是个人来构建投资者适当性及其保护制度，建立在个人投资者在资金量、信息获取和分析能力、投资能力和风险承担能力方面“弱且愚”的基本假设，并予以倾斜保护上。在反市场滥用这一语境下，这一法律父爱主义并不可取，因为它强调个人投资者保护，忽略其义务问题，同时导致丛林法则回归机构投资者主导的金融市场，引发“只许州官放火，不许百姓点灯”的反向不公平。一方面，实践中法律所侧重保护的个人投资者进行内幕交易的动机反而强过机构投资者。另

---

〔1〕 See Yesha Yadav, *Insider Trading in Derivatives Markets*, Georgetown Law Journal, Vol. 103:2, p. 431(2015).

〔2〕 参见范黎红：《信用违约互换（CDS）市场内幕交易的法律规制》，载《证券市场导报》2019 年第 6 期。

〔3〕 参见贺锐骁：《〈民法典〉背景下我国债券内幕交易民事责任认定及承担》，载《法律适用》2020 年第 19 期。

〔4〕 参见李铭、许恒、杨文飞：《期货市场很少发生内幕交易？——基于投资者特征与内幕交易动机的实证分析》，载《征信》2019 年第 9 期。

〔5〕 中国证监会 2017 年 7 月 7 日和 2017 年 9 月 29 日要闻：《证监会部署专项执法行动第三批案件集中查处内幕交易行为》和《证监会严厉打击各种形式的内幕交易》。

一方面,机构投资者虽然可能更具备消化内幕交易损失的能力,但往往会通过多种方式将损失转移给其他金融市场的个人投资者,甚至会引发系统性风险。“光大乌龙指案”就是最好的例子。其次,按照这一标准,只有机构投资者参与的金融市场应该被排除在规制范畴之外,比如 CRM。然而,SEC 诉罗里奇(SEC v. Rorech)一案业已明确 CDS 已在内幕交易规制范畴。最后,2022 年《期货和衍生品法》将金融衍生品纳入内幕交易规制范畴,但该法全文已未再使用具有一定法律父爱主义色彩的“投资者”概念,转而使用更为中性的“交易者”。

(3)强制信息公开披露制度是否适用于相关资产

强制性赋予信息优势者说明义务,是信息不对称的直接克服方式之一。以詹姆斯·帕克(James Park)教授为代表的学者主张,内幕交易规制是为了确保信息公开披露制度的有效性,因此内幕交易规制范畴应该限于那些应该进行强制信息公开披露的金融产品。[1] 更有学者主张更新举证标准,使之简单、容易实施且难以为内幕交易者规避。相关信息披露必须采用 SEC 事先确定的重大信息披露表格(Form 8 - K),如果未采用该方式就推定相关信息披露是为了个人利益。[2] 与之类似,我国也有学者在论证证券内幕交易规制范围确定的内在逻辑时,提出规制内幕交易的政策前提是该行为违反强制性信息披露制度,“不违反强制性信息披露制度而利用内幕信息行为,不构成法律禁止的内幕交易”[3]。在碳市场法制建设过程中,参考证券内幕交易经验在碳市场中引入内幕信息知情人名单制度和强制性信息公开披露制度也成为政策研究中的倾向性意见。[4]

---

〔1〕 See James J. Park, *Insider Trading and the Integrity of Mandatory Disclosure*, Wisconsin Law Review, Vol. 6, p. 1133(2018).

〔2〕 See Cindy A. Schipani & H. Nejat Seyhun, *Defining Material, Nonpublic: What Should Constitute Illegal Insider Information*, Fordham Journal of Corporate and Financial Law, Vol. 21:2, p. 327(2016).

〔3〕 李激汉:《证券内幕交易规制范围确定的内在逻辑》,载《北方法学》2022 年第 4 期。

〔4〕 国务院发展研究中心金融研究所、上海环境能源交易所:《碳市场金融属性的发展与完善》,载能源基金会网,https://www.efchina.org/Reports-zh/report-lceg - 20230725 - zh。

相比市场诚信、平等论和信息财产权等理论,该方案实操性很强,能够解决(或者是回避)关于内幕交易本体论和价值论方面的理论纠葛,为内幕交易规制设置很清晰的边界。比如,欧盟《反市场滥用条例》第7条内幕信息之规定中就反复强调这一标准,即内幕信息应该是"按照欧盟法律或成员国法律、市场规则、合同约定和行业惯例应当予以披露、或被合理期待应当予以披露"的信息。实践中ESMA在按该要求为各市场建立非详尽性、指示性内幕信息清单时也反复强调这一判断标准。

然而,强制性信息披露义务只有程度之差,并不适合作为二分的分类标准,也不适合作为禁止内幕交易行为的唯一道义标准。

首先,最重要的是,并非所有能够影响交易价格的非公开信息都需要公开披露,相关重大信息可能属于应当保密(甚至是长期保密)的信息。最直接的例子就是《刑法》第180条和《证券法》第54条所区分出来的内幕信息以外的其他未公开信息,比如投资决策、交易执行信息、持仓数量及变化、资金数量及变化、交易动向信息等。2019年《利用未公开信息交易司法解释》)第3条就将"违反规定",解释为违反法律、行政法规、部门规章、全国性行业规范有关证券、期货未公开信息保护的规定,以及行为人所在金融机构有关信息保密、禁止交易、禁止利益输送等规定。

其次,有些证券的信息披露义务更重,有些则更轻。很多非证券类的金融产品也要履行信息报告义务,即使这些资产类型通常看来可能并不适宜适用内幕交易法。[1] 比如,债券市场交易员通常也会分享贷款抵押债券(Collateralized Loan Obligation,CLOs)等结构化债券中底层信贷的重大非公开信息。这些信息是否构成CLOs相关的内幕信息,往往取决于结构化债券中底层信贷的集中度和违约风险。[2] 但是底层信贷

---

〔1〕 See Andrew Verstein, *Crypto Assets and Insider Trading Law's Domain*, Iowa Law Review, Vol. 105:1, p. 51(2019).

〔2〕 See Bradley J. Bondi & Steven D. Lofchie, *The Law of Insider Trading: Legal Theories, Common Defenses, and Best Practices for Ensuring Compliance*, New York University Journal of Law & Business, Vol. 8:1, p. 165(2011).

并不一定适用证券信息披露规定，一概要求戒绝交易也不现实。再如，强化发行人（债务人）和债权人之间的信息披露，也无法消弭内幕交易规则与 CDS 的不适应。该方案缺乏可行性，甚至可能弊大于利，导致制度成本过高。[1]

最后，该划分标准以“发行人”为导向，无力解释为何要禁止期货、金融衍生品、外汇、碳排放权以及信用风险缓释工具等领域的内幕交易，而如第一章第二节所述，这些领域均已有禁止内幕交易的规范。其背后的“或披露或戒绝交易”规则也难以适用于非集中竞价交易的金融产品和市场，尤其是被 2022 年《期货和衍生品法》刚纳入内幕交易规制范畴的金融衍生品。金融衍生品交易方式以一对一协议为主，该法第 36 条要求采集和向市场披露的也主要是交易标的、规模和对手方等基础交易信息，无法囊括类型和来源多样的其他重大非公开信息。如果把信息披露制度的有效性作为内幕交易规制的唯一目的，那么金融衍生品可能就没有必要纳入规制范围。质言之，金融产品复杂化已经使得倚重信息披露的内幕交易规制和投资者保护制度失灵。[2]

综上，强制信息公开披露制度是否适用于相关资产，也并不适宜用来划分内幕交易的规制范畴。

3. 真正的差异

股票（市场）之外的金融产品和市场是否足够特殊，以至于其内幕交易规制需要去监管化或差异化呢？紧盯“内幕”二字和“内幕信息”狭义广义之争的法教义学进路无以回答。通过罗列股票（市场）内外产品设计、市场结构、交易方式等方面的差异，进而推导出股市外内幕交易的差异化规制甚至是去监管化，说服力和逻辑严谨性仍然不尽如人意。答案取决于规范意义上的价值认同与位阶高度，而非实证层面法经济学者

---

〔1〕 See Yesha Yadav, *Insider Trading in Derivatives Markets*, Georgetown Law Journal, Vol. 103:2, p. 427 – 428(2015).

〔2〕 相关解释详见邹青松：《复杂金融产品规制的欧盟法范例及其启示》，载《金融法苑》2022 年第 1 期。

们视效率为公正的选择性利弊论证或衡量,因为后者无法解决"是"和"应当"之间的逻辑鸿沟。[1]

因此,股市内外内幕交易行为的差异性,取决于内幕交易规制的价值目标。如果内幕交易规制所要保护的价值目标,在股市之外不存在,或具有不同表现形式和需要,那么这一金融产品和市场的内幕交易规制就需要进行相应调整。然而,遗憾的是,如第四章第一、二节所述,内幕交易规制的价值目标多元,难以回应内幕交易错在何处,进而引发严重的泛道德化倾向。我们难以识别股市内外影响内幕交易规制态度和制度进路的真正差异,最根本原因就在于此。换言之,规制内幕交易是因为它是欺诈行为、违反信义义务、窃取了信息、破坏了市场诚信和信心,还是兼而有之,它就是错了,就是不公平?如果内幕交易规制无法准确锚定其价值取向,面对股市之外繁复多样的金融产品和市场,差异性的甄别及其制度构建就缺乏可把握的标准。

(二)理论争鸣的贡献与局限

如果说,学界所指出的股票与非股票金融产品和市场差异,并不足以从根本上影响内幕交易规制对股市内外作出截然不同的价值判断,那么上述理论争鸣又有哪些意义和局限呢?

促使内幕交易法律制度和理论研究尽可能地审视和摆脱衍生于股票市场的刻板印象和传统认知,并与时俱进地探索可能的拓展进路,是上述理论争鸣的最大意义。无论这些主张是否成立且逻辑是否严密,它们都指向一个事实:过去以股票市场为中心的内幕交易法制建设、规制实践和理论研究,越来越不适应金融市场的发展。从此,以一种跨市场的视角将相应规则和理论分别放在股市内外进行检验,成为一道必不可少的工序。这一过程也有助于我们更好地理解和把握各金融市场语境下的公平。更进一步而言,以一种超越市场之分的视角,探索内幕交易规制在股市内外的统一化与差异化建构,成为新时代金融市场健康发展

---

〔1〕 See John P. Anderson, *The Final Step to Insider Trading Reform: Answering the It's Just Not Right Objection*, Journal of Law, Economics & Policy, Vol. 12:3, p. 279(2016).

的一个重要命题。

实际上这些理论争鸣也是法学各流派的角力，包括重在回应社会和公共政策需求的社会法学，强调各方利益平衡的利益法学，重视成本—收益分析的法经济学，强调法律概念和体系化的法教义学，以价值为导向进行思考的评价法学，等等。这些争鸣促使人思考中国内幕交易法应该往何处去，甚至追问应该如何看待作为一门学问的法学。各学者务实地采用各种分析框架证成自己主张和反驳异见之时，也陷入了相应的局限之中。

1. 去监管化理论的贡献与局限

去监管化理论最突出的特征是批判性极强且以经济效率为正义标准。相关论著多采用法经济学分析方法，一方面，对资源配置效率说、逆向选择说等传统理论进行证伪；另一方面，也提出诸多理由证明内幕交易是有效率的，比如 CDS 内幕交易可能使作为债务人的股东受益，禁止期货内幕交易有损风险对冲的市场功能，分叉技术可以使比特币以激进方式摆脱内幕交易，豁免抛售型债券内幕交易以保护银行的偿付能力，允许破产语境下的内幕交易可以促进破产重组与和解，等等。当内幕交易规制研究大多淡化内幕交易的是非之争、重在构成要件的法教义学明晰之时，去监管理论无疑为规制实践和理论研究注入了新的活力，开拓了更广阔的研究空间。

因此，去监管化理论主要有三大贡献。一是它揭露了传统理论的粗糙和脆弱，打破了我们习以为常和认为理所应当的诸多传统认知和制度前提，促使我们将衍生于股票市场的理论研究和制度设计放置于其他金融市场进行检验。二是它深化有关内幕交易规制运行效率的公众认知，进而有助于降低内幕交易规制的制度成本，引发我们思考规制与否与规制效率之间的关系。三是它提出了一个极富挑战性的命题：除了股票外，还有哪些金融产品的内幕交易也应当予以规制，即内幕交易规制的产品范畴。

当然，去监管化理论也有脆弱性、片面性和狭隘性。一是以经济理论和经济分析方法为主导的研究进路使去监管化理论过度依赖诸多假设，而这些假设在现实中不一定成立。相关研究更像是一场场思想实验，结论的可靠性往往大打折扣。二是缺乏完整和成熟的理论体系，往往过分依赖某一理论，比如将流动性和价格发现效率作为市场有效的判断标准。在“谁之效率”的问题上，去监管化理论往往将内幕交易规制的定位局限于股东、银行或债权人、个人投资者等单一群体利益的优先保护，过分突出内幕交易规制的公司治理维度，忽视内幕交易的负外部性、社会成本及其规制的市场监管维度。在结论上，去监管化理论也无法就内幕交易的利弊及其权衡取得共识。三是存在就经济论经济的狭隘性，忽视了非经济因素对投资决策、市场发展和法律制度设计的重要影响，无法突破“是”与“应当”之间的逻辑鸿沟。

就表象的经济价值而言，股市外内幕交易可能表现出一定的积极意义和消极作用，但两相比较，其消极作用大于积极意义；就更深层次的经济价值而言，即针对股市之外金融市场的发展规律、内在要求、运行机制、法律理念和道德准则的需要等，股市外内幕交易则表现出其本质的危害性——对金融市场根基的侵蚀和对社会伦理准则的破坏。基于人类理性，从法律调整的价值取舍考量，由内幕交易引发的道德风险以及由道德风险引发的投资者信心不足甚至丧失，意味着内幕交易不仅将支付一定的经济成本，而且还会产生较大的社会成本，这足以构成反内幕交易立法的基本经济依据。

2. 管制论的贡献与局限

面对去监管化理论的挑战，诉之于公平价值的管制论也并不固执。管制论承认传统理论和制度设计的局限性，积极主张更新或再解释现有规则，并提出了诸多不乏新意的制度设想。比如，以信义义务的弹性化取代美国联邦最高法院的绝对化解读，以是否有损信息财产权益为客观的公平判断标准，等等。这些建议有利于反哺股票内幕交易规制，对于内幕交易规制向股票市场之外拓展并进行体系化重构也都有着重要意义。

然而不得不承认，管制论的说理往往不尽如人意。从上一节可以看出，管制论者往往诉诸于公平和投资者信心等道德直觉，要么基于相关金融产品（市场）与股票（市场）的关联性推导内幕交易规制的拓展适用，要么含糊其辞地回避内幕交易在相关市场的可非难性。比如，信息平等获取原则究竟是形式平等还是实质平等，以公平为价值导向如何解释内幕交易规制在不同金融产品之间“双城记”和产品范畴不清的问题，管制论都无法回答。正如第四章第一、二节所述，即便是在股票市场，内幕交易究竟错在何处依然不清，公平和投资者信心等价值基础也不足以证成规制的正当性。因此，对于股市外的内幕交易，通过价值预设与抽象公理演绎推导的制度建言会与现有法律框架脱节，缺乏一致性。在公平价值的共识之下，有主张以信义义务为归责原则的，有主张盗用理论的，也有主张将主观的公平价值客观化并以是否侵犯信息财产权益为归责原则的，更有以“投资—投机”目的为区分标准，规制投机性CDS内幕交易而豁免投资性CDS内幕交易的，等等。其言纷纷，却往往不在一个维度上，彼此格格不入。如果不在基础理论层面提供一个完整而有说服力的主张，内幕交易规制在股市内外均将面临严峻的正当性危机。

共性与特性、统一化与差异化，都是相对的哲学范畴。股市内外，内幕交易的共性就在于二者均属于利用非公开重大信息交易的金融产品。所谓统一化，就是要据此构建一个规制逻辑和归责原则一致的内幕交易规制体系，这一体系必须对股票之外的金融产品和市场具有涵摄力。股市内外，内幕交易的差异性源于信息优势变现的金融工具和市场不同。然而，理论界所提炼的差异性被过分拔高，不足以证成相关内幕交易的合法化（根本性的差异化规制）。当然，这并不意味着股市外内幕交易规制可以照搬股市经验。因此，所谓差异化规制，就是要在“应当予以规制”的价值共识基础上，针对股市内外金融产品和市场的特殊性，在法律规范和适用上做些许调适。换言之，与诸多理论争鸣强调的不同，股市内外内幕交易的共性大于特性，差异化规制以统一化为前提和基础。

综上所述，本书认为股市外内幕交易应当予以规制，一是因为规制与否主要涉及价值判断与选择，而非经济效率的权衡，二是内幕交易的点滴效率难以抵销或弥补其对金融市场造成的社会成本和负面影响。更务实地说，学界对于内幕交易是否应当予以规制的理论争鸣已持续五十多年，但立法禁止内幕交易的法域却越来越多，被纳入规制范畴的金融产品也越来越多，这一争论似乎又已经终结。[1] 那么，现行的制度准备状况如何，内幕交易规制的金融产品范畴如何划定，下一章将予以探讨。

---

〔1〕 See Hui Huang, *International Securities Markets: Insider Trading Law in China*, Kluwer Law International, 2006, p. 122.

第三章　股市外内幕交易规制的现实图景

长期以来,内幕交易规制的产品边界问题未得到应有的重视。适用范围问题明显不同于内幕交易是否应当予以规制的问题,也不同于法律应当采取哪一具体形式进行规定的问题。公平性、财产权及其他政策理由可以成为内幕交易法的正当性基础,但它们并不能成为界定其规制范围的有力理由。

哪些资产应该纳入内幕交易的规制范围,是一开始的上市公司股票等权益类证券、还是所有类型的金融投资,抑或处于两者之间,又或包括金融属性很强的高端艺术品和不动产等非金融产品？就现有研究来看,大多数学者将该范围严格限定在普通股票、上市股票或证券领域,[1]甚至有学者主张不能将反欺诈的普通法规则扩展适用到其他市场、期货或其他服务。[2] 也有学者主张将期货纳入规制范畴,而这已成为法律。[3]更有学者认为,应该以是否需要强制性公开信息披露作为确定内幕交易规制产品边界的标准,由此既可以保护强制信息披露制度的完整性,又

[1] See Stephen M. Bainbridge ed., *Research Handbook on Insider Trading*, Edward Elgar Publishing, 2013.

[2] See Victor Brudney, *Insiders, Outsiders, and Informational Advantages Under the Federal Securities Laws*, Harvard Law Review, Vol. 93:2, p. 328 – 329(1979).

[3] See Andrew Verstein, *Insider Trader in Commodities Markets*, Virginia Law Review, Vol. 102, p. 447 – 500(2016).

可以为内幕交易规制设置更明确的边界,明确哪些资产不在其列。[1]还有学者认为,内幕交易法应该是合同法的补充保护法,其适用范围应该限制在交易人和中介机构会因普遍的知情交易而退出的市场,尤其是规模庞大的中介市场,以及专家能够在众多可替代但复杂的资产类别中发展出专业性、与社会总资产相比单个诉讼当事人持有的资产价值太低的领域。[2] 无论这一边界具体划在何处,似乎都会产生"一个奇怪的结局,即同样的行为在证券市场就是非法的,在其他情况就是合法的。甚至并不是所有的证券交易都适用统一规则,法律缺乏普遍性"[3]。

鉴于短期内理论界不太可能就内幕交易规制的产品边界问题取得共识,本章将目光投向了实证层面,试图通过考察各法域对内幕交易规制产品范畴的具体把握,剖析股市外内幕交易规制罕见的可能原因,并指出内幕交易规制范畴外拓的现实需要,以期为后续研究和制度设计提供些许参考。

一、股市外内幕交易规制的产品范畴

(一)美国:"证券—期货"分立模式

美国内幕交易规范的法律渊源有成文法和判例法两种形式,均系于"反欺诈"的概念之下。受内幕交易规制的产品范畴相当广泛,因为美国立法对证券和期货的定义非常宽泛,且内幕交易法基础规则"反欺诈条款"也非常模糊,行政执法和司法也非常积极灵活地行使自由裁量权以更有效地打击内幕交易。

1. 证券内幕交易规制的产品范畴

美国《1933 年证券法》第 17 条第(a)款是反欺诈的"祖父条款",但是该法只适用于证券发行而不涉及证券交易。为弥补该缺陷,美国

---

〔1〕 See James J. Park, *Insider Trading and the Integrity of Mandatory Disclosure*, Wisconsin Law Review, Vol. 6, p. 1133(2018).

〔2〕 See Andrew Verstein, *Crypto Assets and Insider Trading Law's Domain*, Iowa Law Review, Vol. 105:1, p. 38 – 51(2019).

〔3〕 贺少奇:《内幕交易的法律透视》,人民法院出版社 2000 年版,第 164 页。

《1934 年证券交易法》第 9 条第(a)款第(4)项和第 10 条第(b)款应运而生。前者可自动实施但是只适用于注册证券,后者可适用于所有证券但是无法自动实施。为此,SEC 又通过《规则 10(b) -5》。依《证券交易法》第 3 条第(b)款之规定,对于证券相关的衍生品,以及 CFTC 根据美国《期货交易法》所排除在外的协议、合约或交易,SEC 行使管辖权的,都应视为证券法规定的证券并适用《证券交易法》的各项规定。《1984 年内幕交易制裁法》第 20 条第(d)款规定:"在任何情形下,持有重要未公开信息而进行信息交流和买卖证券,违反本章及其规则和条例等任何规定,或依本章规定会导致证券交易者负有责任,比如与交易买入权、卖出权、铜价买卖选择权、期权或与这一证券相关的优待、或与该证券相关的一组证券或证券指数,都同样违反依据这一条款、规则和条例,引致与买卖统一证券(any purchaser or seller of that security)的同等责任(comparable liability)。"[1] 依据这些规范,证券内幕交易规制涵摄所有证券及其衍生品,包括《1933 年证券法》第 17 条第(a)款规定的以证券为基础的互换协议(security-based swap)。

根据《1933 年证券法》第 3 条第(a)款第(10)项之规定,"证券"的外延相当宽泛,囊括股票、债券、信用债券、债务凭证、国库券、证券期货、票据、利润分享协议项下之权益或参与凭证、担保信托凭证、公司设立前的凭证或认股、可转让股份、投资契约、有投票权之信托凭证、证券存托凭证,石油天然气或其他矿产权之小额未分配权益,有关任何证券、证券存托凭证、证券组合或证券指数之卖出权、买入权、买卖权、期权或优先权(包括其中或以其价值为基础的任何权益),或全国性证券交易所中与外币有关的卖出权、买入权、套利权、期权或优先权,或一般普遍认为是"证券"的任何权益或金融工具,以及上述任何一种证券之权益或参与的凭证、暂时或临时凭证、担保或认购凭证、认购权或购买权,但不包括货币,以及发行时除宽限期和延展期外到期时间短于九个月的票据汇

---

[1] IS U.S.C. § 78t(d) (Supp. III r985).

票、商业汇票或银行承兑汇票。而依《1933 年证券法》第 3 条第(a)款第(11)项之规定,"权益证券"是指任何股票和其他类似证券可转换成该类证券的证券,任何保证具有认购这类证券权利的证券,任何类似的保证单或权利,以及 SEC 认为具有类似性质的证券,或 SEC 认为依法为保护投资者和公共利益有必要或可以认定为抵押证券的其他证券。

SEC 和法院自由裁量权的行使,更是极大地扩充了证券内幕交易规制的产品范畴。在判例法方面,美国联邦最高法院曾在 SEC 诉豪伊公司(SEC v. Howey Co.)一案中明确指出,区别普通商业交易与证券交易的标准是看"那个项目中有没有投资者出钱投资于一项共同的事业中,而利润将完全来自他人努力的情况"。[1] 而这一标准简明地概括了美国联邦最高法院此前所有判例中阐明的证券的基本特征。[2] 换言之,证券的概括性定义可以是"因投资于一项共同的风险事业而取得的主要通过他人努力而赢利的权益(凭证)"[3]。这一抽象标准使得美国判例法在认定证券产品时具有足够的灵活性和延展性。如第一章第二节所述,SEC 诉萨珊·萨布达然和法尔杭·阿夫萨博(SEC v. Sasan Sabrdaran and Farhang Afsarpour)和 SEC 诉罗里奇(SEC v. Rorech)两个判例分别表明,虽然点差交易和 CDS 不是"证券",但是作为杠杆化的衍生品,其价值以基础资产的价格为基础,满足美国《1934 年证券交易法》第 10 条第(b)款和《规则 10b-5》对"与证券买卖相关"(in connection with the purchase or sale of a security)的要求,也在内幕交易规制的范畴中。2021 年 5 月 18 日,为改变判例法带来的碎片化和错综复杂的规范体系,美国众议院通过《禁止内幕交易法案》(Insider Trading Prohibition Act),被认为是"迈向内幕交易法法典化的一小步"[4]。该法案将内幕交易定义为"在知晓重大非公开信息时进行证券交易"和"特定重大非

---

[1] SEC v. Howey Co., 328 U. S. p. 301.

[2] United Housing Foundation, Inc. v. Forman, 421 U. S. 837(1975).

[3] 朱锦清:《证券法学》(第 3 版),北京大学出版社 2011 年版,第 36 页。

[4] Kayla Quigley, *The Insider Trading Prohibition Act: A Small Step Towards A Codified Insider Trading Law*, Fordham Journal of Corporate & Financial Law, Vol. 26:1, p. 183 (2021).

公开信息的不当传递”两类行为,其中明确限定产品范围是证券、以证券为基础的互换(security-based swap)和以证券为基础的互换合约。

2. 期货内幕交易的规制范畴

美国期货内幕交易法最主要的法律渊源,当属1974年《商品期货交易委员会法》(Commodity Futures Trade Commission Act)[1]第9条第d款。该条款将期货内幕交易定义为“CFTC的委员或其雇员和代理人直接或间接参与任何期货、期权等交易;或任何人,当某些实际商品投资事务中利用了非公开信息或当某些投资事务已被CFTC所禁止或某投资事务已受到期货管理委员会所作出的文件影响时,仍直接或间接参与该投资事务”[2]。而按照美国《期货交易法》第1条第a款第9项的定义,期货(commodity)是指小麦、棉花、大米、玉米、燕麦、大麦、黑麦、亚麻籽、高粱米、磨粉饲料、黄油、蛋类、马铃薯(爱尔兰马铃薯)、羊毛、羊毛条、油脂及植物油、棉籽粉、棉籽、花生、大豆、大豆粉、牲畜、畜产产品、冷冻浓缩橙汁及所有其他货物和物品[但第85－839号公法所指的洋葱和电影票房收入(或与该等收入有关的指数、指标、价值或数据)除外],以及现在交易或将来交易的预期交割合约中的所有服务、权利和利益(电影票房收入或与该收入有关的指数、指标、价值和数据除外)。而依美国《期货交易法》第1条第a款第19项之规定,“除外商品”(excluded commodity)包括利率、汇率、货币、证券、证券指数以及其他金融比率和金融资产。而“豁免商品”(exempted commodity)是指既非除外商品也非农产品的所有商品。[3]

由上可见,期货和证券范畴有所重合,比如SEC和CFTC都可以主张对股票期货内幕交易予以规制。对此,2000年《商品期货现代化法》

---

〔1〕 1978年该法更名为《期货交易法》(Commodity Exchange Act),随后历经1982年、1986年、1990年和1994年四次修订,形成了目前的《期货交易法》。

〔2〕 Commodity Futures Report, Commerce Clearing House, Inc, 1989.

〔3〕 参见《美国法典》第7卷第1条第a款第9、19和20项。相关条款译文参见张国炎、张熙鸣(译):《美国期货交易法》,上海社会科学院出版社2015年版。值得注意的是,美国期货立法中往往交替使用Commodity和Futures这两个概念。

(Commodity Futures Modernization Act of 2000, CFMA)明确了个股期权和窄基股指期货由二者共同监管,而宽基股指期货则由 CFTC 专属管辖。[1] 2010 年《多德弗兰克法》对美国《期货交易法》进行了修订,强化了 CFTC 在监管和执法方面的权力。就内幕交易而言,《多德弗兰克法》作了两方面工作:一是授权 CFTC 颁布规章制度以禁止任何破坏交易公平和公正的交易或行为;二是明确违反 CFTC 反操纵和反欺诈条例的行为违法。CFTC 随后颁布了《第 180.1 号规则》,大幅扩大了反操纵条例的适用范围。《第 180.1 号规则》是对《规则 10b-5》的明确模仿,后者是诸多证券市场内幕交易的规制基础。CFTC 认为《第 180.1 号规则》与《规则 10b-5》一样,都禁止违反预先存在的义务利用非公开信息进行的交易,这一义务可能源于法律或规则、协议、理解或其他来源,以及禁止利用通过欺诈或欺骗取得的非公开信息进行交易。

2010 年《多德弗兰克法》颁布后,SEC 和 CFTC 对规则进行了解释,坚决将衍生品市场纳入传统反欺诈的规制范畴,明确支持将《规则10b-5》及其法学理论作为相关规则制定和监管的指南。[2] 比如 CFTC 新闻稿中明确以《规则 10b-5》为参照系制定《第 180.1 号规则》,尽管其中有一些修改。[3] 关键是新规则明确规定 CFTC 受到《规则 10b-5》的"指导而非控制",以为市场主体提供更多确定性,促进反欺诈立法的实施一致性。在内幕交易方面,该新闻稿承认衍生品市场的特殊性,且《第 180.1 号规则》的某些方面必须适应这些独特之处。该新闻稿同时提到,这一市场中有很多人能够利用重大非公开信息进行衍生品交易,比如在风险对冲语境中。因此,《第 180.1 号规则》既尊重了现有的内幕交

---

〔1〕 参见陈洁主编:《商法界论集:期货法立法研究》(第 2 卷),法律出版社 2018 年版,第 33 页。

〔2〕 See Prohibition on the Employment, or Attempted Employment, of Manipulative and Deceptive Devices, 76 Fed. Reg. 41,398, 41,001-41,005 (July 14, 2011) (to be codified at 17 C. ER. p. 180).

〔3〕 See *id.* At 41, 400; see also Morissette *v.* United States, 342 U.S. 246, 263 (1952). 该文特别提到,国会使用类似表述说明了国会也采取了类似的理念和政策主张。比如,国会进行了相关修法使得"试图"进行欺诈和操纵活动也构成《第 180.1 号规则》规定的违法行为。

易法学理论，又认同衍生品交易会引发非公开信息的滥用这一事实，不可谓不谨慎。《第180.1号规则》所作的关键让步，是允许衍生品交易利用非公开信息，只要这一信息是"合法获取的"。这意味着交易者能够利用重大非公开信息进行衍生品交易，只要他们能够证明自己是"合法"获得这一信息的。然而，《第180.1号规则》还是继续坚持传统规则，坚持以奥黑根（O'Hagan）判例创设的盗用理论为归责原则。交易者在交易之前"私取"重大非公开信息的，有可能会受到《第180.1号规则》的追责。简言之，在内幕交易规制方面，该规则并未给衍生品交易者开空头支票。《第180.1号规则》仍然是概括性地适用《规则10b-5》，而且盗用理论仍然占据主导地位。[1] 依据奥黑根一案设下的错综复杂的判例和立法，如今也像其他类型的证券交易一般，适用于衍生品市场。如果一项重大非公开信息是通过某种形式的"私取"而获得的，那么利用这一信息进行衍生品交易初步来看就是被禁止的。

综上可见，美国内幕交易规制的产品范畴受制于"证券—期货"的二分思维，同样局限在证券和期货领域。但是，由于其立法对证券和期货采取了较宽泛的定义，且行政执法和司法判例大胆按照"反欺诈"的精神行使自有裁量权，实际的产品范畴具有较强的延展性和不确定性。

（二）欧盟："金融产品"统合模式

欧盟内幕交易规制的产品范畴更为宽广，涵盖所有的金融产品。起初，欧盟层面的内幕交易规范——《反内幕交易指令》（2003/6/EC，MAD）只适用于被允许在受规制市场交易和已申请在受规制市场交易的金融工具。2011年欧盟率先出台法规《能源批发市场诚信度与透明度条例》（Regulation on Wholesale Energy Market Integrity and Transparency，REMIT）禁止大宗商品内幕交易。2014年欧盟颁布《反市场滥用条例》，针对内幕交易、市场滥用和内幕信息的不当披露等市场滥用行为建立了一个共同的监管框架。在2003年《反内幕交易指令》的基

[1] 76 Fed. Reg. 41,398, 41,399 (July 14, 2011) (to be codified at 17 C. F. R. pt. 180), at 41,401 - 41,405.

础上,该条例通过"金融工具"(financial instrument)及交易场所(trading venue)这两个概念对适用范围进行了扩充,以防范跨越诸多碎片化的交易场所、隐藏于诸多复杂金融产品背后的市场滥用行为等,包括内幕交易。[1] 由于内幕交易法的法律渊源从指令(directive)上升为条例(regulation),该条例无须再经成员国转换为国内法,可以直接适用于欧盟各成员国。于此,《反市场滥用条例》成为欧盟法域内幕交易统一法最重要的法律渊源。

根据《反市场滥用条例》第1条和第2条,作为反金融市场滥用行为之法的支柱之一,《反市场滥用条例》内幕交易规制的产品范围为已被允许或已申请在受规制市场(regulated market)交易的金融工具,已被允许或已申请在MTF和OTF中交易的金融工具,以及价格或价值取决于上述金融工具的价格或价值,或者对上述金融工具的价值或价格有影响的金融工具,包括但不限于CDS和差价合约。此外,该条例还适用于包括排放配额拍卖等各类拍卖过程中的投标行为和交易。

通过解读其中两个关键术语,就可以发现欧盟内幕交易规制范畴之宽泛。

第一,金融工具。该概念由2004年欧盟MIFID引入,指的是一项资产或一项资产所有权的证据,或是当事各方就接受或交付另一金融工具而订立的合约,[2]包括可转让证券、集合投资计划份额、短期金融市场工具和衍生品交易等。根据MIFID指令附件一第C节的金融工具清单,金融工具包括:(1)可转让债券;(2)货币市场工具(国库券、存款证明、商业汇票等,但不包括支付工具);(3)集合投资计划中的份额;(4)期权、期货、掉期、远期汇率合约及其他与证券、货币、利率、收益、排

[1] Niamh Moloney, *EU Securities and Financial Markets Regulation*, *third edition*, Oxford University Press, 2014, p. 714.

[2] See European Commission, *Impact Assessment Accompanying the document Commission Delegated Regulation Supplementing Regulation (EU) No 600/2014 of the European Parliament and of the Council with Regard to Definitions, Transparency, Portfolio Compression and Supervisory Measures on Product Intervention and Positions*, {C (2016) 2860 final} {SWD (2016) 156 final}, 18.5.2016, SWD (2016) 157 final, p. 61.

放配额相关的衍生品合约或衍生工具、可按实物或现金方式结算的金融指数或金融测度数据;(5)期权、期货、掉期、远期汇率合约,其他与大宗商品有关的,应当或可以由一方选择(而非因违约或其他合同解除事由)按现金结算的衍生合约;(6)期权、期货、掉期、远期汇率合约,其他在受规制市场、MTF和OTF交易场所交易的与能实物结算的大宗商品相关的衍生合约,在OTF交易的能源批发产品则必须要实物交割;(7)除第六点外,非为商业目的但具有其他衍生性金融工具特征的相关期权、期货、互换、远期或其他大宗商品衍生合约;(8)以信贷风险转移为目的的衍生工具;(9)差价合约;(10)与气候变量、运费率、通货膨胀率及其他官方经济数据相关的期权、期货、互换、远期利率合约或其他衍生合约,应当或可以由一方选择(而非因违约或其他合同解除事由)按现金结算的,以及其他本节未提及的与资产、权利、义务、指数和测度数据相关的、具有其他衍生金融工具特征的衍生合约,除其他因素外,还要考虑其是否在受规制市场、OTF和MTF交易;(11)包含2003/87/EC指令(排放交易制度)合规要求所认可单位的排放配额。此外,"具有其他金融工具特征的合约"和"具有其他衍生金融工具特征的合约"的兜底性表述,也使得金融工具的范畴异常广泛。

第二,交易场所。2014年《反市场滥用条例》的规制场域要远大于2003年《反内幕交易指令》基于"受规制市场"概念建立的范围,即后者只适用于被允许在受规制市场交易的金融工具。以受规制市场为规制范畴的缺点从一开始就很明显,因为被允许在其他OTF交易的金融工具还有很多,而滥用行为具有跨越这些不同交易场所进行套利的能力。近年来,在交易所市场内和受规制市场之外交易的金融工具数量和规模激增,包括交叉代理系统(broker crossing)和互换执行平台(swap execution platform)等多边交易设施,以及柜台市场双边交易场所。这意味着欧盟金融市场曾经有很大一部分并不在2003年《反内幕交易指令》规制范围内,尽管只要相关金融工具被允许在受规制市场中交易,2003年《反内幕交易指令》就可以适用,不论涉案金融工具交易是否真的发生在受规制市场。后金融危机时代对于交易场所的制度安排,在某种程度上是为了将大部分的柜台衍生品市场转移至正式的交易场所。这也进一步提升了交易场所在维护市场健全和强化监管方面的重要性。

因此,2014 年《反市场滥用条例》的适用范围就明显要宽于 2003 年《反内幕交易指令》。《反市场滥用条例》不仅适用于被允许(或申请)在受规制市场交易的金融工具,也适用于(被允许或申请)在 MTF 和 OTF 交易的金融工具。在这场域延伸的过程中有一点非常重要,虽然《反市场滥用条例》第 2 条第 1 款并没有明确将柜台市场交易的金融工具纳入,但是《反市场滥用条例》依然可以适用,只要这些金融工具能够影响在上述交易场所交易的金融工具即可。这一做法具有明显的后金融危机时代的改革色彩,反映了对 CDS 双边交易潜在市场滥用风险的担忧,而 2008 年金融危机恰恰与之关系密切。此外,根据该条例第 2 条第(3)款,该条例还适用于所有与规制范畴内的金融工具有关的交易、订单和行为,而无论相关交易、订单或行为是否发生在某一交易场所中。尽管监管套利的可能性会显著消减,这一规制范畴的拓展相当于对反市场滥用制度适用范围的一个激烈重组,对监管和执法程序也施加了重大的压力。[1]

第三,MTF 和 OTF。为什么欧盟会将 MTF 和 OTF 都纳入市场滥用的规制范畴呢?近年来在 MTF 交易的金融工具越来越多,还有一些金融工具只在 OTF 和柜台市场交易。欧盟认为,《反市场滥用条例》应当适用于所有在受规制市场、MTF 和 OTF 交易的金融工具,以及任何能对这些金融工具产生影响的行为,不论这一行为是否发生在这些交易场所中。某些 MTF 像受规制市场一样为企业提供股权融资,对市场滥用的禁止同时适用于申请在这些场所交易的金融工具。这应当能强化投资者保护,维护市场诚信,确保相关工具的市场滥用行为被明确禁止。

在立法技术方面,2014 年欧盟《反市场滥用条例》并未明确设置一

---

〔1〕 See Niamh Moloney, *EU Securities and Financial Markets Regulation*, third edition, Oxford University Press, 2014, p. 714.

个规制范围内的金融工具清单,尽管在立法讨论时有关注到是否应该以授权给 ESMA 有约束力的技术标准(binding technical standard)的方式,推出一个规制范围内的金融工具清单。对此,《反市场滥用条例》采用了一个更为灵活的方式,要求受规制市场的运营者、投资公司、MTF 和 OTF 的运营者,在新产品被首次允许交易或首次交易时,或交易申请提起时,或金融工具不再交易或不再被允许交易时,向欧盟成员方的资本市场监管机关报告。而根据该条例第 4 条,这些监管机关必须将这些报告传递给 ESMA,由后者发布和更新相关金融工具的清单。但是,这一清单并不会对《反市场滥用条例》适用范围构成限制。换言之,无论相关金融工具在不在这一清单中,《反市场滥用条例》都将适用。[1]

为实现市场透明,受规制市场、MTF 和 OTF 的运营者应当及时向有权机关报告其允许在其场所交易的金融工具及其细节。同样地,当这些金融工具不再在这些场所交易时,也应该及时向有权机关报告。有权机关应向 ESMA 提交这些报告,后者应公布一份所有已提交的金融工具的清单。

更重要的是,《反市场滥用条例》还认为,某些不在交易场所交易的金融工具也有可能为市场滥用行为所利用,如果它们的价格或价值取决于或会影响在交易场所交易的金融工具的价格或价值。比如,有关某一特定股票和债券的内幕信息能够用于购买这一股票或债券的衍生品,或者是价值取决于这一股票或债券的指数。当某一金融工具被用作价格参考时,在柜台交易的衍生品也可用于操纵市场并牟利。还有就是某些计划发行的证券不在《反市场滥用条例》规制范围,但其交易可能会影响现存证券的价值或价格。因此,如果某一金融工具的价值和价格取决于其他在柜台交易的金融工具,《反市场滥用条例》同样适用。这一原

[1] 报告的信息应当包含:金融工具的名称和数量,首次交易的日期和时间。ESMA 的清单通常还会加入这些金融工具首次交易的场所,相关金融工具不再交易的时间。这些报告和 ESMA 清单的内容、格式等技术性规范都由 RTS 和 ITS 进行调整。See Niamh Moloney, *EU Securities and Financial Markets Regulation*, third edition, Oxford University Press, 2014, p. 715.

则还适用于价格取决于相关衍生品的大宗商品现货合约,以及作为金融工具参考对象的大宗现货合约买入行为。

此外,在促进经济发展的语境下,欧盟还提出了"创新性金融工具"的概念。"如参与权益类(风险资本)基金、为本地银行贷款给中小微企业等大量最终受益人过程中提供担保、与金融机构共担风险以促进大型基础设施建设项目(如欧洲 2020 项目债券计划或联结欧洲设施金融工具)的投资等一系列行为。"其目的是通过提升生产和服务型企业和行业融资的可获得性以促进实体经济的发展。除了补助和津贴,创新性金融工具也是使用欧盟财政预算的一种方式。使用创新性金融工具的项目还有地平线 2020(Horizon 2020)、企业竞争力与中小微企业项目(Competitiveness of Enterprises and Small and Medium-sized Enterprises, COSME)、欧盟就业与社会创新项目(Employment and Social Innovation, EaSI)、创新欧洲项目(Creative Europe Programme)等。[1] 按照《反市场滥用条例》的精神和解释,这些创新性金融工具应该也在内幕交易规制范畴之中。如此一来,《反市场滥用条例》内幕交易规制范畴则更为宽泛。

总而言之,《反市场滥用条例》内幕交易规制的产品范围相当宽泛,能够应对金融创新产生的各类金融产品,具有足够的延展性和灵活性。这种产品范围的扩大还具体落实到了具体规则中。比如《反市场滥用条例》第 7 条就分别对现货市场、衍生品市场、碳排放配额及其竞标产品等领域的内幕信息进行了界定。当然,当《反市场滥用条例》"几乎对一切都唠唠叨叨"的同时面临一个重大问题,即如何将具体规则适用于各式各样复杂多变的金融工具,并如何针对这些金融工具的特殊性设计具体细则,比如入罪标准和刑事责任。

---

〔1〕 See European Commission, *Innovative Financial Instruments*, EC(Feb. 20, 2022), https://ec.europa.eu/info/business-economy-euro/growth-and-investment/financing-investment/innovative-financial-instruments_en.

(三)我国:"证券—期货/衍生品"统合与分立模式并存

1. 我国内地

《刑法》、《证券法》、《期货交易管理条例》和2022年《期货和衍生品法》是我国内幕交易法最主要的法律渊源。根据《刑法》第180条之规定,内幕交易、泄露内幕信息罪仅适用于证券和期货交易领域。根据《证券法》第2条之规定,证券范畴除股票之外还包括公司债券、政府债券、证券投资基金份额、存托凭证和国务院依法认定的其他证券。根据《期货交易管理条例》第2条和2022年《期货和衍生品法》第3条之规定,期货主要是指场内采用公开集中交易方式的期货合约和标准化期权合约。按理说,内幕交易规制的产品范畴就是上述证券和期货。然而,受制于股票化规制、证券和期货的列举式定义以及"期货—衍生品"二分思维,内幕交易规制的产品外延要窄于证券和期货的学理范畴,且难以囊括衍生品。2022年《期货和衍生品法》第13条又突破了《刑法》第180条限定的证券和期货范畴,将内幕交易规制拓展到金融衍生品,即该法第3条所规定的"除期货以外的"互换合约、远期合约和非标准化期权合约及其组合。

(1)股票化规制思维的路径依赖

通过考察内幕交易立法史可见,倚重主板公开发行市场的股票化思维主导了我国的内幕交易立法。这在内幕交易法的前置性规定制定阶段就非常明显。1990年中国人民银行《证券公司管理暂行办法》第17条规定就禁止"证券公司"从事"操纵市场价格、内部交易、欺诈和其他以影响市场行情从中渔利的行为和交易"。这是中国首次以部门规章的形式禁止内幕交易行为。但该办法禁止的内幕交易主体仅包括证券公司,规制范围极为狭窄。而且该办法实际规制的证券只有股票,这点从1990年11月上海市人民政府发布的《上海市证券交易管理办法》(已失效)第39条和第40条关于内幕交易主体的兜底表述——"其他与股票发行或交易有关的知情人"可以看出。1991年6月施行的《深圳市股票发行与交易管理暂行办法》第43条虽然规定证券交易活动中(包括集中交易与柜台交易)禁止任何人利用内幕消息从事证券买卖,但从该办法的标题及内容可见,其所指的证券买卖几乎等同于股票交易。这点在1992年深圳市人民政府《深圳市上市公司监管暂行办法》(已失效)也比较明显。1993年4月国务院《股票发行与交易管理暂行条例》第72条,1993年9月国务院证券委员会《禁止证券欺诈行为暂行办法》(已失效)第13条,是当时立法位阶最高的两个法律规定文件,奠定了内幕交易立法的基本框架。但就前者的标题、后者对重大信息的列举以及两者的位阶关系来看,股票化思维已经深深嵌入内幕交易法的雏形当中。这也深刻影响了我国证监会1997年《上市公司章程指引》(已失效)以及1999年8月《中国证券监督管理委员会股票发行审核委员会条例》[1](已失效)。

随着内幕交易法的法律渊源从部门规章上升到了法律层面,股票化规制思维的影响也愈加深远。1997年"轻骑集团内幕交易案"和"南方证券与北大车行内幕交易案"的爆发,直接促成了1997年《刑法》在第180条中专门设置了以"证券交易"为限定语的内幕交易、泄露内幕信息罪。1998年12月,全国人大通过《证券法》,其中第183条对内幕交易作出了规定。但是,两者都将内幕交易的交易形态限定为"证券交易"。这种问题导向式的立法意味着内幕交易罪的打击范围和制度设计实际都只针对股票。

自此,《刑法》和《证券法》成为我国内幕交易立法的核心,其股票化思维一直深刻影响着人大立法、部门规章和司法解释。比如,内幕交易规制向期货领域拓展,就是在1999年通过修正案将《刑法》第180条中的"证券交易"改为"证券、期货交易"。而2022年《期货和衍生品法》内幕交易规制由期货向金融衍生品的拓展,也是在吸收《期货交易管理条例》内幕交易规范结构后,在相关条文中的"期货交易"之后增列"衍生品交易"。又如股票化的规制思维也散见于监管机关的诸多规范性文件

---

〔1〕 王玉珏:《内幕交易罪应用法律对策与监管模式研究》,北京大学出版社2017年版,第6~14页。

中,如2010年11月中国证监会等部门颁布的《关于依法打击和防控资本市场内幕交易意见》、2011年10月中国证监会《关于上市公司建立内幕信息知情人登记管理制度的规定》(已失效)、2008年《上市公司重大资产重组管理办法》(2023年修订)、2006年《上市公司收购管理办法》(2022年修正)、2012年《关于加强与上市公司重大资产重组相关股票异常交易监管的暂行规定》等。直到2019年12月《证券法》增订第81条关于公司债券重大信息的规定,这一局面才有所改善。但遗憾的是,受主板公开发行逻辑的限制,该规定依然只适用于上市交易的公司债券。这种股票化的规制思维在2020年5月中国证监会发布的《内幕交易警示教育手册》依然清晰可见:"内幕交易……严重损害了上市公司和投资者尤其是中小投资者的合法权益。"[1]

(2)证券和期货的范畴狭窄且缺乏延展性

由于我国立法规定的证券和期货范畴较窄,证券内幕交易规制的产品范畴也较狭窄。第一,我国证券立法中证券种类有限且缺乏对证券的一般性定义。依《证券法》第2条的规定,该法的适用范围包括股票、公司债券、政府债券、证券投资基金份额、存托凭证和国务院依法认定的其他证券,对于资产支持证券和资产管理产品则由国务院依照《证券法》的原则制定管理办法。这些证券产品的罗列具有一定的随意性,缺乏内在一致的逻辑。由于缺乏证券的一般性定义,国务院也从未依法认定"其他证券"。第二,《期货交易管理条例》第2条和《期货和衍生品法》第3条对期货交易的定义均以列举主要类型为主,缺乏对期货实质的一般性定义。其中,期货范畴受到"公开集中交易方式""期货交易场所统一制定的""标准化合约"等限定语的限制。这意味着诸多期货无法适用《期货交易管理条例》,因而其不在期货内幕交易的规制范畴,尤其是那些未采用标准化合约形式和非公开集中交易方式的期货。如第二章第三节所述,场内场外、标准化程度高低抑或交易机制均不是真正的差

[1] 中国证监会:《内幕交易警示教育手册》,2020年5月,第1页。

异，已不足以证成相关产品内幕交易的去监管化或差异化监管。第三，"证券—期货"分别立法模式与"场内—场外"的二分思维使衍生品内幕交易难以得到规制。2019 年《证券法》修订时第 2 条删去了"证券衍生品种发行、交易的管理办法，由国务院依照本法的原则规定"。其逻辑是，证券衍生品分证券型和契约型，前者经国务院依法认定为其他证券后直接适用《证券法》，后者则适用《期货交易管理条例》以及之后的期货立法。

但是，2022 年《期货和衍生品法》将期货和衍生品并列为调整对象，未采取价值衍生性的经济实质定义，也未采纳广义期货概念将衍生品囊括在内，或者用衍生品来涵摄期货，而是以"场内—场外"的二分思维界分期货交易和衍生品交易，将衍生品定义为"除期货以外的"互换合约、远期合约和非标准化期权合约及其组合。[1] 值得注意的是，该法第 13 条明确将内幕交易规制拓展到金融衍生品，明显突破了《刑法》第 180 条限定的证券和期货范畴，这是进行衍生品内幕交易规制首先需要熨平的立法冲突。同时，该法第 14 条和第 15 条列举了期货内幕信息及其知情人范围，但未列举衍生品的内幕信息及其知情人范围，也未如《证券法》和《刑法》一般区分内幕信息和内幕信息以外的其他未公开信息。鉴于期货内幕信息及知情人的兜底认定只能通过国务院期货监督管理部门(中国证监会)的事前"规定"方式进行，中国证监会在出台相关规定列明衍生品内幕信息及其知情人范围之前，无法对衍生品内幕交易进行规制，否则将面临正当性危机。

2. 我国香港特别行政区

我国香港特别行政区受英国普通法系的影响，实行证券和期货统一立法的模式。根据我国香港特别行政区《证券及期货条例》附表 1，证券指的是：(a) 任何团体(不论是否属法团)或政府或市政府的或由它发行的股份、股额、债权股额、基金、债权证、债券或票据；(b) 在(a)段所述各

[1] 参见武佳薇：《〈期货和衍生品法〉调整对象演变逻辑》，载《银行家》2022 年第 6 期。

项目中的或关乎该等项目的权利、期权或权益(不论以单位或其他方式描述);(c)(a)段所述各项目的权益证明书、参与证明书、临时证明书、中期证明书、收据,或认购或购买该等项目的权证;(d)在集体投资计划中的权益;(e)通常称为证券的权益、权利或财产,不论属文书或其他形式;(f)本条例第392条提述的公告订明为按照该公告的条款视为证券的权益、权利或财产,或属于如此订明为如此视为证券的类别或种类的权益、权利或财产;(g)不属(a)至(f)段任何一段所述的结构性产品。同时该定义还进行了否定性列举,明确将私人公司的股份或债权证、集体投资计划的项目中的权益、根据一般合伙协议或建议的一般合伙协议而产生的权益、汇票和承付票、明确规定本身属不可流转或不可转让的债权证等排除在证券范畴之外。

至于期货的范畴,该条例明确指出,期货合约指的是依据期货市场规则或惯例订立的合约和该等合约的期权,以及该条例第392条提述的公告订明为按照该公告的条款视为期货合约的权益、权利或财产,或属于如此订明为如此视为期货合约的类别或种类的权益、权利或财产。该条例还进行了否定性的界定,指出期货合约不包括该条例第392条提述的公告订明为按照该公告的条款不视为期货合约的权益、权利或财产,以及属于如此订明为如此不视为期货合约的类别或种类的权益、权利或财产。

然而,通读我国香港特别行政区《证券及期货条例》禁止内幕交易条款(第245、247、249、270条)就会发现,内幕交易的客体被严格限定为上市证券与其衍生工具,该条例并未专门设置禁止期货内幕交易的条款。2022年6月10日,香港特别行政区证券和期货事务监察委员会(香港证监会)建议修改该条例以加强执法,其中对禁止内幕交易条款进行修改的主要目的,是让香港证监会能够更好地查处跨境证券内幕交易,包括在香港特别行政区作出的涉及境外上市证券的内幕交易,以及在其他地方作出的涉及香港特别行政区上市证券的内幕交易。[1] 因此,证券期货相分立、期货内幕交易规制阙如的格局仍将延续。

3. 我国澳门特别行政区

我国澳门特别行政区尚缺乏禁止内幕交易的制度设计。长期以来,澳门特别行政区金融法律制度以银行业和保险业立法为主。[2] 澳门特别行政区本地企业大多选择在香港证券交易所上市。因此,澳门特别行政区缺乏成立证券交易所和证券市场发展所需要的市场需求、人才储备和金融法律。由于没有证券交易所和《证券法》,我国澳门特别行政区的金融立法对内幕交易的关注有待加强。

为支持我国澳门特别行政区经济适度多元发展,2019 年《粤港澳大湾区发展规划纲要》和《澳门特别行政区政府 2020 年施政报告》均明确提出要"研究在澳门建立以人民币计价结算的证券市场",2020 年 11 月国家发改委也表示将研究探索在横琴建设澳门证券交易所。但是,随后三年特区施政报告已不再提及建设澳门证券交易所的设想,转而将债券市场、财富管理、融资租赁、人民币清算、私募基金和绿色金融作为当前澳门现代金融的发展重点。2023 年 3 月 25 日,滴灌通澳门金融资产交易所启动试营运,系全球首个超越股债二分的收入分成产品(DRC-Daily Revenue Contract,DRO)交易所。然而,非股票金融市场同样存在利用重大非公开信息进行交易的行为,相关内幕交易规制问题尚未引起足够重视。这六大领域的主要立法均未涉及内幕交易,如我国澳门特别行政区《商法典》第 4 卷债权证券和 2022 年 11 月获立法会全体会议细则性通过的澳门特别行政区《信托法》。从我国澳门特别行政区政府 2023 年施政报告来看,"推进《证券法》草拟工作"主要是为了发展债券市场。按这一立法趋势,在我国澳门特别行政区建立股票市场之前,内幕交易法

---

〔1〕 香港证券及期货事务监察委员会:《证监会建议对〈证券及期货条例〉作出修订以加强执法》,载香港证监会官网 2022 年 6 月 10 日,https://apps.sfc.hk/edistributionWeb/gateway/TC/news-and-announcements/news/doc?refNo=22PR36。

〔2〕 参见欧阳琦:《澳门金融法律制度》,社会科学文献出版社 2016 年版,第 3、9 页。

很难落地生根。因此,系统研究非权益类金融资产内幕交易规制,超越股债二分的思维局限,合理圈定内幕交易规制的金融产品范畴,是未来我国澳门特别行政区《证券法》《债券法》《基金法》等金融法律立法工作需要回应的难题之一。

(四)其他法域

1. 日本:"金融商品"统合模式

2006 年 6 月,日本国会大幅度修改施行近 60 年的《证券交易法》,改名为《金融商品交易法》,围绕金融商品概念来构建统一的金融法制。在规制对象方面,该法取消了以往传统的银行、证券、保险、信托等金融行业的区分,采用"横断化"的方式,将以往的股票、债券扩展至范围宽广的金融商品,将具有投资性的金融商品与服务的金融衍生品交易也纳入。而这一衍生品的外延很广泛,还包括了法令未规范的利率、通货互换交易、信贷等基础资产的衍生品,场内、场外以及国外证券交易所交易的金融衍生品也包含在内。由此,内幕交易规制的产品范畴也由证券拓展为金融商品。按照《金融商品交易法》第 166 条和第 167 条,内幕交易规制不区分证券与金融衍生品,一律适用相同的构成要件。但是,这种内幕交易规制的"横断化",虽然将金融衍生品纳入,却是直接套用证券市场内幕交易规范,在原《证券交易法》第 166 条加上了"或金融衍生品交易"的表述,并未改变直接以"上市公司"为中心的内幕人和内幕信息的规范结构。[1]

2. 印度:"证券—期货"分立模式

2015 年印度证券交易委员会(SEBI)《禁止内幕交易条例》(以下简称《印度内幕交易条例》)明确规定,"证券"系指 1956 年印度《证券合同监管法案》第 2 条第(h)款中定义的"证券"。根据 2015 年印度《证券法修订案》,内幕交易规制范围涵盖证券和期货衍生品。然而,对内幕交易法规的整体解读表明,内幕交易规制只针对公司证券。比如,《印度内幕

〔1〕 参见刘成墉:《金融衍生品内幕交易问题研究》,法律出版社 2018 年版,第 77～83 页。

交易条例》第2条第(1)款第(n)项条将未公布的价格敏感信息(unpublished price sensitive information)定义为:“与公司或其证券直接或间接相关的信息,这些信息在通常情况下不可获取,但一旦成为一般情况下可获得的信息就可能对证券价格产生重大影响……”该条例第4条第(1)款作为实施细则进一步规定:“内幕人士不得买卖已上市或拟在证券交易所上市的证券,而该等证券具有未公布的价格敏感信息。”可见,印度内幕交易规范也具有明显的“股市导向”特征。

2017年8月,SEBI成立了公平市场行为委员会(Committee on Fair Market Conduct),对现行反欺诈和内幕交易法规进行审查并提出修改建议。然而,该委员会未能解决内幕交易法规不能适用于大宗商品、货币衍生品、未上市股票等证券所产生的规制不一致和监管套利问题。对此,桑迪普·帕里克(Sandeep Parekh)教授建议将内幕交易法的适用范围限定为上市股票、相关衍生品以及部分上市交易债券,其他证券相关的“不当行为”应受到SEBI反欺诈法的规制。然而,这种进路将继续免除期货市场利用重大非公开信息交易者的任何责任,因为相关交易既非内幕交易也非欺诈。[1]

综上所述,除股票外,还有哪些金融产品应该纳入内幕交易规制范畴呢？对于这一问题,理论界长期回避且分歧较大,各法域的具体厘定也不尽相同。美国将内幕交易规制的产品范畴限定在了证券和期货领域,但行政执法和司法判例对自由裁量权的积极行使,使这一范围远远地突破了最初的股票市场。欧盟在这方面最为激进,将在所有场所交易的金融产品都纳入在内,引发不少争议。我国虽然将内幕交易规制产品范畴限定在证券和期货领域,但由于立法对证券和期货的界定较窄且延展性不足,实际规制范畴较小。我国香港特别行政区是将范围限定在了上市证券及其衍生工具,而我国澳门特别行政区尚无相关规定。那么,

〔1〕 See Peeyush Agarwal & Zarnaab Aswad, *Insider Trading in Commodity Derivatives*, India Corporation Law (Dec. 24, 2018), https://indiacorplaw.in/2018/12/insider-trading-commodity-derivatives.html#_ftn2.

内幕交易规制的产品范畴究竟应该尽可能地宽泛,还是尽可能地限缩呢? 对于这一问题的回答,有必要先对股市之外内幕交易的规制实践进行考察。

二、股市外内幕交易规制罕见的原因剖析

与股票市场相比,股市外内幕交易规制实例罕见是一个不争的事实。由于监测技术的广泛运用和成功的刑事追诉,内幕交易的经验证据大部分集中于组织化的股票交易市场。即便去中心化的柜台市场(包括外汇市场)是国际金融市场最大的构成部分,所受规制的市场滥用行为主要是市场操纵和共谋。如外汇市场目前只有 2015 年澳大利亚成功追诉过一起内幕交易案件,所涉及的是外汇衍生品,而非外汇现货。[1] 债券是除股票外最为典型的证券之一,但债券内幕交易案并不多见。迄今为止,据公开资料,各法域查处的债券及其衍生品内幕交易案十多例,而我国尚未查处一例。由于股票期权与股票的等价性,股票期权是内幕交易的高发区,但由于我国股票期权长期处于试点阶段,尚未查处股票期权内幕交易案例。期货市场是股票市场之外内幕交易法制最为完善的领域,在我国"零容忍"政策背景下却存在"零规制"的现象。[2] 在 20 世纪 90 年代,澳大利亚证券投资委员会处理的金融衍生品市场内幕交易案件仅有 6 件。而日本在 20 世纪 80 年代之前更是无一期货内幕交易处罚或指控发生,乃至日本期货市场被认为是"内部人交易的温床"。[3] 至于金融衍生品,公开渠道能找到的相关内幕交易案例也只有 4 起。[4]

此外,碳排放权虽然已纳入中国和欧盟内幕交易规制范畴,但目前也尚无规制实例。早在 2013 年 6 月,国际刑警组织曾发布《碳交易犯罪

〔1〕 Jonathan A. Batten, Igor Lonˇcarski, Peter G. Szilagyi, *Strategic Insider Trading in Foreign Exchange Markets*, Journal of Corporate Finance, Vol. 69, 2021, p. 1 – 2.

〔2〕 谢杰:《期货市场内幕交易犯罪的机理解构与刑法规制》,载《上海政法学院学报(法治论丛)》2022 年第 4 期,第 70 页。

〔3〕 参见李铭:《期货市场何以很少发生内幕交易? ——基于法和经济学的分析》,载《南方金融》2019 年第 7 期。

〔4〕 详见第一章第二节金融衍生品部分。

指南》(Guide to Carbon Trading Crime),指出碳市场作为一个金融市场,也会存在内幕交易、证券欺诈、洗钱等"白领犯罪"。[1] 但是,根据2021年11月ESMA发布的《初步报告:碳排放权及其衍生品》,欧盟也没有证据证明存在内幕交易等市场滥用的情形。[2] 2018年11月,新西兰环境部(Ministry for the Environment)也曾明确指出,对碳市场内幕交易和市场操纵规制的影响进行政策评估的最大障碍,就是缺乏实证证据表明内幕交易和市场操纵发生过或正在发生。这其中很重要的一个原因,就是监管漏洞的存在,没有监管者去监测这类行为并收集相关数据。[3]

那么,股市之外内幕交易规制为何如此罕见,下文将予以探讨。

(一)法经济学考察:内幕交易缺乏经济合理性

除去内幕交易查处等技术性障碍,股市之外可能存在内幕交易的抑制因素。假设某投机者(包括个人和单位)意图掌握并利用内幕信息在股票市场之外进行交易进而获利,其将面临诸多障碍,而且很可能得不偿失。比如,即使有个别期货公司或期货从业人员甘冒违法风险,从事与期货公司经纪业务、资产管理业务等相关的"老鼠仓"交易,基于期货交易独特的交易机制,从一般理性人的角度而言,其交易也不具有经济上的合理性。[4] 从一般理性人的视角而言,通常不会在股市之外以所谓内幕信息来指导交易行为。

1. 内部原因:内幕信息的特殊性

第一,与股票内幕信息多为公司内部信息不同,股票市场之外的内幕信息具有宏观性。比如,国家政策与经济数据也属于内幕信息范围,

---

[1] See INTERPOL, *Guide to Carbon Trading Crime*, 2013, p.24.

[2] See European Securities and Markets Authotity, Preliminary Report: Emission Allowances and Derivatives Thereof, ESMA70-445-7, 15 Nov. 2021, p.23,34.

[3] New Zealand Ministry for the Environment, *Impact Summary: Prohibiting insider trading and market manipulation in the New Zealand Emissions Trading Scheme*, Nov. 2018, p.2.

[4] 李铭:《期货市场何以很少发生内幕交易?——基于法和经济学的分析》,载《南方金融》2019年第7期。

具有内幕交易可操作性。[1] 又如，当前全球公司债券期限变长叠加信用质量降低因素，就导致债券市场对货币政策变化更加敏感。[2] 再如，1995 年"327 国债事件"中的通胀率和保值贴补率，"2.0 版内幕交易"涉及的消费者信心指数，2017 年 10 月和 2018 年初两次债券市场大跌背后被期货空头提前掌握的监管政策信息，[3] 2019 年年底被第三方供应商提前卖给高频交易商的英国央行政策发布会音频备份资料，[4] 等等。这些信息多为机密，知情人极少，且没有清晰的传播轨迹。第二，内幕信息传播缺乏动力。强制信息披露在股票市场之外的适用范围和强度远不如股票市场。相关交易者缺乏信息披露义务，对律所和会计师事务所等中介机构的依赖程度较低。在某些情形下，内幕信息持有者往往不愿将内幕信息传递给第三人。比如，期货交易是"零和博弈"，内幕信息传播范围的扩大就意味着知情者自身预期收益的缩减；债券发行人会极力掩饰影响自身偿债能力的负面信贷事件。第三，股市外的内幕信息难以预料。如光大证券"乌龙指"事件爆发后，沪深 300、上证综指等大盘指数在短时间内大幅波动，有人甚至将其归因于"T + 0"政策和优先股政策将出台。第四，内幕信息的替代与叠加效应更加明显。比如，期货价格的形成最终取决于期货市场多空双方力量的对比，利多和利空消息的角力结果具有很强的不确定性，进而抑制交易者的投机动机。

2. 外部因素：非集中竞价交易机制的限制

股票市场之外的金融交易往往采用非集中竞价交易机制，使内幕信息经济价值的变现缺乏较为理想的土壤。本书在此以债券及其衍生品

---

〔1〕 参见赵渊：《论国家机关工作人员内幕交易罪的几个问题》，载《中国刑事法杂志》2013 年第 4 期。

〔2〕 See Çelik, S., G. Demirtaş & M. Isaksson, *Corporate Bonds, Bondholders and Corporate Governance*, OECD Corporate Governance Working Papers, No. 16, OECD Publishing, Paris. (2015), p. 6.

〔3〕 参见邓海清、陈曦：《"严监管"下的债市暴跌——警惕债券市场"内幕信息监管套利"》，载搜狐网，https://www.sohu.com/a/215968074_313170。

〔4〕 See Philip Aldrick, *Hedge Funds Eavesdrop on Vital Bank of England Briefings*, The Times (Dec. 19, 2019), https://www.thetimes.co.uk/article/hedge-funds-eavesdrop-on-vital-bank-of-england-briefings-h7rcqhvbn.

和碳排放权交易为主要例子予以展开。

(1)交易场所方面,与股市不同,债券及金融衍生品主要采用场外做市商制和一对一询价交易方式。在信息披露机制不健全的情况下,合法低买高卖的做市商和专业性强的机构投资者更具信息和地位优势,投机者因掌握部分内幕信息而获得的优势很可能微不足道。与之类似,碳排放权交易也以协议转让方式为主,且价格波动幅度不大。据上海环境能源交易所官网数据显示,2022 年全国碳市场通过大宗协议方式完成的年成交量和年成交额约占 86%,最高成交价与最低成交价相差 11.04 元,该年度最后一个交易日收盘价较上年度最后一个交易日的涨幅为 1.44%。[1]

(2)交易对象方面,缺乏内幕交易的反向操作者。比如,债市以持有至到期的机构投资者为主且市场预期易趋同,缺乏股市中的投机散户和盲众。又如,按照《碳排放权交易管理办法(试行)》第 21 条之规定,全国碳市场的交易主体包括重点排放单位以及符合国家有关交易规则的机构和个人。由于国家尚未出台相关交易规则允许其他机构和个人参与碳交易,该市场的交易主体目前只有重点排放单位,主体单一,活跃度不高。而即便是在交易相对活跃的欧盟碳市场,"市场主体数量增加本身不能被认为是碳市场存在异常交易模式或滥用行为的证据"[2]。

(3)交易成本方面,股市之外的金融交易得承受做市商的买卖剪刀差和交易费用,流动性不足更让所得很可能难抵市场摩擦成本。买入型内幕交易还需撬动大笔资金,成本更高。比如有研究发现,尽管有证据表明内部人士具备时机把握和预测能力,但场外交易高昂的交易成本,尤其是买卖价差,似乎消除了从活跃交易中获得正异常回报的可

---

〔1〕 参见上海环境能源交易所:《全国碳市场每年成交数据 20220104 - 20221230》,https://www.cneeex.com/c/2022-12-30/493617.shtml。

〔2〕 European Securities and Markets Authotity, *Preliminary Report: Emission Allowances and Derivatives Thereof*, ESMA70-445-7, 15 Nov. 2021, p. 23, 34.

能性。[1]

(4)市场流动性不足。比如,对基础债券而言,因收益率曲线的标杆功能不彰和流动性不足,[2]债市价格发现机制残缺,难以预估获利或避损金额。

(5)时间方面,比如,受"债券流动性生命周期"[3]影响,债券发行后相关交易在很短的一段时间后会越加少见,除非发行人信用状况发生变化或债务到期,因此基础债券内幕交易时间窗口很小。

(6)以机构投资者为主导的市场结构使违法所得与风险极不相称。比如,国内机构投资者债券成交的最小金额一般是1000万元,按累计成交额达50万元的立案追诉标准,债券内幕交易一旦查处,难逃刑事处罚。如为单位犯罪,所得归于单位而风险由个人承担,收益仅为佣金和奖金,内幕交易动机更微弱。

3. 工具因素:相关金融产品本身的特性

金融产品本身的特性,也可能使其并不是将内幕信息经济价值变现的理想工具。比如,债券的固定收益性质使其可替代性较强,因而大宗和微利的债券交易投机空间不大,回报率远不及股票,也使内幕交易很不经济。以2018年首例场内国债价格操纵案为例,当事人频繁互为对手方交易对倒117次,每只国债日均融资额超百万元,才节约利息支出12.63万元。[4] 又如,期货交易采用高杠杆的保证金制度,存在"穿仓"风险,亏损金额甚至难以估量,而且"T+0"交易机制也意味着期货交易多空转换极快,操作风险很高。总体来看,非股票金融产品交易的专业

---

〔1〕 See Ji-Chai Lin & John S. Howe, *Insider Trading in the OTC Market*, The Journal of Finance, Vol. 45:4, p. 1273 - 1284(2012).

〔2〕 流动性是指市场主体按其所需的规模和时间要求进行交易而不会对价格产生重要影响的市场能力。如按ESMA的定义,只有约5%的欧盟公司债券具有流动性(衡量标准为:第一阶段的日均交易量为15笔,逐步下降到10笔和7笔,最后到第四阶段的2笔)。See EU Commission Expert Group on Corporate Bonds, *Analysis of European Corporate Bond Markets*, Nov. 2017, p. 53.

〔3〕 EU Commission Expert Group on Corporate Bonds, Analysis of European Corporate Bond Markets (Nov., 2017), p. 14.

〔4〕 中国证监会行政处罚决定书〔2018〕45号。

性要求远高于股票交易。比如,债券标准化程度远低于股票,交易目的复杂,锁定价差持有到期和质押回购融资等交易形式复杂多样。投机者想在债市进行内幕交易,“既要准确把脉宏观经济方向,又要善用收益率、久期和凸性等期限或价格指标从低频、微小的价格波动中捕捉交易机会”,[1]无异于“虎口拔牙”。在高频交易领域,想要利用自动化交易程序将重大非公开信息在数秒之间变现,难度更是不言而喻。

(二)法教义学考察:法律竞合与排除适用

股票市场之外的许多金融交易可以说是“王者间的游戏”。相关内幕交易问题往往会通过机构投资者之间的重复博弈和合同予以消化,通常不会诉诸于金融监管部门和司法机关。即便公权力介入,相关内幕交易也容易与市场操纵、利用未公开信息交易、违反保密法律法规、侵占国有资产、贪污受贿和职务侵占等罪名相混淆。在法条竞合和想象竞合情形下,内幕交易罪往往会因为证明难度大、适用范围不确定、构成要件模糊等原因而被架空。

1. 与市场操纵行为的混淆和竞合

因不当取用信息而获得信息优势的内幕交易与滥用信息优势型市场操纵,现实结合与理论混淆由来已久。比如,2003 年德国联邦最高法院就裁定“抢帽子交易”不是内幕交易,而是市场操纵行为。而且,在理性投机者看来,只利用内幕信息交易基础债券并不经济,结合利用职权、地位优势和不健全的市场机制进行市场操纵,或转战 CDS 等衍生品市场,更能放大获利空间。因而内幕交易会对市场操纵有强化作用,因为市场操纵者往往会假装成内幕交易者。[2] 市场操纵者如果想要影响市场价格,最理想的方式就是让市场参与者们误认为某些交易员知道一些非公开的重大信息。如果所有人都知道市场操纵者只知道公开的信息,那这一策略就不会有效。普遍存在的内幕交易会让市场操纵者的虚张

---

〔1〕 金永军、赵敏、刘斌:《债券只适合场外交易吗?》,载《证券市场导报》2011 年第 7 期。

〔2〕 See Rajesh K. Aggarwal & Guojun Wu, *Stock Market Manipulations*, Journal of Business, Vol. 79:4, p. 1915 – 1953(2006).

声势更加"可靠和有效"。换言之，内幕信息的掌握很可能只是市场操纵的基础因素之一，在行政查处和司法裁判中被吸收处理。比如，"利用信息优势联合或者连续买卖合约"是《刑法》和《期货交易管理条例》规定的一种市场操纵行为。光大证券在2013年"乌龙指"事件中的行为就被指是操纵期货市场，但中国证监会认为相关操作不具经济合理性，光大证券公司缺乏市场操纵的主观故意。由于市场操纵的行政处罚往往要重于内幕交易，监管机构可能会在从严监管风向下，将符合操纵形式要件的内幕交易行为认定为市场操纵，以实现从重处罚的目的。[1]

更重要的是，内幕交易能够为市场操纵提供掩护。重大非公开信息的存在能够支撑这一抗辩。比如，在CFTC诉威尔逊（CFTC v. Wilson）一案中，一家机构通过侵略性竞标的方式将价格推向"正确"方向，获利颇丰。美国法院认为该机构掌握了一些能够暗示价格最终会上涨的信息，只是将价格推向"真实"，因此驳回了CFTC的指控。该案中并没有任何主张认为该机构知悉真实价格与通过违反义务获取相关的重大非公开信息，因此该机构能自由地利用这一信息。[2] 概言之，二者之间具有正相关关系。

2. 与违反保密法律法规行为的竞合

在我国，由于股市外的内幕信息往往具有宏观性且多属国家机密，相关知情人往往具有国家工作人员身份，很可能违反《保守国家秘密法》相关规定，因而一些涉嫌内幕交易的案件可能依据保密法律法规加以处理，而不适用《期货交易管理条例》或《刑法》第180条的规定。例如在孙振和伍超明等诸多宏观经济数据泄露案例中，涉案人大多是国家机关工作人员，其泄露涉密统计信息的行为虽然符合《刑法》第180条之规定，但是司法机关往往会依据《刑法》第398条按照故意泄露国家秘密罪处理，排除适用《刑法》第180条。

---

〔1〕 参见李铭：《期货市场何以很少发生内幕交易？——基于法和经济学的分析》，载《南方金融》2019年第7期。

〔2〕 CFTC v. Wilson, 27 F. Supp. 3d 517, 532 (S. D. N. Y. 2014).

3. 与侵占国有资产、贪污受贿和职务侵占等行为的竞合

行为结果上,内幕交易容易造成反向操作者的损失,具有零和游戏特征。在多数国家和地区,银行间债市的机构投资者多为国有机构。国有资产流失的行为结果,易使内幕交易触犯保护国有资产的相关罪名。正因如此,2013 年债市稽查风波由审计署而非人民银行或中国证监会牵头。若反向操作者并非国有机构,则易触犯职务侵占罪,如万家基金邹某案。[1] 因担任职务的内幕交易人员多属国家工作人员,泄密型内幕交易认定中强调的个人所得和利益输送,则易使之触犯贪污受贿类犯罪,如我国首例国库券内幕交易案。[2]

4. 与利用未公开信息交易的法条竞合

如果沿用《证券法》对于内幕信息和"内幕信息以外的其他未公开信息"的区分标准,《期货交易管理条例》中规定的内幕信息也可以归入内幕信息以外的其他未公开信息。但是,《期货交易管理条例》并未对利用内幕信息以外的其他未公开信息交易进行规制的条款,而实践中由于境内期货公司不得开展自营业务且其工作人员不得从事期货交易,期货市场一般不存在利用职务便利获取的内幕信息以外的其他未公开信息。对于期货市场中利用客户订单信息的抢先交易行为,《刑法》第 180 条第 4 款"利用未公开信息交易罪"缺乏具体的法规基础。如果法官未能充分理解《证券法》、《刑法》和《期货交易管理条例》中相关内幕信息规定的区别和内在逻辑,仅从《刑法》第 180 条第 4 款的字面意义分析,就可能会按利用未公开信息交易罪处理,进而使得期货内幕交易案件更加罕见。[3]

(三)中国国情:政府主导的制度变迁模式

在我国,股市外内幕交易案总体上不多。这可能得归因于过去政

---

〔1〕 贵州省贵阳市云岩区人民法院(2014)云刑初字第 317 号刑事判决书。

〔2〕 北京市第一中级人民法院(2012)一中刑初字第 653 号刑事判决书;傅智辉:《中国市政债券市场监管制度研究》,财政部财政科学研究所 2014 年博士学位论文,第 119 ~ 120 页。

〔3〕 参见李铭:《期货市场何以很少发生内幕交易?——基于法和经济学的分析》,载《南方金融》2019 年第 7 期。

府主导金融市场的制度改革。金融市场的组织形式、准入门槛、发展节奏、产品设计和监管强度，由政府主导。因此，股市之外的金融市场发展市场化程度不高，内幕交易等投机行为缺乏必要的市场化环境。此处以债券、金融衍生品和加密货币这几类较为典型的金融产品为例予以说明。

1. 债券

不同于因基础设施和规范散乱而发展滞后的欧盟公司债市，中国债市历经近40年改革与发展取得全球第二的成绩，与政府主导组织形式、基础设施建设、制度改革与创新息息相关。[1] 政府主导的制度变迁模式也造就了债券市场内幕交易规制的罕见：(1)重场外轻场内的监管[2]、监管竞争与政策倾斜，使银行间市场得以蓬勃发展，[3]却也架空了中国证监会对实属广义公司债券的中期票据等债务融资工具的监管权，而诉诸乏力的交易商协会自律监管。(2)重政府债券轻公司信用债券，使我国公司债券市场建设长期未得到充分重视，[4]而公司债券正是内幕交易高发的重点品种。(3)行政化有余而市场化不足，债券价格无法正常波动，内幕交易无介入空间。国债发行过度强调财政功能使国债收益率曲线残缺，市场化定价参考功能不彰。[5] 刚性兑付加之不健全的破产偿债机制，债券价格无法反映违约风险。

2. 金融衍生品

对于场外衍生品，我国遵循“研究一个，出台一个办法，推出一个产

---

[1] 参见沈炳熙、曹媛媛：《中国债券市场：30年改革与发展》（第2版），北京大学出版社2014年版，第18～22页。

[2] 徐忠：《中国债券市场发展中热点问题及其认识》，载《金融研究》2015年第2期。

[3] 参见闵敏：《“违”与“维”|银行间市场债券违约下投资者的维权之道（下）》，载中伦网，http://www.zhonglun.com/Content/2018/11-21/1508128441.html；金永军、赵敏、刘斌：《债券只适合场外交易吗？》，载《证券市场导报》2011年第7期。

[4] 参见蒋大兴：《被忽略的债券制度史——中国（公司）债券市场的法律瓶颈》，载《河南财经政法大学学报》2012年第4期。所谓企业债券实际多是市政债性质的项目收益债，并非真正的公司信用债券。

[5] 参见徐忠：《中国债券市场发展中热点问题及其认识》，载《金融研究》2015年第2期。

品”[1]的发展路径,产品的发展时间、标准化程度和市场主体范围被严格控制,市场化程度不高,客观上降低甚至排除了内幕交易的可能性。比如,我国信用风险缓释工具(CRM)于2010年落地,受刚性兑付影响,市场需求冷淡。2018年10月央行重启CRM,但仍以政策指引和示范作用为主,整体市场规模不足千亿元;交易主体单一且数量较少,截至2022年2月8日核心交易商才64家。由于尚处于初步的探索和示范阶段,基础数据积累不足,定价能力较弱,风险偏好较低且同质化,期限较短,标的实体的信用评级全都在AA级以上,违约风险低。CRM“风险缓释”的产品定位并未得到充分彰显,市场流动性严重不足。截至2019年9月,CRM只有一笔二级市场交易。而信用风险缓释凭证落地首年创设了123只,违约民企债券163只,两者毫无重合。再者,中国的CRM不允许超额购买,内幕交易几乎无存在空间。[2] 再如,2015年沪深交所才开展股票期权试点。2015年1月上交所发布《上海证券交易所股票期权试点交易规则》,而2019年中国证监会正式启动扩大股票股指期权试点工作后,2019年12月深交所才发布《深圳证券交易所股票期权试点交易规则》等10项规则。股票期权市场初步建立,市场流动性和法制建设不足,都部分解释了为何我国尚未查处有股票期权内幕交易的案件。

3. 加密货币

2017年9月,中国人民银行、中国证监会、原银监会和原保监会等多部门联合发布《关于防范代币发行融资风险的公告》,将比特币等“虚拟货币”的筹集与流通认定为未经批准的非法公开融资活动,涉嫌非法发售代币票券、金融诈骗、非法发行证券以及非法集资、传销等违法犯罪活动。以比特币为代表的加密货币并非由货币当局发行,不具有法偿性与

---

[1] 鲍晓晔:《我国场外衍生品市场监管模式的困境与改革》,载《求索》2015年第11期。

[2] 参见胥爱欢,杨苌苌:《我国民营企业债券融资支持工具:特点、问题及建议——以信用风险缓释凭证为例》,载《清华金融评论》2019年第11期;《信用风险缓释工具核心交易商名单(64家)》,载中国银行间市场交易商协会,http://www.nafmii.org.cn/zlgl/xyfx/jgzz/201907/t20190701_77368.html。

强制性等货币属性和法律地位，因而被禁止作为货币在市场上流通使用。同时，该公告再次强调任何组织和个人不得非法从事代币发行融资活动。由于比特币等加密资产本身在中国不具合法性，相关交易都被禁止，加密资产的内幕交易规制也就无从谈起。

综上所述，纵观国际，股票市场之外内幕交易案例都很罕见。这是为什么呢？一方面，这可能与交易不具经济合理性有关。首先，股票市场之外的内幕信息具有特殊性，比如，更具宏观性、不确定性以及缺乏传播动力，不易被获取和利用。其次，非股票金融市场多采用做市商和一对一询价的交易方式，使内幕信息经济价值的估计与变现缺乏适宜的外部环境。最后，金融产品自身的特性也可能使其不适合作为内幕交易的理想工具。另一方面，这可能跟法律竞合和排除适用有关。股市之外的内幕交易容易与市场操纵、利用未公开信息交易、违反保密法律法规、侵占国有资产、贪污受贿和职务侵占等诸多罪名存在法条竞合和想象竞合进而被排除适用。但是，为什么我国在股票市场之外查处的内幕交易案件会明显少于其他法域呢？这可能与我国政府主导金融制度变迁有很大关系。当政府严格控制金融市场的准入门槛、产品设计、基础设施和发展节奏等诸多方面时，金融市场发展的法治化和市场化不足，内幕交易也就缺乏投机空间。

三、股市外内幕交易规制的现实需要

股市外内幕交易规制罕见的事实，不禁会令人疑惑：股票市场之外，是否存在法律意义上的内幕交易？如果股市之外内幕交易的投机空间本来就很狭窄，还受到中国政府强制性制度变迁模式的挤压，是否还有规制必要性？

答案是肯定的。相比股票市场，股市外内幕交易确实少，但并不意味着没有，更不意味着可以不做制度准备。理由在于，如果衍生于股票市场的内幕交易制度仍将存续，它将不断面临这样的质疑。内幕交易既然可以发生在股票市场，为什么不能发生在股市之外的其他金融市场?如果要予以规制,内幕交易制度如何回应统一化与差异化的历史命题?如果说股票内幕交易规制的理由只具有“证成”作用,而无法解释内幕交易制度应有的适用范围,那么随着金融创新和市场的发展,随着股债融合、期现联动、场内外融合、金融市场对外开放等趋势的不断深化,内幕交易规制就必须在基础理论和(或)具体制度层面向股市外拓展,否则其规制一致性就会受到贬损,甚至会面临合法性危机。

(一)内幕交易制度准备不足渐现

实践中,我国已经出现了制度准备不足的问题。首先,2013 年“光大乌龙指”案显现了我国内幕交易规制采用“证券—期货”二分逻辑的矛盾和混乱,规制合法性一度受到质疑。

其次,内幕交易规制在债券领域也面临诸多问题。2016 年 4 月中国农业银行涉嫌中期票据内幕交易,即该行通过参加主要债权银行沟通会获知拟实施的债务重组事项,在暂停交易前抛售相关中期票据。此案与美国 SEC 诉英国巴克莱银行一案高度相似,属于典型的债券市场内幕交易。但公开资料显示,中国证监会作为传统的内幕交易规制部门并未介入调查,交易商协会作为自律组织在处分会员方面似乎也缺乏积极性和力度,投诉最终不了了之。

再次,碳市场金融化也对内幕交易规制提出了体系性的挑战。新西兰环境部认为,相比洗钱、恐怖融资、虚假陈述和错误建议等不当行为,碳排放权交易市场发生内幕交易和市场操纵的风险更高,对规制的需求更强,应当尽快予以回应。[1] 2021 年 5 月生态环境部《碳排放权交易管理规则(试行)》第 33 条引发了内幕交易规制的产品范畴、执法权限配置等合法性质疑,毕竟所有的交易中可能都存在重大非公开信息,而法律规定的产品范畴较之窄,生态环境部何以进行内幕交易规制,中国证监会或其他金融监管部门何以进行碳排放权内幕交易规制。拟作为行

---

〔1〕 New Zealand Ministry for the Environment, *Impact Summary: Prohibiting insider trading and market manipulation in the New Zealand Emissions Trading Scheme*, Nov. 2018, p. 1.

政法规的《碳排放权交易管理暂行条例(草案修改稿)》尽管已有意引入金融监管框架,却并未回应上述问题。随着 2022 年 4 月 12 日中国证监会正式发布《碳金融产品》行业标准,碳市场金融化进程加速也在呼吁内幕交易规制向碳排放权市场的拓展。

最后,随着非标准化金融产品在中国的发展,相关领域滥用重大非公开信息进行监管套利的行为,也难以适用内幕交易规则予以规范。《期货和衍生品法》禁止衍生品的内幕交易,却无法像禁止期货内幕交易一样,列举出金融衍生品的内幕信息及其知情人,直在其中。

(二)市场化与法治化的应有之义

随着改革的不断推进,市场化与法治化逐渐成为金融市场发展和金融监管的主基调,内幕交易规制在非股票金融市场也应肩负起应有的责任。“十四五”规划明确指出,“坚持和完善社会主义基本经济制度,充分发挥市场在资源配置中的决定性作用,更好发挥政府作用,推动有效市场和有为政府更好结合”。随着规划的落实,市场化和法治化逐渐取代刚性兑付,成为中国债券违约处置的主基调。2020 年 7 月,中国人民银行、发改委和中国证监会联合发布《关于公司信用类债券违约处置有关事宜的通知》,将市场化和法治化作为债券违约处置基本原则,并强调要发挥违约债券交易机制的出清作用,推动信用衍生品市场发展。

然而,随着市场逐步取代政府成为债券市场资源配置的决定性力量,内幕交易等市场投机行为也有了更强的经济动机和更佳的市场土壤。一方面,当前我国场内外违约债券交易没有价格涨跌幅限制,债券内幕交易的投机空间得到扩张;另一方面,我国债券违约主体大多是民营企业,随着信用保护工具和 CRM 等民营企业债券融资支持工具的发展,内幕交易的可能性也相应提高。而国际规制经验也表明这两个市场相对而言是内幕交易的高风险区域。再比如,“十四五”规划同时指出要“健全市场化利率形成和传导机制”。随着利率市场化改革的推进,贷款市场报价利率(Loan Prime Rate, LPR)形成机制与银行间回购定盘利率(Fixing Repo Rate,FRR)一道,让利率互换市场覆盖全市场各层次定价基准利率成为现实。具有较高连续性的电子化报价和交易平台的兴起,都将进一步增强收益率曲线的完整性和准确性,夯实利率衍生品的市场化基础。这些因素在促进各金融市场的信息流动和价值传导时,也为投机者提供了内幕交易的可乘之机。“十四五”规划明确提出应完善现代金融监管体系,提高金融监管法治化,对违法违规行为零容忍,强化全金融市场的内幕交易规制也是其中的应有之义。2023 年 3 月,国家金融监督管理总局在银保监会的基础上组建,吸收了中国人民银行对金融集团的日常监管职责、有关金融消费者保护职责以及中国证监会的投资者保护职责,统一负责除证券业外的金融业监管,统筹负责金融消费者权益保护。在这种二分的金融监管格局之下,我们急需系统研究非证券金融市场的内幕交易,理顺规制的正当性基础和归责原则,消弭内幕交易规范体系在(以股票市场为中心的)证券业和其他金融市场之间的冲突,保持内幕交易规制在证券业和非证券业金融市场的一致性。

(三)金融市场发展趋势对规制一致性的需求

1. 股债融合

股债融合背景下,按照传统的风险标准、信义义务标准和控制标准进行股债区分愈加困难。“十三五”规划纲要鼓励“股债相结合的融资方式”后,随着永续债、夹层融资、类别股、分级基金等突破证券法制股债二分思维融资产品的出现,股债区分愈加困难。第一,债权人也可能像股东一样负有信义义务。公司资本结构多样化,债权人很可能成为公司资产的剩余索取权人,进而负有类似的信义义务。第二,债权人与股东所担的风险高低不定。债权人可能因公司经营失败丧失偿债能力而风险高企,但股东却能运用期权定价及衍生品提前锁定、转移和外化风险。第三,股东不一定有控制权,而债权人不一定无控制权。无投票权的股东因丧失表决权而更像债权人,而债权人对公司治理的话语权和参与度日增,尤其在债务危机时。但 CDS 等衍生工具也容易催生有控制权而无投资风险的空心债权人。[1] 因此,债券市场内幕交易规制如果不与股票市场统一,将造成监管空白或“洼地”。

2. 场内外融合

如第二章第三节所述,场内场外之分并不适合用以划分内幕交易规制的产品范畴。相反,在场内外融合趋势下,法律适用和监管强度的一致性成为金融市场发展的主要诉求。首先,即便是在股票市场,研究表明私募股权收购中的信息不对称及知情交易发生的可能性都会显著下降。这对于小投资者们来说是个好消息,因为其蒙受损失的可能性变小。但这并不一定会否定加强监管的必要性:在多个内部人士收到相同信息的情况下,利用这些信息进行交易将使预期收益趋近于零。信息不对称可能产生不公平感,进而使投资者、做市商和监管机构产生顾虑,导致投资减少和买卖价差上升。这一研究结果对于支持加强对私募股权交易的监管具有重要意义,因为在这些交易中相关信息不在监管范畴内。[2]

其次,《意见》已将银行间债券市场纳入中国证监会内幕交易规制的范畴,以建立场内外统一的执法机制,避免法律的公平性和监管的权威继续受到贬损。2022 年 12 月 30 日,在全国首例银行间债券市场虚假陈述侵权案件中,北京金融法院认为:“申请在银行间市场发行交易的债券以及提供相应服务的中介机构来自全国各地,银行间市场债券的发行、上市、交易、结算等各项机制均有全国统一的标准。基于此,银行间债券市场应属于《中华人民共和国证券法》规定的全国性证券交易场所;银行间债券的发行和交易,属于国务院依法认定的其他证券的发行和交易,依法应当适用《中华人民共和国证券法》及其司法解释的规定。”[3] 然

---

〔1〕 参见李安安:《股债融合论:公司法贯通式改革的一个解释框架》,载《环球法律评论》2019 年第 4 期。

〔2〕 See Osborne Sarah, *The Asymmetric Private Information Mask: A Comparative Analysis of Private Equity Bids and Tender/Merger Offers*, SSRN(Feb. 12, 2018), https://ssrn.com/abstract=3440999.

〔3〕 参见北京金融法院(2021)京 74 民初 1 号民事判决书。

而，对于性质几乎相同却分属场内场外两个市场的信用保护工具和CRM，内幕交易规制的统一性还有待实现。

最后，电子化交易平台的建立使得场外衍生品交易也逐渐"场内化"。比如，2014年中国证券业协会建立的机构间私募产品报价与服务系统搭建了"场外衍生品交易平台"与"场内衍生品交易报告库"，相关衍生品交易的信息披露、报价、签约、清算估值、担保品管理与资金交收等都与场内交易逐步趋同。在利率衍生品市场方面，随着电子化报价的兴起，以银行间同业拆借中心的标准利率互换交易平台（X-SWAP）为代表的电子化交易市场份额也逐步上升。内幕交易规制如果不能在各交易场所实现一致，场外市场成法外市场，将会严损法律公平性和监管权威性。

3. 期货现货联动

期现联动是当前金融市场发展的重大命题。一方面，期货市场的发展可以促进现货市场的价格发现和风险转移；另一方面，现货市场是期货市场的基础，缺乏稳定的现货市场，期货市场也难以持续。期现联动可以使期货和现货的市场价格变动幅度趋于一致，市场运行日趋理性成熟，优化资源配置，减少资源浪费和短缺。当前我国金融衍生品市场仍处于初期发展阶段，场内衍生品主要为股指期货、国债期货和股票期权，场外金融衍生品则主要是在银行间市场交易的人民币利率衍生品、人民币汇率衍生品、外汇衍生品、信用风险缓释工具和权益类衍生品，品种较少，规模较小，且流动性很差。随着期现联动的逐步推进，利用内幕信息在期货和现货市场进行交易将更具等价性。如果说内幕交易规制无法超越"期货—现货"二分思维实现统一化，跨市场内幕交易就会越加猖狂，尤其是在以权益类证券为基础的金融衍生品领域。2022年《期货和衍生品法》明确禁止金融衍生品内幕交易后，现货、期货和金融衍生品市场之间内幕交易规制一致性的问题也越发紧迫。

4. 金融开放

内幕交易规制一致性也是金融对外开放的应有之义。在"宜早不宜迟,宜快不宜慢"的金融对外开放基调下,金融市场不断对外开放。如本章第一节所述,中国的内幕交易规制产品范畴较窄。这意味着在金融开放过程中境内投资者既有可能因境外投资者的内幕交易而受损,也有可能在参与境外市场时触犯内幕交易规范而不自知。与此同时,境内内幕交易规制范畴狭窄这一事实有可能会影响境外投资者对于中国金融市场的信心,也有可能使境外投资者在我国进行内幕交易而不受相应处罚。以债券市场为例,刚性兑付打破后,境外投资者参与我国信用债投资的程度远不及利率债。债券市场内幕交易的规制不力,一方面,不利于"引进来",即不利于提升透明度,容易挫伤境外投资者参与我国信用债券和 CRM 市场的信心;另一方面,也不利于中国债券及其衍生品"走出去",如前期市场探询(market soundings)就很有可能因提前告知离岸债券发行信息,而触犯欧盟《反市场滥用条例》内幕交易规范。[1]

综上所述,将我国的内幕交易规制从股市外拓展到其他金融市场,有着很强的现实需要。一是制度漏洞频现,实践中已经出现了相关案例无法得到合理规制,立法也面临如何将碳排放权、期货以外的金融衍生品等非股票金融产品纳入内幕交易规制的诸多问题。二是市场化与法治化已成为金融市场发展的主基调,内幕交易等市场滥用行为有了更大的投机空间。新一轮金融监管体制改革后,国家金融监督管理总局统一负责除证券业外的金融业监管,如何为非证券金融市场建构内幕交易规制体系成为当务之急。三是股债融合、期现联动、场内外融合和金融对外开放等发展趋势,必将使各金融市场之间的关联性更加紧密,内幕交易规制在全金融市场实现一致性的需求愈加强烈。

---

[1] See Yoon F., "*Market-sounding*" *of Chinese Bond Deals Raises Governance Issues*, Reuters (2020), https://www.reuters.com/article/bonds-marketsounding/market-sounding-of-chinese-bond-deals-raises-governance-issues-idUSL4N1CI35A.

第四章　股市内外:我国内幕交易规制的拓展困境

法律的开放性本身会损害法律机制的完整性和能力。[1] 如前两章所述,内幕交易规制从股市向其他金融市场拓展,具有正当性、可能性和现实需要。但是,我国衍生于股票市场的具体规范在拓展时仍有诸多不适应。首先,内幕交易具体错在何处的伦理学难题不解,则难以对股市外内幕交易行为定性,这是内幕交易规制向股市外拓展面临的首要问题和合法性危机的来源。其次,面对多元的价值期待,内幕交易规制应如何锚定并以之进行制度设计仍是个问题。最后,在法律适用层面,"股票化思维"规范所面临的法教义学局限,是内幕交易规制向股市外拓展所面临的最直观的障碍。

一、行为定性:股市外内幕交易的性质不清

信息是一种资源也是决策的基础。然而,信息不对称是无法消除的客观现实,也是市场经济赖以存在的基础。那么,什么情况下可以利用信息不对称进行交易(不限于内幕交易)和谋利,哪些情况下不行呢?从公元前 44 年西塞罗在《论义务》(*De Officiis*)中提出罗德岛粮食短缺即将得到缓解之际粮商的交易伦理之问,到 1817 年美国联邦最高法院

---

〔1〕 参见[美]P. 诺内特、[美]P. 塞尔兹尼克:《转变中的法律与社会:迈向回应型法》,张志铭译,中国政法大学出版社 2004 年版,第 104 页。

莱德劳诉奥根(Laidlaw v. Organ)封锁禁令解除之际的烟草交易一案,学界对于信息不对称下的交易伦理问题争论了两千多年,至今仍未能达成共识。公众一方面认为应当立法禁止内幕交易,另一方面也承认如果有机会自己也会进行内幕交易。支持和反对内幕交易规制者,都会诉诸于诚实信用、平等、正义、公平、自治、社会福利等伦理价值,以及慷慨之善和贪婪之罪。但是法律与道德的要求并不完全一致。法律必须反映经济效率的价值,考虑交易所需的现实条件。在西塞罗的绝对信息平等原则与马歇尔的绝对买者自慎(caveat emptor)原则这两大针锋相对的观点之间,学界议论纷纷。有学者认为,如果双方信息获取渠道平等就应当允许不作披露。有些学者则认为,如果交易在客观价值方面平等,信息优势方就不需要作出披露,反之则需要披露。折中论者则试图在公平的道德概念与市场现实之间寻求平衡,提出只有当信息关乎标的物市场价格时,信息优势方才负有披露义务。也有学者提出信息财产权保护的思路,认为信息所有权人可自由决定是否予以披露。有学者诉诸经济效率价值,认为披露义务是否存在取决于信息的获取方式,如果是偶然获得的信息则应当披露。甚至还有学者认为法律应当赋予信息优势方撒谎的权利,以保持信息优势,那是"效率最佳的不诚实"(optimal dishonesty)。上述争论涉及粮食和烟草等商品,而非证券,粮商和烟草商奥根等也并非现代证券法意义上的内部人,并不负有类似的信义义务,采用的交易方式也是面对面的协商交易方式,而非现代证券交易所中的非个性化集中交易模式。[1] 相比股票市场,股市之外信息不对称下的交易伦理问题更加扑朔迷离,即它们不一定是"错的"。

(一)股票内幕交易的道德可非难性之争

如果说,过去关于股票内幕交易合法化的理论,大多为视效率为公正的经济学论张,无以解决"是"与"应当"的休谟难题,无法跨越事实与价值之间的逻辑鸿沟,那么近年来关于内幕交易道德性的争论,则深深

---

〔1〕 See John P. Anderson, *Insider Trading: Law, Ethics, and Reform*, 1 edition, Cambridge University Press, 2018, p. 143 – 160.

触及内幕交易规制的道德基础。

有学者指出,内幕交易不一定都具有道德上的可谴责性。有些形式的内幕交易,无论是从结果主义还是义务主义来看,都不具有道德上的可接受性。但是,发行人以明示方式同意的内幕交易是无害的、在道德上是可接受的。内幕交易制度改革的"终极一战",就是要回应"它就是不对"的道德谴责,直面内幕交易的道德性问题。而其中的方法之一是将发行人同意的内幕交易合法化,以"避风港"规则的方式建设性地促进信息披露。[1] 我国学者早期虽也提出过"反欺诈型内幕交易合法化"的理论,主张在公司内部发生财会造假等欺诈行为时,允许并不参与但在一定程度上知情的内部人和相关人据之进行交易。但该理论更多侧重于对经济利益的考量,比如"更有效率地促进真实股价形成,减少交易对方的相对损失""公司合法财产并未被窃取,相反总体财富会有所增加"等,并未触及这种带有"黑吃黑"色彩的内幕交易的道德性问题。[2] 同时,有经济学者指出,最优监管成本会随着内幕交易者数量的增加而减少。[3] 新近,亦有学者从刑法的法益识别理论出发,认为发行人许可的内幕交易不存在对发行人和股东的欺诈,可考虑无罪化处理。[4]

相反意见则认为,康德的普遍法则公式(Formula of Universal Law)是理解内幕交易道德可责难性的坚固哲学基础。内幕交易具有道德上的可非难性,因为其"普遍化"(universalization)会导致认知和意志两方面的冲突,进而违反绝对命令(categorical imperative)原则——康德思想中的"道德性的本质特征"[5]。内幕交易无法满足这一关键特征,因为

---

〔1〕 See John P. Anderson, *The Final Step to Insider Trading Reform: Answering the It's Just Not Right Objection*, Journal of Law, Economics & Policy, Vol. 12:3, p. 279(2016).

〔2〕 参见缪因知:《反欺诈型内幕交易之合法化》,载《中外法学》2011 年第 5 期;缪因知:《中国证券法律实施机制研究》,北京大学出版社 2017 年版,第 178 ~ 194 页。

〔3〕 周德清等:《金融市场内幕交易影响研究》,经济科学出版社 2017 年版,第 100 页。

〔4〕 参见宋颐阳:《内幕交易犯罪识别路径研究:从发行人许可的"内幕交易"谈起》,载《法学评论》2022 年第 1 期。

〔5〕 H. J. Paton, *The Categorical Imperative: A Study in Kant's Moral Philosophy*, University of Pennsylvania Press, 1971, p. 73.

驱使这一交易的自利性,要求理性的代理人使自己成为例外,有违唯理意志,并将他人视为纯粹的工具。具言之:

一方面,内幕交易会导致认知冲突,因为其普遍化会严重损害这一交易的目的——利用因持有重大非公开信息而具有的结构性信息优势进行谋利。如果所有人都参与内幕交易,持有内幕信息的代理人必须假设自己的交易对手所具有的信息质量和数量最起码应该与自己比肩,而不是更佳,该信息除法律上的内幕信息外,还必须包括能够削弱自认为具有的信息优势。如果市场中充斥着纵横交错的内幕信息,那么最初自以为稳赢的代理人就不一定能如愿。

另一方面,内幕交易还会导致最起码两个层面的意志冲突:(1)当投机者同时希望自己能够进行内幕交易且内幕交易能够普遍化,很显然他是在用意志力驱动两个矛盾的原则。由于该代理人内幕交易只有在交易对手不持有同样或其他内幕信息的情况下才能成功,该代理人无法同时用意志力驱动自己个人的行为准则以及普遍化之后的行为准则。相反,他必须搞双重标准,即自己能够参与内幕交易,而别人不行。这有违互惠原则,因而与理性意志相冲突。(2)如果内幕交易作为普遍性法则,将有违所有因理性而必须遵循的强制性目标。这些目标包括自治、代理(agency)和尊严。代理人如果希望将内幕交易作为普遍性法则,将会容易成为证券交易中不知情的另一方。他会希望自己的决策能力受到削弱,并屈服于他人对自己的控制。代理人如此在自治和代理方面妥协的话,将有违自己的意志和绝对命令原则。[1]

但是,康德哲学即便能告诉我们内幕交易"错"了,也无法回答内幕交易究竟错在何处,因为违背这一法则的行为并非都得适用内幕交易法。从"古典信义义务理论"到"信息泄露理论",再到"盗用理论"、"外部人交易理论"及"信息平等获取理论",如今内幕交易的规制对象早已突破起初狭义的内部人,将外部人纳入,行为样态也突破了未尽披露义

〔1〕 See Marcus J. Curtis, *Kantian Fairness and the Law of Insider Trading*, Northwestern Interdisciplinary Law Review, Vol. 9, p. 137 – 139(2016).

务的交易行为，将肯定性虚假陈述（affirmative misrepresentation）纳入。[1] 如果内幕交易主体可以是所有人，行为样态也不只限于交易，内幕信息就可以是各类信息，只要它具有影响股票价格的可能性，那么内幕交易到底错在哪里，我们所规制的到底又是什么？

（二）股市外内幕交易的道德迷局

股市之外，信息不对称下的交易伦理问题更加扑朔迷离。一方面，对于股市之外采用非集中竞价和以机构投资者为主的金融市场，"弱且愚"的个人投资者的缺席，使得内幕交易的道德可非难性更加难以把握。如前所述，CDS 等金融衍生品交易被认为是机构投资者们"王者的游戏"，他们都接受彼此掌握有内幕信息这一前提，因为风险与收益成正比，予以追究反而容易破坏交易稳定性和提高交易成本。我国也有学者接受这一丛林法则，比如赞成在债券领域允许"大男孩信"等私主体之间的免责安排，主张豁免"投资性"CDS 内幕交易而禁止"投机性"CDS 内幕交易。按照康德普遍法则公式，这些内幕交易似乎又是"对的"。但是，这有违"取得同意不必然能将行为正当化"的基本法律逻辑，也与规制实践不符。CDS 被视为 2008 年金融危机的罪魁祸首，其中的金融系统性风险也被归因于这些"王者们"的"败德"。然而，这种从道德维度叙说法律思维的"金融道德风险论"，容易引发道德维度和法律维度的错位，[2] 进而导致内幕交易规制的泛道德化。

另一方面，股市之外的内幕交易容易与市场操纵、利用未公开信息交易、违反保密法律法规、侵占国有资产、贪污受贿和职务侵占等行为存在法条竞合和想象竞合。这些不同的条文保护着不同的法益，意味着股市之外的内幕交易有诸多不同的"错"。此外，在存款、外汇、政府债券、一揽子和指数型证券市场领域，学者们对信息不对称的问题严重性和对

---

〔1〕 See Bradley J. Bondi & Steven D. Lofchie, *The Law of Insider Trading: Legal Theories, Common Defenses, and Best Practices for Ensuring Compliance*, New York University Journal of Law & Business, Vol. 8:1, p. 151(2011).

〔2〕 参见盛学军、杨贵桥：《道德维度与法律思维的错位——对金融法学中"金融道德风险论"的批判》，载《天津师范大学学报（社会科学版）》2015 年第 1 期。

内幕交易的态度也莫衷一是。[1] 甚至,还有学者认为,英国石油(British Petroleum)内部的民间排放权交易和微软内部的碳税政策,是一种环境市场中的新型"内幕交易",很可能会在应对气候变化方面带来重大效益。[2] 但是,这些金融产品很多都在欧盟《反市场滥用条例》规制范围内,这也意味着对相关内幕交易的否定性价值判断和道德非难。

二、价值取向:多元价值之争与规制逻辑混用

目的能够为批判现有规章制度设立基准,并据此开拓变革之路。因此,回应型法的特性之一就在于探求规则和政策内含的价值目标。[3] 无论是《刑法》《证券法》《期货交易管理条例》,还是 2022 年《期货和衍生品法》,其中的内幕交易规范都只是简单地做出了予以禁止的否定性评价,并未明确相应的具体价值取向。即便是结合《证券法》第 5 条、《期货和衍生品法》第 6 条和第 7 条,以及《期货交易管理条例》第 3 条作整体解释,禁止证券和期货内幕交易的价值取向分别就是"守法"(遵守法律、行政法规)以及遵循公开、公平、公正和诚实信用原则,也过于抽象。此外,2020 年中国证监会《内幕交易警示教育手册》指出,内幕交易的危害还在于损害投资者合法权益和阻挠市场化改革。[4] 那么,内幕交易法所要保护的价值到底是什么,是耶萨·亚达伏(Yesha Yadav)教授主张的股东利益?是大众投资者利益?是更为宏观的市场秩序?是詹姆斯·帕克教授所建议的信息披露制度的完整性?还是兼而有之?从目前的规制实践和理论研究来看,这一问题仍有待回答。

---

[1] See Stanislav Dolgopolov, *Insider Trading, Informed Trading, and Market Making: Liquidity of Securities Markets in the Zero-Sum Game*, William and Mary Business Law Review, Vol. 3:1, p. 32(2012).

[2] See Sarah E. Light, *The New Insider Trading: Environmental Markets within the Firm*, Stanford Environmental Law Journal Vol. 34:1, p. 4, 2015.

[3] 参见[美]P. 诺内特、[美]P. 塞尔兹尼克:《转变中的法律与社会:迈向回应型法》,张志铭译,中国政法大学出版社 2004 年版,第 7、87 页。

[4] 中国证监会:《内幕交易警示教育手册》,2020 年 5 月,第 9 页。

(一)二元对立与价值基础动摇

1.“反欺诈—市场诚信”的偏执一端

“反欺诈—市场诚信”的二元对立思维主导了相关研究,内幕交易规制的价值取向争议容易极端化。一般认为,由于保护的法益不同,内幕交易规制进路主要有美国“反欺诈理论”及欧盟“市场论”两种。前者主要强调是否违反信义义务,侧重于公司治理维度。后者则更强调是否存在滥用信息优势,更关注金融市场秩序之维护。这种二元对立思维容易使相关进路从一个极端走向另一个极端。比如,有学者认为,内幕交易规制具有公司治理和市场监管双重面向,我国更偏向关注其外部面向,对内幕交易与公司治理的关系鲜有涉及且以经济分析为主。这种忽略阻碍了证券法与公司法两大部门法在内幕交易规制问题上的充分互动,甚至会妨碍制度构建和构成要件中疑难问题的解决。[1] 从法律传统和现实需要来看,我国内幕交易规制体系应确立市场诚信理论逻辑,以保护市场整体利益为核心。[2] 也有学者认为我国内幕交易规制的立法理念应该从反欺诈转变为市场诚信,并将市场诚信作为唯一的立法目的。[3]

然而,实践证明,单纯以反欺诈或市场诚信为价值目标来引领内幕交易规制体系都具有很强的局限性。美国立法并未对内幕交易下过定义,它到底是什么,错在哪里,仍然不清。在立法缺乏明确定义和禁止的情况下,美国内幕交易制度是非正义的,因为刑事制裁的公示不足而SEC却滥用自由裁量权;它也缺乏一致性,因为SEC从信息平等性角度进行规则制定和追诉活动,而司法机关仍遵循反欺诈的立法逻辑;它也

---

〔1〕 参见史佳欣:《论内幕交易法律规制的核心逻辑——基于公司治理与证券监管的双重面向》,载《河北法学》2018年第4期。

〔2〕 参见李支:《我国禁止内幕交易制度的理论逻辑及其反思》,载《学术界》2015年第7期。

〔3〕 参见傅穹、曹理:《禁止内幕交易立法理念转换及其体系效应——从反欺诈到市场诚信》,载《法律科学(西北政法大学学报)》2013年第6期;曹理:《证券内幕交易构成要件比较研究》,法律出版社2016年版,第379~381页,第387~394页;曹理:《新〈证券法〉下内幕交易认定的理念转换与制度重构——以光大证券“乌龙指”案为对象的分析》,载《西南民族大学学报(人文社会科学版)》2022年第1期。

缺乏合理性,因为其不确定性会贬损本应达成的价值目标。[1] 在美国联邦最高法院抛弃“信息平等获取”理论而重回信义义务理论后,美国判例法和 SEC 规则所形成的规范体系就过于复杂。有学者称美国的内幕交易法是“任人打扮的小姑娘”(making up the law as you go),[2]其“诗意的扩张”(poetic expansion)是一个因路径依赖而导致方向脱离原有立法目的和道德原点的典型。[3] 更有学者直言,美国内幕交易法是行政篡权和立法默许的产物。[4] 美国专门审理内幕交易案件的第二巡回法院法官拉克夫(Rakoff)也指出,美国在反内幕交易法方面已落后于欧盟,因为美国并未搞清楚这一法律所要达成的价值目标到底为何,是构建公平市场,还是起诉那些违反相关义务的内部人,[5]证券法学者斯蒂芬·班布里奇教授也认为,新近的美国《2021 年禁止内幕交易法案》其实并未迈向法典化,也没有厘清现行规范之间的关系,反而不当地扩大了内幕交易的范围,引入了新的不确定性,因此建议美国参议院让这个法案“胎死腹中”(let this bill die)。[6] 虽然欧盟内幕交易规制模式越来越受到各个国家和地区(包括美国)的认可,[7]比如,英国、澳大利亚和新加坡较早就将内幕交易的规制机理从信义义务理论转向了信息滥用理论,[8]但是,我们并不宜因此将立法理念从反欺诈转变为市场诚

---

〔1〕 See Anderson P J., *Insider Trading: Law, Ethics, And Reform*, Cambridge University Press, 2018, p. 88 - 117.

〔2〕 See Peter J. Henning, *Making up Insider Trading Law as You Go*, Washington University Journal of Law & Policy, Vol. 56:1, p. 12(2018).

〔3〕 See John P. Anderson, *Poetic Expansions of Insider Trading Liability*, Journal of Corporation Law, Vol. 43:2, p. 367(2018).

〔4〕 See Pritchard A. C., *The SEC, Administrative Usurpation, and Insider Trading*, Stanford Law Review Online, Vol. 69, p. 55(2016 - 2017).

〔5〕 See Daniel Fisher, *U. S. Falling Behind Europe on Insider Trading Law, Rakoff Says*, Forbes, Mar 1, 2017.

〔6〕 Stephen M. Bainbridge, *A Critique of the Insider Trading Prohibition Act of* 2021, University of Illinois Law Review Online, p. 231(2021).

〔7〕 See Donald C. Langevoort, *Fine Distinctions in the Contemporary Law of Insider Trading*, Columbia Business Law Review, Vol. 2013:2, p. 429(2013).

〔8〕 See Alexander F. Loke, *From the Fiduciary Theory to Information Abuse: The Changing Fabric of Insider Trading Law in the U. K., Australia and Singapore*, American Journal of Comparative Law, Vol. 54:1, p. 123 - 172(2006).

信,甚至以市场诚信为唯一立法目的。

一方面,欧盟内幕交易规制的终极目标,可能并不是维护市场诚信与提升投资者信心,而是保护证券市场的运行,尽管这一目标并未与前两者一同出现在《反市场滥用条例》和《反内幕交易指令》中。换言之,内幕交易规制的正当性基础最终由公平与诚信转换为效率。规制内幕交易的正当性基础就在于它会影响市场的资源配置效率。只有对内幕交易等市场滥用行为进行规制,才能将储蓄配置到最有成效的用途和投资中,才能充分发挥市场所被赋予的功能。欧盟《反市场滥用条例》和《反内幕交易指令》都在序言中明确指出:"一个有效率的金融市场需要市场诚信。"质言之,维护市场诚信是实现市场效率的必要条件。诚然,内幕交易对市场效率的伤害不那么显而易见,基于效率原因而正当化内幕交易的主张也很多。但是,允许内幕交易将会导致内部人员推迟信息披露,导致价格失真和市场低效率的期间被拉长。这将有悖于法律为实现价格准确性和相应市场效率而采用的主要制度——信息披露制度。此外,内幕交易合法化会导致市场分析师等专业人士在信息搜索和分析方面的成本激增,而这一活动是实现市场效率必不可少的。因此,内幕交易规制保护的是公共利益(市场赖以运行的一些条件),其对于发行人和投资者的私人利益保护至多只是预防性、间接性和反射性的,对于这些私人利益的保护应暂时诉诸其他一般性规则。[1]

另一方面,反欺诈与市场诚信乃一体两面,市场诚信需通过反欺诈实现,反欺诈也蕴含市场诚信的基本品格。不同的是,前者侧重对内幕交易的否定性评价,后者则强调对规制的正面价值指引。内幕交易规制的场域延伸之路坎坷恰恰是因为,反欺诈作为否定性立法目的过于具体,指引功能不足;而市场诚信价值指引功能强大,却过于抽象,足以作为所有涉及市场经济建设的法律价值目标之一,无法为内幕交易规制提供更具体的价值指引,反而很可能强化内幕交易规制本身的道德化倾

---

〔1〕 See Martínez Flórez Aurora, *Legal Foundations of the Prohibition of Market Abuse*, SSRN (April 9, 2019), https://ssrn.com/abstract=3369103.

向，引发合法性危机。有欧盟学者指出，大规模扩张适用范围的《反市场滥用条例》"对一切都唠唠叨叨"，[1]"疯了"[2]，实际规制效果必将不理想。[3] 此外，《反市场滥用条例》在欧盟对内幕交易同时施加刑事责任和行政处罚，有违"一事不二罚"和正当程序原则。欧洲人权法院的判例已表明，依赖法院的司法审查来纠正违反正当程序的行政处罚行为，容易引发去中心化和碎片化。当法院有着认知偏差和过度顺从倾向时，司法审查制度运行的效率会相当低下。[4]

质言之，反欺诈与市场诚信都只是内幕交易规制多元价值取向中的一极，他们都不具备凝聚多元价值的领导特质。内幕交易规制的道德化倾向，正是源于多元价值定位不当，尤其是反欺诈与市场诚信之间缺乏更具体的、更具指引性的价值目标。因此，内幕交易规制需要寻找更具指引功能、凝聚能力和现实基础的价值桥梁。

2. 传统价值基础的动摇

公平和投资者信心保护，是我国学者支持内幕交易规制向非股票金融产品拓展时常援引的价值基础。但即便是这两个最传统的价值取向，似乎也不足以支撑内幕交易规制的正当性基础。

(1) 公平。自 1961 年 SEC 开创性地作出关于卡迪罗伯斯公司(Cady, Roberts & CO.)的处罚决定书以来，公平价值一直被认为是内幕交易规制的基础。比如，前述援引康德思想论证内幕交易不具道德可接受性的学者也认为，公平应该重新作为内幕交易法理学的指导原则。[5]

---

[1] Green, J. & Torrens, E., *The European Market Abuse Regulation: MAR Ado About Everything*, Journal of Investment Compliance, Vol. 17:2, p. 2, 5(2016).

[2] Maytaal Angel & Emma Farge, *EU Close to Agreeing Rules for Insider Trading in Commodities*, Reuters, http://uk.reuters.com/article/2013/06/14/uk-commodity-regulations-idUKBRE95DOCE20130614.

[3] See Marco Ventoruzzo & Sebastian Mock, *Market Abuse Regulation: Commentary and Annotated Guide*, Oxford University Press, 2017.

[4] See Andrea Perrone, *EU Market Abuse Regulation: The Puzzle of Enforcement*, European Business Organization Law Review, Vol. 21:2, p. 379 – 392(2020).

[5] See Marcus J. Curtis, *Kantian Fairness and the Law of Insider Trading*, Northwestern Interdisciplinary Law Review, Vol. 9, p. 137 – 139(2016).

然而，价值问题足够复杂。无论是金融监管部门、各级法院还是诸多法学学者们，都未能以足够严谨的方式定义何为公平。管制论者满足于直觉上以信息平等获取实现“公平竞争”主张的感染力，在论证上未能明晰作为公理的大前提——具体何为公平，而是诉诸近似主观伦理上“它就是不对”的道德谴责，使用诸如“不公平”“保护中小投资者信心”等话术。因此，在归责理论演化的各个阶段，内幕交易规制的正当性基础都未能得到连贯的解释，反而常常显得黔驴技穷。殊不知，非管制论者也诉诸公平价值，其对公平的解释还相当清晰：效率即公正。而且，其“内幕交易法律缺乏效率”的诸多主张，已经使内幕交易规制范畴得以限缩。但是，非管制论者倚重经济假设、“就经济论经济”的狭隘、片面和武断也相当明显。更重要的是，非管制论者一边说不知管制论者所言的公平理念为何物，一边又试图通过效率比较来论证内幕交易并不违反这一“公平”。当非管制论者在“谁之效率”和“哪一维度的效率”上各执己见时，内幕交易就会是无害的、有害的和利弊参半的。如此一来，非管制论者就会显得毫无原则。[1] 而且，过去法经济学者们视效率为公正，以此论证内幕交易正当化，无法回答“是”和“应当”之间的休谟问题，也无法消弭事实与价值之间的逻辑鸿沟。[2]

(2)投资者信心。比如，2020 年中国证监会《内幕交易警示教育手册》指出“内幕交易的猖獗最终会使中小投资者丧失对证券市场的信心，损害市场参与各方的根本利益”[3]。然而，信心和信任具有很强的准宗教信仰特征，包含认知维度、情感性和整体性，对于其定义和在金融中的作用，经济学和社会学领域都未达成共识。[4] 且不说 2022 年《期货和衍生品法》已经采用交易者而非投资者概念，市场信心理论本身也

---

〔1〕 参见胡光志：《内幕交易及其法律控制研究》，法律出版社 2002 年版，第三、四章。

〔2〕 See John P. Anderson, *Insider Trading and the Myth of Market Confidence*, Washington University Journal of Law & Policy, Vol. 56, p. 1 (2018).

〔3〕 中国证监会：《内幕交易警示教育手册》，2020 年 5 月，第 9 页。

〔4〕 参见[奥]卡瑞恩·克诺尔·塞蒂娜、[英]亚力克斯·普瑞达主编：《牛津金融社会学手册》，艾云、罗龙秋、向静林译，社会科学文献出版社 2019 年版，第 571 页。

不足以证成股票内幕交易规制的正当性。市场信心理论最起码隐含有三大论断：一是大部分普通公众都认为内幕交易在经济上是有害的、在道德上是错误的。二是这一认知会导致潜在的市场参与者选择避开内部人可以自由利用重大非公开信息进行交易的所有金融市场。三是这对市场参与的冷却效应将足够显著，导致市场流动性明显降低且融资成本增加。[1]

但是，这三大论断似乎都难以成立，原因有二。第一，社会心理学上存在关于错误意识问题的论断，即尽管这种共同信念显然是错误的，但这些错误信念也可能会影响投资者的行为。第二，即便抛开错误意识的问题，市场信心关于潜在投资者冷却效应的经验论断也必须经过证实，而不仅仅是假设。然而，有关市场信心理论的实证证据相当薄弱。有关研究表明公众对于内幕交易态度相当复杂，远不止于恐惧和愤怒。再者，尚无明确的实证证据表明，由于内幕交易大案、内幕交易泛滥的新闻报道、影响政府规制内幕交易能力的法院判决、某些之前未规制内幕交易的国家颁布了内幕交易法规而导致市场信心降低。然而，关于市场信心理论更为紧要的是，其支持者可以很轻松地通过改变解释来抹除与之相冲突的数据。大部分的市场数据都可以以模棱两可的方式进行解释，几乎没有人能够提出市场信心理论的决定性检验标准。这就会引发一个担忧，即市场信心理论可能不只是尚未检验，而是无法检验。换言之，依哲学和科学逻辑，市场信心理论是不可证伪的，而一项不可证伪的主张没有预测力和解释力。但是，不可证伪的理论无法被证伪的这一事实却可以使之持续地影响公众态度。因此，市场信心理论可能不足以支撑执法权力扩张，以及设立更加严苛的处罚措施。[2]

最重要的是，提升投资者的市场信心本身并非价值目标。它只是一

---

〔1〕 参见王怀勇、钟文财：《统一化与差异化：债券市场内幕交易规制的困境与法制进路》，载《证券市场导报》2020 年第 12 期。

〔2〕 See John P. Anderson, *Insider Trading and the Myth of Market Confidence*, Washington University Journal of Law & Policy, Vol. 56, p. 1(2018).

个工具或手段,旨在促进证券市场功能的最终实现,即实现资源的有效配置。监管之所以禁止内幕交易等市场滥用行为,是因为它们会破坏市场诚信,而市场诚信的缺乏会导致市场信心受损,进而贬损市场所要达成的资源有效配置目标,因为投资者会将资源配置在其他地方。[1]

(二)现实虚化与规制逻辑混用

无论是《刑法》《证券法》《期货交易管理条例》,还是 2022 年《期货和衍生品法》,其中的内幕交易规范都只是简单地做出了予以禁止的价值判断,并未明确相应的具体价值取向。对《证券法》第 5 条、《期货交易管理条例》第 3 条和《期货和衍生品法》第 6 条作体系解释,禁止证券、期货及金融衍生品内幕交易的价值取向分别就是"守法"(遵守法律、行政法规)以及遵循公开、公平、公正和诚实信用原则。

我国内幕交易处罚决定书中往往罗列众多价值目标,模糊了归责原则。如中国证监会认为:"证券交易对信息具有高度依赖性,保障众多市场参与者依法公平地获取和使用信息、公平交易,是实现上市公司规范运作、证券交易平稳运行的基本要求,也是维护证券市场公信力与竞争力、增强投资者信心的重要环节。如果享有信息优势的人在了解内幕信息后抢先交易相关股票,不仅践踏了证券市场的公平原则,扰乱了证券交易的正常秩序,还可能严重挫伤社会公众的投资意愿和市场信心。若上市公司内部人员或其他相关人员实施内幕交易,则还会违背公司和股东所承担的信义义务,贬损公司形象。"[2]近年来,随着内幕交易执法经验的逐渐丰富,中国证监会对内幕交易的危害有了进一步认识,认为内幕交易是"证券市场的严重欺诈行为,严重破坏市场交易秩序,严重损害投资者特别是广大中小投资者的合法权益,严重影响市场参与者的投资信心,严重侵蚀资本市场公开、公平、公正原则,严重损害资本市场功能

---

〔1〕 See Martínez Flórez Aurora, *Legal Foundations of the Prohibition of Market Abuse*, SSRN (April 9, 2019), https://ssrn.com/abstract=3369103.

〔2〕 中国证监会行政处罚决定书〔2009〕17 号、26 号。

作用发挥”。[1] 在司法领域，法院系统也广泛认同监管机构的理念，认为打击内幕交易是保障市场参与者公平交易权利、增强投资者信心、维护我国证券市场公信力和竞争力的重要环节。[2] 2020 年中国证监会《内幕交易警示教育手册》指出内幕交易的危害在于违背三公原则、践踏诚信原则、损害投资者合法权益和阻挠市场化改革。[3]

我国内幕交易监管进路进而演变为“杂糅关系论色彩的平等论”[4]，使得法律规则中存在疏漏和冲突。比如，在证券立法中以信义义务原则为指导，而我国却缺乏信义义务的传统和基础，类似的诚实信用原则也极少直接适用。[5] 期货内幕交易规制采用市场诚信进路。规制逻辑混用直接的影响是，法律对证券和期货领域有关内幕信息和内幕交易主体的认定思路和范围存有不同。作为行政法规的《期货交易管理条例》要求泄密型内幕交易中受信者必须实际实施了相关交易，比《刑法》规定更为严苛，造成了犯罪与违法之间的法律标准倒挂。[6]

三、法律适用：“股票化思维”规范的法教义学局限

如果原则和目的是批判规则的手段，那么对权威的侵蚀就是其中的代价之一。[7] 出于对内幕交易规制在不同金融市场的“双城记”及监管套利的反对，本书也试图在综合多元价值的基础上，主张对全金融市场的内幕交易予以规制。但是，将衍生于股票市场的内幕交易规则拓展适用到其他金融市场就会发现，原有的认知和规则似乎变得粗糙和笨拙，内幕交易规范及其规制的权威性也会因此受损。

---

[1] 中国证监会 2017 年 7 月 7 日和 2017 年 9 月 29 日要闻：《证监会部署专项执法行动第三批案件集中查处内幕交易行为》和《证监会严厉打击各种形式的内幕交易》。

[2] 北京市第一中级人民法院行政判决书(2016)京 01 行初 521 号。

[3] 中国证监会：《内幕交易警示教育手册》，2020 年 5 月，第 9 页。

[4] 葛向玫：《内幕交易监管下的豁免制度研究》，法律出版社 2022 年版，第 182 ~ 186 页。

[5] 参见李支：《我国禁止内幕交易制度的理论逻辑及其反思》，载《学术界》2015 年第 7 期。

[6] 参见谢杰：《期货市场内幕交易的法律规制》，载《财经法学》2019 年第 5 期。

[7] 参见[美]P. 诺内特、[美]P. 塞尔兹尼克：《转变中的法律与社会：迈向回应型法》，张志铭译，中国政法大学出版社 2004 年版，第 97 页。

(一)适用范围有限

首先,作为分业监管和股票化规制思维的产物,内幕交易规范在过去很长一段时间只能适用于证券和期货领域,难以适用于二者之外的其他金融产品和市场。如第一章第二节所述,内幕交易规范体系难以拓展适用于碳排放权和比特币(加密资产)等新兴金融产品,黄金和外汇等传统金融产品,无法充分牵制住超越产品和市场界分的高频交易领域,以及剩余索取权、房地产和艺术品等产品和市场。其次,内幕交易规范无法适用于立法规定的所有证券和期货,证券内幕交易规范实际只适用于上市公司股票和上市交易的公司债券,甚至无法囊括其他标准化债权类资产,而期货内幕交易规范实际上只适用于期货交易所场内公开集中交易的标准化期货。最后,即便2022年《期货和衍生品法》以"场内—场外"二分思维区分期货和衍生品,并明确将内幕交易规范扩张适用于期货以外的金融衍生品,信用风险缓释工具等金融衍生品实际上依然游离在规制范畴之外。

1. 规制范畴长期囿于证券和期货

如第一章第三节所述,我国内幕交易规范脱胎于20世纪90年代的股票市场,定型于1997年《刑法》第180条惩治内幕交易、泄露内幕信息罪,体系化发展则主要发生在《证券法》。根据《刑法》第180条的规定,即便是区分内幕信息与内幕信息以外的其他未公开信息,利用重大未公开信息交易的金融产品都只限于证券和期货。按照刑法的谦抑性原则,该法条很难拓展适用于碳排放权、外汇等证券和期货以外的金融产品,甚至无法适用于金融衍生品,因为2022年《期货和衍生品法》第3条明确将衍生品定义为"除期货以外的"互换合约、远期合约和非标准化期权合约及其组合。当然,这只意味着内幕交易的刑法规制范畴局限于证券和期货,并不意味着其他金融产品的内幕交易不受规范。刑法并未禁止其他法律法规对利用重大未公开信息交易证券和期货以外的金融产品的行为施以行政处罚,所以《证券法》《期货交易管理条例》《期货和衍生品法》等法律法规可以规定证券、期货和衍生品相关领域内幕交易的行政责任。换言之，广义的内幕交易规制并非专属于证券和期货领域。国务院和各金融市场监督管理部门完全可以根据《立法法》第65条和第80条的规定制定行政法规或部门规章，以规范相关领域利用重大未公开信息的交易行为。但是，证券和期货之外的金融立法（包括行政法规和部门规章）鲜见内幕交易规定，即便其中不乏关于重大事项或信息的保护性规定和披露要求。同时，金融监管部门之间似乎也形成一种默契：由中国证监会作为证券监督管理部门和期货监督管理部门，专门行使规制内幕交易的职权。银保监会和人民银行甚至很少采用内幕交易的表述，即便提及也指的是股票内幕交易。在2009年《刑法修正案（七）》和2019年《证券法》第54条区分内幕交易和利用未公开信息交易之后，这种格局更加难以被打破。

因此，内幕交易规制很难拓展适用于证券和期货领域之外。2016年9月，中国银行间市场交易商协会发布《信用风险缓释工具试点规则》，其第34条规定："参与者不得利用内幕消息开展信用风险缓释工具业务。参与者应建立完善的防火墙制度或措施防范信用风险缓释工具的内幕交易。"该行业规定首次在证券和期货领域之外使用了内幕交易的表述，但耐人寻味的是采用了宽泛的"内幕消息"，似乎有意与现行证券和期货内幕交易规范采用的"内幕信息"概念相区别。更重要的是，其作为交易商协会自律性规范容易沦为具文，因为其上位法——"中国人民银行相关规定"并不涉及内幕交易问题，而且中国人民银行从无内幕交易规制实践。与之类似，2021年5月，生态环境部通过《碳排放权交易管理规则（试行）》，其中第33条规定："全国碳排放权交易活动中，涉及交易经营、财务或者对碳排放配额市场价格有影响的尚未公开的信息及其他相关信息内容，属于内幕信息。禁止内幕信息的知情人、非法获取内幕信息的人员利用内幕信息从事全国碳排放权交易活动。"这是碳排放内幕交易首次出现在我国的部门规范性文件中。由于碳排放权很难被定性为证券，相关制度设计由生态环境部主导，而生态环境部与内幕交易规制也难有关联，碳排放权纳入内幕交易规制范畴异常困难。

在行政法规的起草过程中,生态环境部2019年4月发布的《碳排放权交易管理暂行条例(征求意见稿)》和2021年3月的草案修改稿均未出现碳排放权内幕交易之规定,只是禁止通过欺诈、恶意串通、散布虚假信息等方式操纵碳排放权交易。值得注意的是,草案修改稿已有意引入金融监管框架,如第6条引入人民银行、中国证监会和银监会等部门共同对登记机构和交易机构进行监管,第22条关于监管信息共享和执法协作配合机制,以及市场调节保护机制、涨跌幅限制、最大持仓量限制和大户报告制度等金融交易机制。

如第三章第一节所述,随着我国金融市场的发展和法制建设的完善,内幕交易规范如何涵摄证券和期货之外的其他金融产品,将会是一个长期困扰规制实践和理论研究的难题。

2. 实际规制的证券和期货产品有限

证券内幕交易规则无法涵摄所有受《证券法》约束的证券产品,实际只适用于上市公司股票和上市交易的公司债券,甚至无法囊括其他标准化债权类资产。通读《证券法》等相关内幕交易规则可见,除股票外,证券内幕交易规制范畴就只有第81条涉及上市交易公司债券。对于非上市交易的公司债券,以及《证券法》第2条规定的存托凭证、政府债券、证券投资基金份额等其他证券,证券内幕交易规范难以适用。同时,该条文还规定对于资产支持证券和资产管理产品,则由国务院按照证券法的原则制定发行和交易管理办法。但是,禁止内幕交易似乎并不属于"证券法的原则",国务院也尚未制定资产支持证券和资产管理产品相关的管理办法。虽然中国人民银行于2005年颁布的《资产支持证券信息披露规则》第11条规定了可能对资产支持证券投资价值有实质性影响的临时性重大事件,但难以与《证券法》内幕交易规范相衔接。而中国银保监会于2020年颁布的《保险资产管理产品管理暂行办法》第54条虽然提及了禁止内幕交易,但也只是禁止保险资产管理机构利用保险资管产品的资金与关联方进行内幕交易,而不是禁止利用足以影响资管产品的重大非公开信息交易相关资管产品。

由于重股轻债和多部门的监管,对于股票之外最典型的证券——债券,《证券法》也长期忽视其内幕交易规制问题。受制于"主板逻辑"和"公开发行逻辑",《证券法》中看似囊括债券的"证券"规定,实质只为调整股票。[1] "债券"二字也从未出现在过去中国证监会关于内幕交易的各项规定中。1993 年国务院《企业债券管理条例》(2011 年修订)、1997 年原国务院证券委员会《可转换公司债券管理暂行办法》(已失效)、2015 年中国证监会《公司债券发行与交易管理办法》(2021 年修订),以及中国人民银行 2000 年《全国银行间债券市场债券交易管理办法》、2005 年《全国银行间债券市场金融债券发行管理办法》、2008 年《银行间债券市场非金融企业债务融资工具管理办法》,都无涉内幕交易的问题。其中,2015 年《公司债券发行与交易管理办法》(已失效)第 40 条甚至还规定了发行人和承销机构在推介过程中不得披露除债券募集说明书等信息以外的发行人其他信息。

随着刚性兑付的打破和债市统一执法机制的建立,这一局面逐步得到改善。2018 年 11 月,《关于进一步加强债券市场执法工作的意见》(以下简称《意见》)将银行间债券市场、交易所债券市场的执法权统一收归中国证监会。对于涉及公司债券、企业债券、非金融企业债务融资工具、金融债券等各类债券品种的内幕交易及其他违反证券法的行为,均由中国证监会依据证券法有关规定进行认定和行政处罚。但是,在基础规范不变的情况下,这种统一化的规制尝试又呈现出较强的执法特征:(1)债券市场统一执法机制的合法性不足。在基础法律未改变的情况下,三部门之间能否通过《意见》的形式,将涉及内幕交易规制的执法权与行政监管权分离并集于中国证监会,能否将银行间债券市场的各类债券纳入中国证监会执法范围,尚存有疑问。(2)中国证监会规制内幕交易的实际范围仍然有限。《意见》采用广义的公司债券定义,将"公司债券、企业债券、非金融企业债务融资工具、金融债券等各类债券品种"

---

〔1〕 参见洪艳蓉:《〈证券法(三审稿)〉债券规则评析》,载《中国法律评论》2019 年第 4 期。

囊括在内。然而,地方政府融资平台公司是中国证监会《公司债券发行与交易管理办法》唯一排除的公司制债券发行主体。《意见》所指"等各类债券品种"是"等内",还是"等外","各类债券品种"是否包括其发行的城投债等政府信用债券,不得而知。若将城投债排除在外,不太现实,且有避重就轻之嫌。(3)执法依据碎片化。《意见》列举违法违规行为时,以"其他违反证券法的行为"兜底。但《证券法》能否且如何作为评价尺度,中国证监会如何应对多监管主体依不同法律制定的碎片化规定,亟待明确。(4)规制割裂导致实效存疑。人民银行和国家发改委保有债券市场行政监管权,只负责发现并移交线索,很可能放松原本就乏力的执法工作。而中国证监会不具行政监管权,在信息收集和调查方面很可能受限。国有机构投资者为主的债券市场主体结构,也再次戳中过去中国证监会查处单位内幕交易不力的痛点。

相比之下,2019年《证券法》虽然打破了内幕交易规则"重股轻债"局面,但在产品范畴上则更保守,难以涵盖所有的标准化债权类资产。2019年《证券法》第81条还增加了公司债券重大信息的规定,弥补了长期以来信息披露与内幕信息认定中"重股轻债"的制度缺陷。遗憾的是,该规定只适用于"上市交易公司债券",仍受制于主板逻辑和公开发行逻辑,适用范围极其有限,无法当然地适用于其他各类标准化债权类资产。2020年8月3日,中国人民银行、银保监会、中国证监会、国家外汇管理局制定的《标准化债权类资产认定规则》正式实施。根据这一规则,标准化债权类资产的认定标准为:等分化、可交易,信息披露充分,集中登记、独立托管,公允定价、流动性机制完善,在银行间市场、证券交易所市场等国务院同意设立的交易市场交易。然而,依《证券法》第2条关于适用范围之规定,债务类金融工具中只有公司债券和政府债券明确列入其中。而《证券法》第81条关于债券重大事项(内幕信息)的规定只针对"上市交易"的公司债券。换言之,2019年《证券法》和《意见》未能改变"主板公开发行逻辑"下场内外债券市场的"封建式监管"。就债券规则来看，《证券法》依旧是“证监会监管下的公司债券法”[1]。当前证券内幕交易规范无法适用于非上市交易的债务类融资工具，也难以适用于除上市交易的公司债券之外的标准化债权类资产，比如企业债券、国债、国际机构债券、中央银行票据、地方政府债券、政府支持机构债券、金融债券、非金融企业债务融资工具、同业存单、资产支持票据、信贷资产支持证券、证券交易所挂牌交易的资产支持证券，以及固定收益类公开募集证券投资基金等。更重要的是，由于国务院未将银行间债券市场各类债券依法认定为“其他证券”，且银行间债券市场主要采用询价制进行协议转让，《证券法》内幕交易规范及相关司法解释无法当然地适用于银行间债券市场和企业债券市场。[2] 国家发改委监管下的国有企业债券、人民银行监管下的中期票据、金融债券和短期融资券等银行间市场的债券产品，应继续适用《企业债券管理条例》《中国人民银行法》《全国银行间债券市场债券交易管理办法》等规定，但它们都不涉及内幕交易的判断标准和规制问题。[3]

与此同时，期货内幕交易规制的产品范畴也比较有限。如第三章第一节所述，《期货交易管理条例》第 2 条和 2022 年《期货和衍生品法》第 3 条对期货交易的定义过于形式化，缺乏对期货实质的一般性定义。其中，期货范畴受到“公开集中交易方式”“期货交易场所统一制定的”“标准化合约”等限定语的限制，期货范畴过于狭窄且缺乏延展性。而信用风险缓释工具以及信用保护工具相关协议并非期货交易场所统一制定，并非全部采用公开集中交易的方式，也没有经过国务院期货监督管理部门（中国证监会）的批准。所以，在《期货和衍生品法》实施前，即便是标准化程度较高的信用风险缓释凭证以及信用保护凭证，也很难被认定为《期货交易管理条例》第 2 条规定的期货，进而适用该条例中的期货内幕

---

〔1〕 洪艳蓉：《〈证券法（三审稿）〉债券规则评析》，载《中国法律评论》2019 年第 4 期。

〔2〕 参见 2022 年 1 月最高人民法院《关于审理证券市场因虚假陈述引发的民事赔偿案件的若干规定》（已失效）第 3 条第 2 项。

〔3〕 参见王怀勇、钟文财：《统一化与差异化：债券市场内幕交易规制的困境与法制进路》，载《证券市场导报》2020 年第 12 期。

交易规范。此外,从当前对各商品交易平台的清理整顿工作中可以发现,期货与现货交易的界分还有其他诸多区分标准,比如,是否充当做市商和是否进行对冲平仓或无实物交割。实际上,期现货交易的界分是一个视具体情况而定之事,不宜形式化,应综合考虑交易目的、市场功能定位、主体特征和交易结果等因素进行判定。[1] 概言之,期货内幕交易规制能否涵摄那些变相期货交易,能否规制商品现货交易中的中远期交易,是一个亟待解决的问题。

3. 金融衍生品内幕交易依然难以规制

2022 年《期货和衍生品法》颁布前,“证券—期货”二分思维容易使诸多金融衍生品无法纳入内幕交易规制范畴,信用风险缓释工具(CRM)就是典型的例子。2019 年《证券法》第 2 条删去了“证券衍生品种发行、交易的管理办法,由国务院依照本法的原则规定”,其逻辑是证券衍生品分证券型和契约型,前者经国务院依法认定为其他证券,直接适用《证券法》;后者则适用《期货交易管理条例》和未来的《期货和衍生品法》(2022 年 8 月 1 日生效)。而 CRM 既有标准化凭证型,如信用风险缓释凭证和信用联结票据,也有非标准化契约型,如信用风险缓释合约和 CDS。按此思路,前一类经国务院认定为其他证券,纳入证券内幕交易规制范畴;而后一类则适用期货内幕交易规则。但是,国务院至今也没有认定过“其他证券”,而如上所述,信用风险缓释工具和信用保护工具等衍生品也并不符合《期货交易管理条例》第 2 条关于期货的定义。

2022 年《期货和衍生品》颁布之后,虽然该法第 13 条明确将内幕交易规制拓展到金融衍生品,但是“场内—场外”与“期货—衍生品”的二分思维使内幕交易规范依然难以适用于金融衍生品。一方面,该法第 3 条将衍生品定义为“除期货以外的”互换合约、远期合约和非标准化期权合约及其组合。尽管信用风险缓释工具和信用保护工具可能被认定为互换合约或远期合约等金融衍生品,但是《刑法》第 180 条将内幕交易

---

〔1〕 参见吴越:《现货与期货交易的界分标准与法律规制》,载《中国法学》2020 年第 2 期。

的刑法规制严格限定在证券和期货领域，难以适用于“期货交易以外的”金融衍生品。另一方面，该法第14条和第15条列举了期货内幕信息及其知情人范围，但未列举衍生品的内幕信息及其知情人范围，也未如《证券法》和《刑法》一般区分内幕信息和内幕信息以外的其他未公开信息。鉴于期货内幕信息及知情人的兜底认定只能通过国务院期货监督管理部门（中国证监会）的事前“规定”方式进行，中国证监会在出台相关规定列明衍生品内幕信息及其知情人范围之前，无法对衍生品内幕交易进行规制，否则将面临正当性危机。

（二）归责原则的混乱与局限

内幕交易规制的责任理论一直争论不休。信义义务、盗用理论、信息公平获取理论等归责原则是英美法系通过判例不断形塑出来的，争议非常大。有学者认为，应当以盗用理论作为统一内幕交易法的唯一理论，以统一适用于内部人和外部人，实现法治的可预测性、确定性和一致性。[1] 也有学者提出欺诈市场理论（fraud on the market theory），将“或披露或戒绝交易视为”对公共市场和交易对手的义务，违背这一义务就构成内幕交易。[2] 以市场欺诈为核心的信义义务理论要求的损害赔偿，与合理补偿理论和威慑理论都不一致，无法实现内幕交易规制目的。应将焦点从公司转向信息，采取市场导向型的证券监管新思路，以公共公司信息为中心构建有序市场。[3] 对此，我国学者也莫衷一是。有学者认为，信赖义务是最主要、最直接的理论根据，对不同的内幕交易人应采用不同的归责理论。[4] 也有学者认为信息平等获取理论更适合中国

---

〔1〕 对于这一理论的最大缺陷——“赤裸裸的违背信义义务问题”（内幕交易人只要告知董事会其交易意图就可避免法律责任），该学者认为，由SEC出台规则要求董事会披露这一告知即可。See Zachary J. Gubler, *A Unified Theory of Insider Trading Law*, Georgetown Law Journal, Vol. 105:5, p. 1225(2017).

〔2〕 See Kenneth R. Davis, *Insider Trading Flaw: Toward a Fraud-on-the-Market Theory and beyond*, American University Law Review, Vol. 66:1, p. 51(2016).

〔3〕 See Kevin S. Haeberle & M. Todd Henderson, *A New Market-Based Approach to Securities Law*, University of Chicago Law Review, Vol. 85:6, p. 1313(2018).

〔4〕 参见张伟：《关于内幕交易司法解释的几点建议》，载《商业研究》2005年第20期。

国情。[1] 还有学者认为,义务论、盗用理论及绝对的市场论都有缺陷,主张以特别关系理论为主,信息优势理论为辅的市场论。[2] 还有学者认为,内幕交易规制具有公司治理和证券监管双重面向,而信息披露制度就是其中的连接点。[3] 也有学者主张参考欧盟《反市场滥用条例》,在立法中明确市场滥用的概念与要件。[4] 还有观点认为,应采用美国判例法衍生出的公平交易理论。

但是,如第一节所述,由于行为定性困难以及多元价值带来的混乱,我国其实并未就内幕交易规制发展明确的归责原则。从具体规则设计和规制实例来看,我国更倾向于诉诸市场秩序和投资者保护等宏观价值,采纳信息公平获取归责原则。然而,这种关于信息平等获取的追求和朴素价值观中又会夹杂着信义义务和盗用理论的痕迹。多元价值取向带来的混乱与虚置,在诸多理论研究和执法实践中均有体现。鉴于归责原则关系内幕交易的规制逻辑及合法性,且英美法系的这一分析框架已渗透到制度设计和理论争议中,下文将继续按照该分析框架来探寻内幕交易规制向股市外拓展时归责理论的混乱与局限。

1. 信义义务理论的迷茫与被动

即便在股票市场,信义义务也面临诸多质疑。首先,信义义务因委托代理关系而生,但信义义务并不局限于公司治理场景,也存在于信托、私募股权基金、智能投顾等金融创新产品。[5] 其次,信义义务对典型的股票内幕交易都缺乏解释力。公司内部人只对公司本身而非单个股东

---

〔1〕 See Huang Hui, *International Securities Markets: Insider Trading Law in China*, Kluwer Law International, 2006, §5. III. B. 4.

〔2〕 参见周钦逢:《论我国台湾地区内幕交易罪》,华东政法大学2013年博士学位论文。

〔3〕 按照这一思路,改革进路既是对欧美模式的兼收并蓄,又将内幕交易规制作为保护信息披露制度的工具。参见史佳欣:《论内幕交易法律规制的核心逻辑——基于公司治理与证券监管的双重面向》,载《河北法学》2018年第4期。

〔4〕 参见李明良、李虹:《欧盟市场滥用规制框架修订草案述评——兼论金融犯罪罪责认定的客观化与社会化趋势》,载《证券市场导报》2012年第11期。

〔5〕 参见甘培忠、雷驰:《对金融创新的信义义务法律规制》,载《法学》2009年第10期;潘振野:《智能投顾模式下投资者保护制度的完善——以信义义务为中心》,载《南方金融》2020年第2期;钟维:《中国式智能投顾:本源、异化与信义义务规制》,载《社会科学》2020年第4期。

负有信义义务。因此，公司内部人在一对一的协议交易中对交易对方负有信息披露义务只是例外。[1] 换言之，信义义务理论诞生于传统封闭性公司股票一对一的交易机制中，在电子化集中交易的现代证券市场已沦为"一种'法律文化宣示'或泛道德主义的'法律伦理操守'"[2]，它甚至无法解释为何在非个人化的集中竞价股票市场中也要追究内幕交易责任。最后，古典信义义务理论广泛扩张的同时，也在因泛化而"逐渐消亡"[3]。

就债券而言，诸多判例已经明确，公司内部人对债券持有人不负有信义义务，后者的权利仅仅由合同约定。因此，信义义务理论或其衍生出来的或披露或戒绝交易规则无法用以规制债券内幕交易。[4] 按照该归责原则，债券内幕交易并不违法，债券持有人也不享有股东针对内幕交易的诉权。[5] 但是，也有学者认为信义义务归责原则依然适用，只是这会产生发行人就自身债券进行内幕交易而无法归责的法律漏洞。[6] 主张规制者则坚信，侵蚀投资者信心和导致逆向选择的，并非信义义务或保密义务的违反，而是知情交易者的存在本身，内幕交易在任何市场

---

〔1〕 See Zachary J. Gubler, *A Unified Theory of Insider Trading Law*, Georgetown Law Journal, Vol. 105:5, p. 1241－1243(2017).

〔2〕 曾洋：《证券内幕交易主体识别的理论基础及逻辑展开》，载《中国法学》2014年第2期，第182页。

〔3〕 Donna M. Nagy, *Insider Trading and the Gradual Demise of Fiduciary Principles*, Iowa Law Review, Vol. 94:4, p. 1315, 1320－1321(2009).

〔4〕 比如，在1999年的萨洛瓦拉诉杰克森自然生活公司(Salovaara v. Jackson Nature Life Ins. Co.)一案中，联邦地区法院的法官就拒绝将奥黑根(O'Hagan)判例适用于高收益债券交易的案件，其理由是："判例法已经明确公司对于债券持有人不负有信义义务，这与股东不一样。"See Stephen M. Bainbridge, *Insider Trading Law and Policy*, Foundation Press, 2014, p. 79－81, 99. 同样地，加拿大最高法院在人民百货公司(托管人)诉怀斯[Peoples Department Stores Inc. (Trustee of) v. Wise]一案中也认为，公司董事仅对公司而不对公司债权人负有信义义务。参见房绍坤、王洪平：《公司董事对公司债权人之信义义务与注意义务——加拿大最高法院"Peoples Department Stores Inc. (Trustee of) v. Wise"案述评》，载《环球法律评论》2005年第4期。

〔5〕 See Donald C. Langevoort, *Insider Trading: Regulation, Enforcement, and Prevention*, Thomson/West, 2008, p. 3.23－3.25.

〔6〕 See Harvey L. Pitt & Karl A. Groskaufmanis, *A Tale of Two Instruments: Insider Trading in Non-Equity Securities*, Business Lawyer (ABA), Vol. 49:1, p. 212(1993－1994).

都是无效率和非法的。[1]

至于衍生品市场,上市公司并非制度核心,以一级市场机构投资者为主,公司内部人负有信义义务和大众投资者"弱且愚"的证券法基础假设在 CDS 等衍生品市场中并不存在,因而证券内幕交易规范可适用性较弱。[2] 由于流动性是期货(衍生品)市场发挥价格发现和风险管理功能的重要基础,2022 年《期货和衍生品法》全文未采用《证券法》的"投资者"称谓,而是称期货市场主体为"交易者",也不像《期货交易管理条例》一般交叉使用"投资者""参与者""客户"概念。[3] 具言之,金融衍生品不存在"发行人",何者为内部人难以界定。交易所的内部人也不能等同于公司内部人。交易所的内部人没有义务像公司内部人对公司股东那样,捍卫期货合同权利人的利益。[4] 即便二者可以等同,也只有极少数交易者可以被认定为交易所的内部人。这无法限制交易商等其他绝大多数市场参与者的内幕交易行为。[5] 按照美国司法判例,交易所的内部人指的是所有可以获取有关交易所行动及政策等重大未公开信息的内部雇员。[6] 但是即便如此,信义义务理论也无法规制大多数市场参与者的内幕交易行为。关于交易所行动及政策的重大未公开信息只有在紧急情况下才会影响衍生品合约价格,而可用作交易的市场仓位信息也不属于信义义务理论下的内幕信息。[7]

此外,出售 CSI 数据优先级访问权限在道德上与传统内幕交易极为

---

〔1〕 See Anonymous, *Insider Trading in Junk Bonds*, Harvard Law Review, Vol. 105:7, p. 1721(1992);R. Rene Pengra, *Insider Trading, Debt Securities, and Rule 10b-5: Evaluating the Fiduciary Relationship*, New York University Law Review, Vol. 67:6, p. 1354(1992).

〔2〕 参见范黎红:《信用违约互换(CDS)市场内幕交易的法律规制》,载《证券市场导报》2019 年第 8 期;曹理:《证券内幕交易构成要件比较研究》,法律出版社 2016 年版,第 142~145 页。

〔3〕 姜洋:《至关重要的三个关键表述:读〈期货和衍生品法〉的思考》,载《清华金融评论》2022 年第 5 期。

〔4〕 See Nina Swift Goodman, *Trading in Commodity Futures Using Nonpublic Information*, Georgetown Law Journal, Vol. 73:1, p. 127(1984).

〔5〕 See Philip Mcbride Johnson, *Act Seeks to Halt Futures Trading on "Nonpublic" Data*, Legal Times of Washington, 1983, p. 15.

〔6〕 Dirks v. SEC, 103 S. Ct. 3255,3261 n. 14 (1983).

〔7〕 参见刘成墉:《金融衍生品内幕交易问题研究》,法律出版社 2018 年版,第 142~145 页。

不同,没有违反传统的信义义务责任。[1] 潜在黑客信息泄露者的匿名性,对追究黑客类信息泄露者责任的能力提出了挑战,因为如果没有证据证明信息泄露者违反了信义义务,就没有办法追究其内幕交易责任。[2] 黑客未经允许获取公司的信息,两者之间没有保密关系;因此,黑客对公司不负有信义义务。从信息泄露的黑客那里获得重要非公开信息的受密人可以依赖并利用这些重要的非公开信息进行交易,而无须对公司承担信义义务责任。[3] 很多加密资产具有非个人化和去中心化特征,[4]采用的是去信任机制,[5]不存在负有信义义务的"高管",也不存在被背叛的"股东"。如果去中心化金融协议由中心化自治组织(DAOs)管理并且内幕交易主体是该组织的贡献者(Contributor)而不是雇员,那么凭借贡献者角色而获得重大非公开信息的他们对谁负有信义义务呢？核心开发人员在公共区块链治理中发挥的作用并没有表现出保证为加密资产持有人的利益而承担信托义务的结构动态,没有任何案例认为开发人员对他们所开发的加密资产的持有者负有传统的信义义务。[6]

因此,在内幕交易规制拓展进程中,信义义务归责原则何去何从成为一项难题。有学者认为应当通过以债券契约为中心的合同法路径保护债券持有人,而非通过内幕交易规制这一保护股东的公司法路径。[7]

---

〔1〕 See James J. Angel & Douglas M. McCabe, *Insider Trading 2. 0? The Ethics of Information Sales*, Journal of Business Ethics, Vol. 147:4, p. 747 - 760(2018),

〔2〕 See Sonal Sahel, *Circumventing Insider Trading Laws by Cyberhacking: A Look into the Vulnerability of Cybersecurity Breaches in Regard to Insider Trading*, Journal of International Business and Law, Vol. 15:2, p. 257(2016).

〔3〕 SEC v. Dorozhko, 574 F. 3d 42, 48 (2d Cir. , 2009).

〔4〕 See Erik Voorhees, *Is Bitcoin Truly Decentralized? Yes—and Here Is Why It's Important*, Bitcoin Magazine(Jan. 22, 2015), https://bitcoinmagazine. com/articles/bitcoin-truly-decentralized-yesimportant - 1421967133.

〔5〕 See Primavera De Filippi & Aaron Wright, *Blockchain and the Law: The Rule of Code*, Harvard University Press, p. 26 (2018).

〔6〕 Mihailis Diamantis, *The Light Touch of Caveat Emptor in Crypto' s Wild West*, Iowa Law Review, Online, Vol. 113, 2020.

〔7〕 See Harvey L. Pitt & Karl A. Groskaufmanis, *A Tale of Two Instruments: Insider Trading in Non-Equity Securities*, Business Lawyer (ABA), Vol. 49:1, p. 220 - 221(1993 - 1994).

还有学者主张,“信义义务的弹性化”,将信息盗用纳入信义义务范围,在坚守信义义务原则的同时,又能将债券和 CDS 等金融工具和相关市场主体纳入规制范围。[1] 还有学者主张,抛弃信义义务理论并回归信息平等获取理论,甚至主张以“无权取用信息财产权益”的财产法思路将衡量标准客观化。[2] 而在采用成文法的中国,信义义务缺乏内在的逻辑主线,内涵和轮廓均不清晰,仍然停留在英美法系那种松散的“义务束”状态,在社会认同方面也不如诚实信用或传统的道德规范和行为标准,在我国司法裁判中也几乎未得到适用。[3]

长期以来,中国证监会的实际执法依据突破了信义义务原则,却深陷合法性危机。2007 年《证券市场内幕交易行为认定指引(试行)》(已失效)(以下简称《内幕交易认定指引》)以“信息占有”为主体识别标准,突破了 2005 年《证券法》第 73、74 条的授权,突破了重“信义义务理论”的《内幕交易司法解释》,将规制对象几乎扩张到所有人,而不论其是否负有信义义务。[4] 然而,《内部交易认定指引》属于行政指导性文件,存在与上位法相冲突的合法性缺陷。[5] 2019 年《证券法》生效后《内幕交易认定指引》失效,合法性危机得到解除,但归责理论重新回到模糊不清的状态。

2. 盗用理论的乏力

盗用理论衍生于信义义务,立基于财产权理论,与投资者保护并无

---

〔1〕 See Adam Reiser, *Should Insider Trading in Credit Default Swap Markets be Regulated-The Landmark Significance of SEC* v. *Rorech*, DePaul Business & Commercial Law Journal, Vol. 9:4, p. 552 – 553(2011); R. Rene Pengra, *Insider Trading, Debt Securities, and Rule* 10*b* – 5: *Evaluating the Fiduciary Relationship*, New York University Law Review, Vol. 67:6, p. 1355(1992).

〔2〕 参见吕成龙:《谁在偷偷地看牌?——中国证监会内幕交易执法的窘境与规范检讨》,载《清华法学》2017 年第 4 期;刘成墉:《金融衍生品内幕交易问题研究》,法律出版社 2018 年版,第 167 页;Anonymous, *Insider Trading in Junk Bonds*, Harvard Law Review, Vol. 105:7, p. 1721(1992)。

〔3〕 参见王莹莹:《信义义务的传统逻辑与现代建构》,载《法学论坛》2019 年第 6 期。

〔4〕 参见吕成龙:《谁在偷偷地看牌?——中国证监会内幕交易执法的窘境与规范检讨》,载《清华法学》2017 年第 4 期。

〔5〕 参见赵姗姗:《法益视角下证券内幕交易罪主体范围的规范构造》,载《政治与法律》2018 年第 10 期。

多大关系。[1] 然而,信息来源往往并未因内幕交易而受损。[2] 如果适用财产法排他性独占、使用、收益和处分的权利保护逻辑,内幕交易一经发行人或信息所有者同意,不仅具有道德上的可接受性,还具有清晰的法理依据和正当性基础。但是,该理论在股市之外的可适用性也不强。首先,盗用理论显然不能适用于发行人就自身债券进行的内幕交易。[3] 其次,盗用理论要求"对消息来源造成损害"之成立要件,但在金融衍生品内幕交易中,很难界定取用大额粮食销售订单和做多粮食期货等公司内部信息对消息来源公司有何侵害;取用同业公会尚未公布的积极数据等企业外部信息或非企业信息从事金融衍生品内幕交易,对信息来源的损害就更难确定。[4] 最后,在2.0版内幕交易中,享有优先数据获取渠道的高频交易者们往往也有支付更高的对价,数据生产者也是自愿主动地将信息提供给高频交易者,并不存在"盗用"一说。

3. 信息平等获取理论的空泛

信息平等获取规则由美国第二巡回法院创立,实际上"立基于沙地之上"(rest on a foundation of sand),因为没有任何的美国司法判例和国会政策来支撑这一宽泛的禁止。[5] 该理论在美国司法实践中业已弃用。也许在规范意义上,它应当是法律孜孜以求的目标。但在实际中,即便有了技术的支撑,信息获取渠道也并不能真的实现平等。[6] 如果

---

〔1〕 See Roberta S. Karmel, *The Fiduciary Principle of Insider Trading Needs Revision*, Washington University Journal of Law & Policy, Vol. 56, p. 121(2018).

〔2〕 See Alexander F. Loke, *From the Fiduciary Theory to Information Abuse: The Changing Fabric of Insider Trading Law in the U. K., Australia and Singapore*, American Journal of Comparative Law, Vol. 54:1, p. 123 – 172(2006).

〔3〕 See Stephen M. Bainbridge, *Insider Trading Law and Policy*, Foundation Press, 2014, p. 81.

〔4〕 See Nina Swift Goodman, *Trading in Commodity Futures Using Nonpublic Information*, Georgetown Law Journal, Vol. 73:1, p. 127(1984). 参见刘成墉:《金融衍生品内幕交易问题研究》,法律出版社2018年版,第140~146页。

〔5〕 See Stephen M. Bainbridge, *Equal Access to Information: The Fraud at The Heart of Texas Gulf Sulphur*, 13, UCLA School of Law, Law & Economic Research Paper Series No. 17 – 14 2017, https://papers.ssrn.com/sol3/papers.cfm? abstract-id = 3014977##.

〔6〕 See Mercer Bullard, *Insider Trading in a Mannean Marketplace*, Temple Law Review, Vol. 88:2, p. 257 – 261(2016).

坚持绝对的信息平等论,证券市场就会丧失作为竞争性市场的效率。而相对合理的“信息平等获取论”,由于忽略了强制性信息披露制度业已建立实施的前提,对于内幕交易违反公平竞争也缺乏解释力。[1]

股市之外,该理论的适用也面临泛道德化倾向。如有学者指出,影响金融衍生品市场价格的信息多为宏观信息,并不是某个特定公司的内部信息。这类信息不对称通过正常研究可以克服。如若一律要求公开,让其他市场主体不劳而获,反而会造成不公平。[2]

综上所述,如果利用信息不对称交易股票或非股票金融产品,只要符合上述任何一条归责原则,它就构成法律否定性评价的内幕交易。那么,这与“它就是不对”的道德谴责无本质差别。质言之,内幕交易规制的基本轮廓可能是清晰的,但是由于缺乏道德上的一致性,它无法确定唯一的归责原则或者明确归责原则之间的逻辑关系。

(三)内幕信息规定的不适应

1. 话语冲突与内幕信息范围的狭广义之争

如第一章第一节第三部分所述,内幕交易规制向股票市场之外拓展首先面临的,便是《刑法》第 180 条和《证券法》第 54 条区分内幕信息和其他未公开信息引发的话语冲突。

以股票为中心的证券立法思维,使我国《刑法》和《证券法》长期采取了狭义的内幕信息概念,将内幕信息限定在公司治理语境中,即涉及公司经营和财务和对公司证券市场价格有重大影响的尚未公开的信息。这一思维惯性随着 2009 年《刑法修正案(七)》增设利用未公开信息交易罪、2012 年《证券投资基金法》增设第 21 条、2019 年《证券法》增设第 54 条不断得到确认和强化。2019 年《证券法》第 81 条弥补了债券内幕信息的制度空白,但只针对场内“上市交易”的公司债券,不包括政府债券更无法覆盖资产中期票据、政府债券、企业债券等各类标准化债权类资产。2019 年《证券法》第 52 条内幕信息的一般性规则将以前的“公

---

[1] 李激汉:《证券内幕交易规制范围确定的内在逻辑》,载《北方法学》2022 年第 4 期。
[2] 参见刘成墉:《金融衍生品内幕交易问题研究》,法律出版社 2018 年版,第 142 页。

司”改成了“发行人”,为认定非公司证券的内幕信息及内幕交易预留了空间。但是,碳排放权、期货、衍生品(信用风险缓释工具)、黄金、外汇等产品和市场并无发行人,也不以上市公司为制度核心。按照该立法思路,就股票和公司债券以外的其他证券、期货和衍生品而言,其实并不存在内幕信息和内幕交易,而只有可能存在“内幕信息以外的其他未公开信息”和利用未公开信息交易。然而,2022 年《期货和衍生品法》第 6 条及几经修订的《期货交易管理条例》第 3 条仍明确禁止期货内幕交易前者第 14 条和后者第 81 条仍明确将内幕信息定义为“可能对期货交易(或者衍生品交易)价格产生重大影响的尚未公开的信息”,并未考虑《证券法》强调的“发行人”因素。其中所列举的政府决策、交易所决定、客户资金和交易动向等具体信息类型,均完全符合《证券法》、《刑法》和 2019 年《利用未公开信息交易司法解释》第 1 条规定的“内幕信息以外的其他未公开的信息”。这样就会产生一个悖论,即如果要区分内幕信息和其他未公开信息,那么期货内幕交易就不能称为内幕交易,而应该是利用未公开信息交易期货罪。

按理说,任何市场都存在足以影响交易价格的非公开信息,对不正当获取和利用该类信息的行为进行规制也应属于该市场监管者的职权。然而,随着 2022 年《期货和衍生品法》将内幕交易规制拓展至期货以外的金融衍生品领域,证券和期货(衍生品)分别采用狭义和广义的内幕信息范畴所导致的话语冲突进一步上升到法律层面。中国证监会作为证券监督管理机构,也是 2022 年《期货和衍生品法》第 8 条规定的期货和衍生品市场最主要的监督管理部门,又是最显著的内幕交易规制机关,均无力改变甚至是有意强化上述话语和逻辑冲突。因此,司法机关和其他金融市场监管主体对这一话语冲突的躲散容易产生这样一种错误认知:内幕交易规制专属于证券和期货(衍生品)领域,甚至专属于公开发行的股票交易市场,专属于中国证监会。

比如,最高人民法院在 2019 年《利用未公开信息交易司法解释》将证券持仓数量及变化、资金数量及变化、交易动向信息规定为内幕信息以外的“未公开信息”,却不得不将期货领域的这类信息排除在外。对此,最高人民法院姜永义等法官解释道:“需要注意的是,《期货交易管理条例》明确规定此类信息属于‘内幕信息’,不属于‘未公开信息’,如果在期货领域,利用此类信息进行非法交易的,应当以内幕交易、泄露内幕信息罪论处”[1]。但是,“该理由显然不合法理,只能理解为司法解释无权修改行政法规的无奈之解”[2]。

又如,银行间市场交易商协会在2016年出台的《信用风险缓释工具试点规则》第34条中提出要“防范信用风险缓释工具的内幕交易”,却禁止参与者利用“内幕消息”开展信用风险缓释工具业务,似乎有意与较成熟的上述证券和期货内幕交易规范所采用的“内幕信息”概念相区别。由于该试点规则是交易商协会的自律性规定,法律层级较低,且未如证券和期货立法一般列举相关内幕信息及明确法律责任,在缺乏上位法——“中国人民银行相关规定”支持且央行从无内幕交易规制实践的情况下,这一规定容易沦为宣示性的具文。

再如,生态环境部虽然在其部门规范性文件《碳排放权交易管理规则(试行)》第33条中禁止碳排放权内幕交易,也采用重大性和未公开性两大要素明确了何谓碳排放权交易的内幕信息,但是其在拟作为行政法规的《碳排放权交易管理暂行条例(草案修改稿)》中对此不作规定,即便该修改稿已在诸多方面引入了金融监管框架。

2021年外汇局印发《外汇市场交易行为规范指引》,其中第13条明确禁止市场参与者“利用所掌握的对价格有重大影响的非公开信息从事交易活动,或利用该信息建议其他人从事交易活动”。这一条文显然采用了与证券期货立法禁止内幕交易一样的规范结构,但是未采用内幕信

---

〔1〕 姜永义、陈学勇、王尚明:《〈关于办理利用未公开信息交易刑事案件适用法律若干问题的解释〉的理解与适用》,载《人民法院报》2020年4月30日,第5版。

〔2〕 刘凌云、王文君、温宇璇:《期货内幕交易和利用未公开信息交易的规制冲突——兼向〈期货和衍生品法(草案)〉建言》,载金杜律师事务所官网2022年4月19日,https://www.kwm.com/cn/zh/insights/latest-thinking/the-regulation-conflict-between-futures-insider-trading-and-trading-with-undisclosed-information.html。

息、内幕信息知情人及内幕交易的表述。

2. 内幕信息重大性认定标准之局限

一方面，即便是采用广义的内幕信息定义，将内幕信息以外的其他未公开信息也纳入，内幕交易规制向其他证券、期货和衍生品的拓展适用仍然面临内幕信息认定标准不一的问题：即到底是以影响交易“价格”还是以影响交易“活动”为风向标。2019 年《利用未公开信息交易司法解释》在明确何为内幕信息以外的其他未公开信息时，以“其他可能影响证券、期货交易活动的信息”为兜底，导致信息范围边界被无限扩大。同时，这似乎有意与《证券法》第 52 条、《内幕交易认定指引》第 7 ~ 9 条、《期货交易管理条例》第 81 条第 12 项及《期货和衍生品法》第 14 条以“价格”为风向标的兜底做法相区别。因此，广义上内幕信息的认定标准多元，导致范畴过于宽泛，在此基础上认定内幕信息和内幕交易并施以刑事制裁，容易破坏证券和期货市场的信息生态。

另一方面，内幕信息规范在重大性方面缺乏对多元金融产品和市场的差异化观照的认定标准。内幕信息是否会引起市场价格的波动以及在多大程度上波动，会受到金融产品特性、交易机制和流动性状况等因素的影响。因此，有必要针对不同的金融产品设置不同的阈值。德国证券交易所给出的参考阈值则是股票为 5%，其他固定收益类证券是 1.5%。[1] 对比《证券法》第 80 条和第 81 条可见，上市公司股票重大事项判定所用的财务指标要略高于上市交易的公司债券。第 80 条第 2 款第 2 项和第 5 项规定的是，重大投资和资产买卖超过公司资产总额 30%，公司营业用主要资产的抵押、质押、出售或报废一次超过该资产的 30%，以及公司发生重大亏损或重大损失。相比之下，第 81 条第 2 款第 5、6、7 项规定的是，公司新增借款或对外担保超过上年末净资产的 20%，公司放弃债权或财产超过上年末净资产的 10%，以及公司发生超过上年末净资产 10% 的重大损失。对于债权人保护的强调使后者在财

---

〔1〕 参见[英]理查德·亚历山大：《内幕交易与洗钱：欧盟的法律与实践》，范明志、孙芳龙等译，法律出版社 2011 年版，第 103、112 页。

务指标上更为严格。从执法实践来看,证监会对信息重大性的判断并不会偏执主观或客观标准,既会以股价波动情况、财务指标、人事变动等客观指标来判断,也会综合市场普遍认知、投资热点和偏好、上市公司生产经营基本面等主观因素进行判定。[1] 但是,这一差异化的认定思路是否应该上升到内幕信息一般规则方面,是否有必要按照"证券—期货""场内—场外""集中竞价—询价""权益类证券—固定收益类证券""现货—衍生品"等区分标准,针对不同金融产品设置不同的重大性参考阈值,仍有待思考。

3. 内幕信息类型化之局限

一方面,内幕信息的兜底认定缺乏灵活性和操作标准。一般而言,内幕信息规定在列举具体类型之后都会有一个兜底条款,比如《期货交易管理条例》第 81 条第 11 项规定的"国务院期货监督管理机构认定的对期货交易价格有显著影响的其他重要信息"。值得注意的是,2019 年《证券法》修改了内幕信息的兜底条款,删除了 2014 年《证券法》第 75 条第 8 项的"国务院证券监督管理机构认定的对证券交易价格有显著影响的其他重要信息",在关于上市公司股票和债券的重大事项规定中更加强调"国务院证券监督管理机构规定的其他事项"。从"认定"到"规定"的二字之差,意味着中国证监会不再具有事后认定内幕信息的自由裁量权,相关内幕信息的兜底认定都必须采用事先规定的形式。但是,这是否意味着对于《证券法》第 80 条和第 81 条规定之外的其他与发行人证券市场价格有关的重大未公开信息,都必须由中国证监会以规定形式予以明确呢?《期货交易管理条例》第 81 条第 11 项中的"认定"是否也应当改为"规定"? 2022 年《期货和衍生品法》第 14 条对此进行了肯定。由于该法条并未列举衍生品交易的内幕信息类型,这种兜底认定方式也使期货和衍生品监管部门(中国证监会)在出台相关规定之前无法实际规制衍生品内幕交易。同时,《证券法》第 80 条和第 81 条规定的都

[1] 参见宁荣:《内幕交易的多幅面孔——中国的监管标准与执法实践》,经济科学出版社 2019 年版,第 18 ~ 34 页。

是上市公司作为主体应该披露的事项,那么对于上市公司的股票和上市交易公司的债券外的其他金融产品,中国证监会如果对公司及其他主体获取或利用的相关信息有保护或披露规则的,是否属于上述兜底条款中的"规定"?中国证监会能否援引国务院、其他监管机构及自律性监管机构制定的信息保护或披露规定,比如前述2005年中国人民银行《资产支持证券信息披露规则》和2016年交易商协会《信用风险缓释工具试点规则》(2021年修订),来行使这一自由裁量权?如果其他法律或行政法规对于狭义内幕信息有保护性规定或披露要求,但是中国证监会未出台规定明确该信息为内幕信息,那么相关信息是否构成内幕信息,中国证监会以外的金融监管部门能否进行内幕交易的认定?由于大量的重要事项信息披露要求主要体现在沪深交易所的自律规范中,且一线监管中已频繁出现相关信息构成内幕信息,而因缺乏中国证监会规定作为执法依据无法进行违法行为认定的情形,[1]上述问题都亟待解决。

相比之下,2019年《利用未公开信息交易司法解释》第3条对于"违反规定"的解释,已经将不正当取用未公开信息的判断标准明确为"法律、行政法规、部门规章、全国性行业规范有关证券、期货未公开信息保护的规定"。概言之,利用未公开信息交易(广义的内幕交易)的刑事规制都可以援引"法律、行政法规、部门规章、全国性行业规范"等法律渊源,作为广义内幕信息的认定及其取用的正当性判断依据。但是,主要进行行政规制的证券和期货(衍生品)立法对于内幕信息的兜底认定,却长期坚持局限于相关行政监管机关(均为中国证监会)的规定,即部门规章和部门规范性文件,实属股票化规制思维之典型。

另一方面,内幕信息规定围绕公司应当披露的事项列举内幕信息类型,无形中限制了以价格为风向标的内幕信息范畴。比如,证券内幕信息规定缺乏对宏观经济金融政策、金融数据、金融基准、监管政策和决定等宏观信息的考量。为此,美国2012年已专门出台《禁止利用国会见闻

---

〔1〕 参见贺锐骁:《中国债券市场内幕交易法律规制研究》,华东政法大学2020年博士学位论文,第119页。

交易法》(Stop Trading on Congressional Knowledge Act, STOCK)。然而，我国《证券法》第40条并未禁止监管人员等交易债券及其他债权性质的证券。学界也多强调如何"以发行人偿债能力为中心展开"[1]对治违约潮，忽视了发行人信用风险以外的无风险利率和流动性溢价等因素。再如《证券法》第81条缺乏对破产重组过程中关键信息的观照，只提到了破产程序启动信息，未涉及破产重整过程中影响剩余索取权价值的其他非公开信息，而后者反而更为关键。诸多案件表明，破产重组是债券市场内幕交易的高发区，而交易主体多为债权人委员会成员。比如，2007年巴克莱银行内幕交易案，2012年华盛顿互助银行(WaMu)破产中对冲基金内幕交易案，2016年中国农业银行涉嫌中国铁物中期票据内幕交易案，2019年西班牙LBI和HPS破产重整计划内幕交易案。[2] 此外，研究表明，天然气、石油和煤炭等化石燃料的价格波动，GDP水平的变化，气温的波动以及国际金融危机的爆发等，都是碳排放权配额价格波动的重要因素。[3] 但是这些因素都很难纳入现有的内幕信息规定，甚至无法被相关规定所评价。

(四)对非集中竞价交易机制的忽视

金融交易主要采用一对一的协议交易和公开的集中交易方式，后者又主要包括集中竞价和做市商方式。我国的证券和期货内幕交易规范并未局限于采用场内公开集中竞价交易方式的金融产品和市场，其中2022年《期货和衍生品法》更是明确将以场外一对一协议交易方式为主的金融衍生品纳入内幕交易规制范畴。尽管如此，笔者在与学界同仁交

---

〔1〕 冯果等：《债券市场风险防范的法治逻辑》，法律出版社2016年版，第48页；洪艳蓉：《〈证券法(三审稿)〉债券规则评析》，载《中国法律评论》2019年第4期。

〔2〕 参见张子学：《浅析债券市场内幕交易的规制》，载《证券法苑》2012年第1期。See Peg Brickley, *Bondholders Accuse LBI, HPS of Insider Trading in Debt*, Wall Street Journal (Mar. 19, 2019), https://www.wsj.com/articles/bondholders-accuse-lbi-hps-of-insider-trading-in-debt-11553026256.

〔3〕 See Maydybura Alina & Andrew Brian, *A Study of the Determinants of Emissions Unit Allowance Price in the European Union Emissions Trading Scheme*, Australasian Accounting, Business and Finance Journal, Vol. 5:4, p. 123-142(2011).

流过程中还是常遇到这样一种认知,即内幕交易规制仅适用于公开集中竞价交易的金融市场。这是内幕交易规制股市经验——“主板公开发行逻辑”的集中投射,毕竟同为股票市场但以做市商交易方式为主的新三板也鲜有内幕交易规范和实践,内幕交易规制向债券市场的拓展也仅限于“上市交易”的公司债券。长期以来,我国实行期货品种上市审批制度,禁止在期货交易场所以外进行期货交易,即便是场内交易也主要是以公开的集中交易方式买卖标准化的期权和期货。《期货和衍生品法》第30条也规定,组织开展衍生品交易也必须经过监管部门审批。而衍生品被纳入内幕交易规制范畴,也是顺应场外标准化衍生品进场交易并强化透明度监管的国际趋势的结果。[1] 鉴于中国证监会同时是期货和衍生品市场最主要的监督管理机构和内幕交易规制主体,“股票化规制思维”随着内幕交易规制的拓展不断得到强化,也在诸多采用非集中竞价交易机制的市场面临诸多不适,包括“或披露或戒绝交易”规则的绝对化,以及对做市商等关键主体以及市场探询行为的忽视。

1.“或披露或戒绝交易”规则的绝对化

衍生于股票市场的“或披露或戒绝交易”规制方法,难以适用于非集中竞价交易市场。按照该规则的要求,公司内部人获悉重大未公开信息后面临两个选择,要么公开该信息然后进行证券交易,要么完全放弃从事任何交易。但是实践中绝大多数公司内部人都无权或不允许公开信息,因而只能选择戒绝交易。[2] 值得注意的是,或披露或戒绝交易规则的适用,以存在信义义务关系或类似的信任或保密关系为前

〔1〕 2008年金融危机爆发后,2009年二十国领导人声明(G20 Leaders Statement)特别提到:“完善场外衍生品市场。所有标准化的场外衍生品合约,如合适,都应在交易所或电子交易平台进行交易,并最迟在2012年底前通过中央对手方进行清算。场外衍生品交易协议应向交易登记机构报告。非集中清算的交易应受到更高的资本要求。我们请求金融稳定委员会及其相关成员定期评估执行情况,以及是否足以提高衍生品市场的透明度,减轻系统性风险,并防止市场滥用。”

〔2〕 See Donald C. Langevoort, *Insider Trading: Regulation, Enforcement, and Prevention*, Thomson/West, 2008, p. 2. 01.

提。[1] 但是,在 CDS 等信贷衍生品、碳排放权交易的场景下,信息来源与内幕交易者似乎并不存在这样的关系。期货市场内幕信息通常也并不来源于某个特定的公司,其在源头上就与证券市场不同。[2] 值得注意的是,在电子化集中交易的现代证券市场,该规则也应修正为"沉默且禁绝交易",即"信息应依法公开,公开前任何人都不得借此进行交易,所有知情人都只能保持沉默并等待信息的公开,除非其获得法定的豁免"[3]。

更重要的是,信息披露义务有程度上的差异,并不适合作为二分的分类标准。有些证券的信息披露义务更重,有些则更轻。很多非证券类的金融工具也要履行信息报告义务,即使这些资产类型在大部分人看来可能并不适宜适用内幕交易法。[4] 比如,债券市场交易员通常也会分享 CLOs 等结构化债券中底层信贷的重大未公开信息。这些信息是否构成 CLOs 相关的内幕信息难以确定,往往取决于结构化债券中底层信贷的集中度和违约风险。[5] 但能确定的是,底层信贷不适用证券信息披露规定,一概要求戒绝交易也不现实。再如,银行是主要的信贷提供方和债券市场机构投资者,能够获取债务人(发行人)的众多非公开信息。同时,它是 CDS 的主要买方,不可避免地比典型的 CDS 卖方——保险公司更能掌握债务人的关键信息。通过强化发行人(债务人)和债权人之间的信息披露来消除内幕交易规则与 CDS 的隔阂,可能弊大于利、

[1] See Stephen M. Bainbridge, *Insider Trading Law and Policy*, Foundation Press, 2014, p. 49 - 54. 参见曾洋:《证券内幕交易主体识别的理论基础及逻辑展开》,载《中国法学》2014 年第 2 期。

[2] 参见叶林、钟维、邹启钊:《期货市场内幕交易:理论基础与构成要件》,载曹越主编《期货及衍生品法律评论》(第 2 卷),法律出版社 2020 年版,第 68 ~ 69 页。

[3] 曾洋:《证券内幕交易主体识别的理论基础及逻辑展开》,载《中国法学》2014 年第 2 期。

[4] See Andrew Verstein, *Crypto Assets and Insider Trading Law's Domain*, Iowa Law Review, Vol. 105:1, p. 51(2019).

[5] See Bradley J. Bondi & Steven D. Lofchie, *The Law of Insider Trading: Legal Theories, Common Defenses, and Best Practices for Ensuring Compliance*, New York University Journal of Law & Business, Vol. 8:1, p. 165(2011).

制度成本过高。[1]

2022年《期货和衍生品法》无法列举衍生品交易的内幕信息，可以说是“股票化规制思维”——“或披露或戒绝交易”规则在非集中竞价交易机制的金融市场走到了尽头。该法第6条和第13条明确禁止衍生品内幕交易，其第14条既有衍生品交易内幕信息的一般性定义，也列举了期货交易的内幕信息类型和兜底认定方式。尽管其中列举的期货内幕信息类型，如政策信息、交易场所和结算机构的决定、交易信息和重大异常交易等信息，在衍生品市场也会影响交易价格，但是该法第14条却未列举衍生品内幕信息的类型，也未授权监管机构作进一步的明确。其间，该法第36条还规定“应当建立衍生品交易报告库，对衍生品交易标的、规模、对手方等信息进行集中收集、保存、分析和管理，并按照规定及时向市场披露有关信息”，但义务主体是“国务院授权的部门、国务院期货监督管理机构”，并非该法第27条、第72条和第87条规定的报告义务主体：期货交易所会员、交易者和(或)期货经营机构。这就意味着衍生品内幕信息的认定只能根据该法第38条之规定，通过国务院出台行政法规的方式进行。在证券和期货内幕信息的兜底认定都只能通过监管部门事前规定方式进行时，这一立法留白足以让衍生品内幕交易规范成为空文。这一立法留白的主要影响因素可能还是第二章第三节所提到的被拔高的差异，即产品属性、市场功能、交易机制、投资者的机构性、公开信息披露制度的可适用性等。

2. 对做市商等关键主体的忽视

由于对于非集中竞价交易机制的忽视，内幕交易规制对做市商等关键交易主体缺乏关注。做市商低买高卖，兼具权利和义务属性，是满足买方对中介服务和交易可预期性需求以及提供流动性的主力。为使定价更有效，市场不仅需要新闻和研究报告等公共信息，还需要能影响市场主体投入资本提供市场流动性意向和能力的有关非公开信息，尤其在

---

〔1〕 See Yesha Yadav, *Insider Trading in Derivatives Markets*, Georgetown Law Journal, Vol. 103:2, p. 427 – 428(2015).

市场对流动性看法不一时。因此,低买高卖的做市商和授权对手方掌握订单意愿等大量影响交易价格的非公开信息在所难免,不可能粗暴地适用"或披露或戒绝交易"规则。因此,美国《1934 年证券交易法》未禁绝做市商自营交易,欧盟《反市场滥用条例》和英国金融市场行为监管局《市场行为守则》(Code of Market Conduct)都认可掌握非公开信息的做市商做市行为和获得授权的对手方清算行为的正当性。做市商做市行为和中央对手方的清算必然涉及非公开信息的掌握,本身往往不构成对内幕信息的利用。[1]

我国内幕交易规范未正面明确掌握非公开信息但负有做市义务的做市商和中央对手方等特殊主体的合法地位,也未对其掌握和利用重大非公开信息进行交易的行为进行豁免。法律规范层面,《期货和衍生品法》《期货交易管理条例》《证券法》第 76 条根本就没留豁免口子,而《内幕交易司法解释》第 4 条的"交易具有其他正当理由",《内幕交易认定指引》(已失效)第五章"经中国证监会许可的其他市场操作",均未得到明确适用。至于中央对手方,2004 年上海期货交易所用中央对手方制度化解了当时的橡胶期货风险,苦于无上位法依据,引发社会质疑。2012 年《期货交易管理条例》在修订时虽然提到了中央对手方,却是在修改说明中,而非条例的正文。[2] 2022 年《期货和衍生品法》第 93 条首次在法律层面明确了中央对手方的合法地位,但尚未体现在内幕交易的豁免规定中。市场实践层面,银行间债券市场成立 20 多年来,直到 2019 年 8 月才迎来首个中央对手方——上海清算所,相关规则尚未关注到内幕交易问题。而做市商制度虽已确立 18 年有余,截至 2021 年 3 月 31

[1] 参见欧盟《反市场滥用条例》序言第 29 ~ 30 段、第 9 条第 2 款第(a)项;英国金融市场行为监管局《市场行为守则》第 1 条第 3 款第 7 项。

[2] 参见姜洋:《至关重要的三个关键表述:读〈期货和衍生品法〉的思考》,载《清华金融评论》2022 年第 5 期。

日已有各类做市机构 83 家，[1] 但判断标准缺失且做市功能不彰，[2] 便使得外界不加区分指责债券市场充斥内幕交易。有学者在研究个股期权违法行为监管时，将深入研究做市商监管作为特别关注的问题之一。[3] 就与做市商类似、在上市开放式基金交易中履行单边持续报价义务的主交易商而言，虽然 2004 年《深圳交易所上市开放式基金主交易商业务指引》（已失效）禁止其进行内幕交易，2007 年也有学者关注其内幕交易的高发风险并提出了立法建议，[4] 但所指向的似乎都不是上市开放式基金的内幕交易。而执法层面，对于同样流动性不足的新三板做市商，中国证监会首开两张市场操纵罚单，引发不少质疑。[5] 如何区分做市行为与市场操纵行为乃至更为微妙的内幕交易，亟待解决。

3. 对市场探询行为的忽视

市场探询也称为询价，是以挖掘和撮合市场意愿和交易机会为目的的沟通行为。它时间跨度长，具有股市集中竞价模式无法比拟的优势，尤其是在市场剧烈波动、信心不足和基准匮乏时。询价本身不应被视为市场滥用，却容易“藏污纳垢”。如果相关金融产品已在市场流通或存在相关衍生品市场，市场探询行为很可能涉及向潜在投资者披露相关内幕信息。因此，2014 年欧盟《反市场滥用条例》率先引入市场探询概念，对其中所有信息沟通施以严格的记录和妥善保管义务，而非简单地适用“或披露或戒绝交易”规则。[6]

外汇交易市场相关规范虽然重视非集中竞价交易模式中的信息治理，但囿于其效力层级较低，难以触发行政层面和刑事层面的规制，无法

---

〔1〕 参见中国银行间市场交易商协会：《银行间债券市场现券做市商名单》，载中国银行间市场交易商协会官网，https://www.nafmii.org.cn/hyfw/hyflmd/zssmd/。

〔2〕 参见吴蕾、苏畅：《银行间债券市场做市商价格发现能力研究》，载《证券市场导报》2017 第 3 期。

〔3〕 参见俞峰、卢勇、黄江东等：《境外个股期权违法行为监管研究》，2015 年证券投资咨询机构“创新与发展”论坛论文，第 1101 页。

〔4〕 参见井涛：《内幕交易规制论》，北京大学出版社 2007 年版，第 84～85 页。

〔5〕 参见中国证监会行政处罚决定书〔2017〕100 号、〔2018〕51 号；萧鑫：《证券做市交易与市场操纵的界分》，载《比较法研究》2019 年第 1 期。

〔6〕 参见欧盟《反市场滥用条例》序言第 32～34 段，第 11 条。

有效震慑和防范外汇市场内幕交易等违规行为。比如,2019 年 12 月中国外汇交易中心发布的《银行间人民币外汇市场交易规则》第22 条和第23 条就规定了交易员使用的通讯工具、通讯信息留痕以及沟通记录的保存义务。2021 年 11 月外汇局印发的《外汇市场交易行为规范指引》更是专设第三章信息管理,其中第 19 条要求市场参与者建立敏感信息识别和保护机制,第 20 条要求外汇市场交易信息交流方式应当可追溯、可审核、有记录、有访问控制,以及第 21 条更是在区分交易信息记录和交流信息记录(包括口头记录)的基础上施加了不同期限的保存期限。然而,根据《银行间人民币外汇市场交易规则》第 71 条和《外汇市场交易行为规范指引》第 5 章的规定,违反上述信息治理之规定引发的主要是外汇交易中心的自律性规范措施、国家外汇管理局对相关银行外汇业务合规与审慎经营评估的负面评价,以及《外汇管理条例》第 47 条第 5 项"违反外汇市场交易管理"触发的"责令限期改正,没收违法所得,并处 20 万元以上 100 万元以下的罚款;情节严重或者逾期不改正的,由外汇管理机关责令停止经营相关业务"。由于法律层面并未授权外汇管理机关对内幕信息作兜底性的认定,违反上述信息治理规范也很难适用传统的证券期货内幕交易行政责任。同时,《刑法》关于外汇方面的罪名主要是逃汇罪,第 180 条内幕交易罪针对的金融产品也仅限于证券和期货,外汇内幕交易很难适用刑事规制。

与此同时,对银行间市场无行政监管权的中国证监会,如何应对有关询价中涉及内幕信息传递的零散规定,成为难题。比如,我国证监会《公司债券发行与交易管理办法》虽确立询价制为公司债券市场化定价方式之一,规定"不得披露除债券募集说明书等信息以外的发行人其他信息",但询价过程相关资料的保管义务主体只限于承销机构,不涉其他主体,内容上也只限相关资料,不涉承销机构与市场主体和投资者之间的信息沟通内容。其他碎片化规定中,2011 年国务院《企业债券管理条例》无涉非公开信息的泄露和利用问题;2005 年中国人民银行《全国银行间债券市场金融债券发行管理办法》直接一刀切地禁止"承销人和托管机构”泄露非公开信息,主体上不包括商业银行和企业集团财务公司等金融债券发行人,内容上也未明确非公开信息的范围;2014年《全国银行间债券市场债券预发行业务管理办法》仅是简单禁止“投资者”以任何手段操纵价格或进行利益输送,难免沦为具文。即便是国家发改委2019年底实施的《企业债券簿记建档发行业务指引》及《企业债券招标发行业务指引》,也未触及询价中如何处理内幕信息(尤其是无须披露但对债券价格影响重大的信息)的问题,而诉诸业务隔离等内控制度。[1]

(五)差异化法律责任设置不甚合理

如前所述,立法的路径依赖使内幕交易制度的拓展往往只是在具体条文中调整具体措辞,比如将《刑法》第180条的“证券交易”改为“证券、期货交易”,将《证券法》第52条的“公司”改为“发行人”,缺乏针对相关领域特殊性的差异化法律责任设计。本书虽然主张对全金融市场的内幕交易予以规制,但并不主张施加整齐划一的认定标准、处罚标准和措施,因为它们的社会危害程度可能是不同的。

然而,为内幕交易设置差异化的法律责任是一项复杂的系统工程,在形式和实质上的规制一致性方面依然不尽如人意。

第一,刑事立案追诉标准在内幕交易罪和利用未公开信息交易罪、证券和期货之间的差异化设置不甚合理。利用未公开信息交易罪的入罪数额是内幕交易罪的2倍。起初,2010年最高人民法院和最高人民检察院在《关于公安机关管辖的刑事案件立案追诉标准的规定》(已失效)对内幕交易罪和利用未公开信息交易罪规定了一样的追诉标准:(1)证券交易成交额累计在50万元以上的;(2)期货交易占用保证金数额累计在30万元以上的;[2](3)获利或者避免损失数额累计在15万元

[1] 王怀勇、钟文财:《统一化与差异化:债券市场内幕交易规制的困境与法制进路》,载《证券市场导报》2020年第12期。

[2] 有学者认为这一数额标准设置明显过低,几乎不能适应期货市场的交易实际。参见谢杰:《期货市场内幕交易的法律规制》,载《财经法学》2019年第5期。

以上的;(4)多次进行内幕交易、泄露内幕信息的;(5)其他情节严重的情形。随后,2019 年《利用未公开信息交易司法解释》和 2022 年《关于公安机关管辖的刑事案件立案追诉标准的规定(二)》打破了这种形式上的一致性。首先,这两项规定将利用未公开信息交易罪的入罪数额(如获利或避损数额在 100 万元以上)设置为内幕交易罪入罪数额的 2 倍。其次,在设置一般性入罪门槛时,前者第 5 条、第 6 条和后者第 131 条不再针对证券和期货交易设置不同的入罪数额,却对低于入罪数额、存在加重情节仍应追诉的适用条件进行了区分,即证券交易成交额在 500 万元以上,或者期货交易占用保证金数额在 100 万元以上。相比之下,后者第 130 条明确规定内幕交易数额低于入罪数额、存在特殊情形而仍应追诉的相应前提,是证券交易成交额在 100 万元以上,或者期货交易占用保证金数额在 50 万元以上。再者,在加重情节设置方面,后者第 130 条明确规定,交易数额上只有入罪起点的一半,但内幕交易主体是证券法规定的证券交易内幕信息的知情人的,仍应被追诉。但是期货法律法规规定的期货交易内幕信息的知情人却不在其列,也不在后者第 131 条列举的加重情节中,即便《期货交易管理条例》第 81 条和《期货和衍生品法》第 15 条均有内幕信息知情人员的相关规定。最后,在"情节严重"和"情节特别严重"认定方面,2019 年《利用未公开信息交易司法解释》采纳的入罪数额也是 2012 年《内幕交易司法解释》相关数额的 2 倍。换言之,同样是广义的利用重大未公开信息进行交易,金融机构从业人员、有关监管部门和行业协会的工作人员等特殊主体的入罪门槛却明显较高。相关追诉标准的差异化设置亟待反思或进一步解释,尤其是考虑到《期货交易管理条例》第 69 条和《期货和衍生品法》第 126 条均规定国务院期货监督管理机构、国务院授权的部门、期货交易场所、期货结算机构的工作人员从事内幕交易的,从重处罚。

第二,证券内幕交易与期货内幕交易在定罪量刑标准上只有在"期货交易占用保证金"层面体现出了差异性,这反映出司法解释延续了过去内幕交易规制向期货领域拓展的认知局限,即认为证券交易与期货交易机制在本质上并无不同,能够归纳出的重大差异性特征只有期货交易保证金机制。但是,是否采用保证金制度并不适合用作期货和现货交易的区分标准。保证金制度是民商事中非常普遍的交易方式,以之作为期现货交易区分标准而整顿禁止现货交易平台禁止保证金交易方式,似乎有悖商业惯例和逻辑,缺乏正当性基础。[1] 而就避损金额而言,利用未公开的重大负面信贷信息抛售债券或购买信用风险缓释工具,避损数额很容易超过100万元。该情形的危害程度可否与类似的股票交易一同视为"情节特别严重",存有疑问。

第三,从行政制裁力度来看,股票(证券)内幕交易的法律责任明显要重于期货内幕交易。根据《证券法》第191条之规定,从事证券内幕交易的,"责令依法处理非法持有的证券,没收违法所得,并处以违法所得1倍以上10倍以下的罚款;没有违法所得或者违法所得不足50万元的,处以50万元以上500万元以下的罚款。单位从事内幕交易的,还应当对直接负责的主管人员和其他直接责任人员给予警告,并处以20万元以上200万元以下的罚款。国务院证券监督管理机构工作人员从事内幕交易的,从重处罚"。《期货交易管理条例》第69条规定的期货内幕交易责任包括"没收违法所得,并处违法所得1倍以上5倍以下的罚款;没有违法所得或者违法所得不满10万元的,处10万元以上50万元以下的罚款。单位从事内幕交易的,还应当对直接负责的主管人员和其他直接责任人员给予警告,并处3万元以上30万元以下的罚款"。2022年《期货和衍生品法》第126条加大了处罚力度,将期货和衍生品内幕交易的罚款计算方式调整为与《证券法》第191条保持一致:"处以违法所得1倍以上10倍以下的罚款;没有违法所得或者违法所得不足50万元的,处以50万元以上500万元以下的罚款。单位从事内幕交易的,还应当对直接负责的主管人员和其他直接责任人员给予警告,并处以20万元以上200万元以下的罚款。"但是,由于各期货交易所要求的保证金与

〔1〕 参见吴越:《现货与期货交易的界分标准与法律规制》,载《中国法学》2020年第2期。

合约价值的比例不尽相同,比如沪深 300 指数期货的保证金水平为 12%,而中金所的 IF 和 IC 等合约的保证金率是 40%(投机)/20%(套保)。因此,同样金额的保证金所能撬动的合约价值可能相差比较大,30 万元保证金所能撬动的期货合约价值可能会数倍于 50 万元这一证券内幕交易追诉标准。相比之下,期货内幕交易的罚金可能会缺乏震慑性,尤其是考虑到期货内幕交易对系统性金融风险的影响可能要大于证券内幕交易。

第四,在《刑法》第 180 条刑事责任无法当然适用于期货以外的衍生品的情况下,2022 年《期货和衍生品法》第 126 条对期货和衍生品内幕交易规定统一的行政责任,可能也失之偏颇。与该法第 22 条规定期货交易实行保证金制度不同,该法并未就未中央清算衍生品交易规定强制保证金要求,其第 34 条使用了更宽泛的履约保障概念,具体形式也只列举了质押。这有异于 2015 年巴塞尔银行监管委员会和国际证监会组织(IOSCO)联合发布的《未中央清算衍生品保证金要求》(Margin requirements for non-centrally cleared derivatives),也有异于美国、欧盟和日本等法域的立法趋向。[1] 对于场外一对一协议交易、非标准化的金融衍生品而言,其内幕交易对金融管理秩序和系统性金融风险的影响不尽相同,其危害性可能要大于期货内幕交易。

而就证券而言,股票等权益类证券和债券等固定收益类证券适用同一成交额、获利或避损金额标准也不甚合理。固定收益类的证券交易往往具有大额微利的特征,同样金额的交易在性质恶劣程度和危害性方面往往不能与股票交易相提并论。以 2018 年首例场内国债价格操纵案为例,当事人频繁互为对手方交易对倒 117 次,每只国债日均融资额超百万元,才节约利息支出 12.63 万元。从其他法域的案例看亦是如此,如 2009 年英国首例债券内幕交易案中的交易金额 6500 万英镑,而交易对

---

〔1〕 叶林主编:《中华人民共和国期货和衍生品法理解与适用》,中国法制出版社 2022 年版,第 108～110 页。

手自称蒙受了66000英镑的损失。[1]

除证券、期货和衍生品,其他金融产品的内幕交易规制往往面临刑事行政责任的阙如与自律监管措施的混乱。以碳排放权为例,《刑法》第180条仅适用于证券和期货内幕交易,是否应当乃至如何对碳排放权内幕交易施以刑事制裁,成为碳排放权内幕交易规制亟待解决的问题。在行政责任方面,当前碳排放权市场最主要的法律规范均未规定碳排放权内幕交易的法律责任,尽管《碳排放权交易管理规则(试行)》第33条明确禁止该行为。《碳排放权交易管理办法(试行)》第七章罚则针对的是生态环境主管部门、全国碳排放权注册登记及交易机构工作人员的滥用职权、玩忽职守和徇私舞弊等不当行为,重点排放单位违反温室气体排放报告义务和未足额清缴配额的行为。即便是全国碳排放权注册登记及交易机构工作人员的利用职务便利从事内幕交易谋取不正当利益的,根据该办法第38条的规定也只是“由生态环境部依法予以处分,并向社会公开处理结果”。而《碳排放权交易管理暂行条例(草案修改稿)》并未提及内幕交易却在第27条规定了操纵市场的行政责任。在自律监管方面,各试点碳交易所对内幕交易的处罚规定不尽相同。在前文提及的广州碳排放权交易所(以下简称广碳所)相关规定中,相关内幕交易的处罚措施包括责令改正、谈话提醒、书面警示、通报批评、限制交易、中止或终止交易及其他相关业务资质或会员资格等处罚措施,以及记入不良信用记录并公布。相比2014年《重庆联合产权交易所碳排放交易细则(试行)》第53条,广碳所的相关规定的处理措施多了信用惩戒和资格处罚,少了要求提交书面承诺和冻结相关交易账户或资金账户措施。然而,《深圳排放权交易所有限公司碳排放权现货交易规则(2022年第三次修订)》第58条规定的措施中有要求提交书面承诺和上报主管部门措施,却没有资格处罚措施。同样是信用惩戒,2023年《重庆市碳排放权交易管理办法(试行)》只在第32条规定适用于重点排放

---

〔1〕 Financial Services Authority, *Final Noticet To Darren Morton*, FSA (Oct. 6, 2009), https://www.fca.org.uk/publication/final-notices/morton.pdf.

单位碳排放配额清缴相关的违法违规行为,依广碳所的规定可由广碳所直接适用于内幕交易规制。而依深圳碳排放交易所的规定,只有当内幕交易违反《深圳市碳排放权交易管理办法》相关规定被行政处罚时才可以适用信用惩戒,但是该办法并无内幕交易规范。

综上所述,我国内幕交易规制向股市外拓展将面临行为定性难、多元价值不清、"股票化思维"规范难以适用等三重问题。首先,信息不对称下的交易伦理难以把握,股市之外知情交易的道德可非难性不清,难以定性相应的内幕交易。其次,内幕交易规制被赋予反欺诈、市场诚信、投资者保护、效率等诸多价值期待,如何予以锚定或厘清其序列成为难题。理论的纷争、现实中的虚化导致规制逻辑混用。最后,衍生于股票市场的具体规范在扩大适用过程中也面临诸多法教义学的局限,包括其适用范围有限,归责原则和内幕信息规定的混乱与不适应,对非集中竞价交易机制的忽视,缺乏差异化的认定标准和处罚标准。总体来看,内幕交易规制向股市外拓展面临的困境是多维度、系统性的,亟须整体性的制度改革。下一章将予以探讨。

第五章　股市内外:内幕交易规制拓展的公平竞争进路

如前所述,衍生于股票市场的内幕交易规制,在理论和实践层面已经或正在拓展到债券、期权、期货、信用风险缓释工具、差价合约和点差交易等金融衍生品、外汇、碳排放权、比特币等加密资产、超越金融产品之分的高频交易乃至金融属性较强的房地产领域。其间,股票化规制思维和制度烙印被反复批判,规制一致性的诉求被不断重申。然而,国内外的理论研究和制度建言存在不同程度的视野局限,要么着眼于某个具体的金融产品和市场,要么立足于证券法、公司法、刑法、消费者保护法等某个部门法。换言之,股市外内幕交易规制已是一个超越"场内—场外""现货—衍生品""证券—期货"等二分思维的命题,它充分揭示了我国内幕交易规范体系的结构性缺陷。这些缺陷也必将随着金融创新和市场发展不断地暴露和被批判,呼吁整体性的制度重构。

内幕交易规制的研究焦点不在于是否应当予以规制,"而在于法律应该基于何种目的以及何种方式加以规范的问题"[1]。鉴于金融市场内幕交易的不正当竞争本质,以及公平竞争在反欺诈和市场诚信之间的

---

〔1〕 武永生:《证券市场内线交易之研究》,台湾政治大学1991年博士学位论文,第80页。转引自胡光志:《内幕交易及其法律控制研究》,法律出版社2002年版,第146页。

桥梁功能,本书提出了内幕交易规制向股市外拓展的公平竞争进路。从股市内外这一宏观视角来看,这一进路似乎更契合内幕交易的行为本质,更契合中国现实,更符合制度重心从内幕信息中心论转向信息公平取用标准客观化的发展趋势,更能引领内幕交易规制在股市内外的统一化和差异化。

需要注意的是,公平竞争进路的功能主要是理念性的,而不是技术性地引进竞争法的规制手段,因为公平竞争的价值目标并不由竞争法专属,内幕交易规制也需要多个法律部门的共同努力。理论研究和规制实践会形成股市内外的"双城记",问题主要在于内幕交易规制的传统理念和固有认知。因此,引入公平竞争改革方案,目的不在于将内幕交易纳入既有的具体垄断或不正当竞争行为类型,而在于引入新的理念,统一归责原则,捍卫规制的正当性基础,以及触发思维变革,进而将理论研究和制度设计置于更广阔的背景之下。

一、内幕交易的再理解:一种不正当竞争行为

竞争是市场信息的发现机制,而价格是市场信息的集中体现,未能尽到披露义务会导致信息不对称。因此,金融市场监管与竞争法之间有着直接的联系。价格和获利这两个信号可以反映市场供需两方的实力状况,以及买卖双方为了私利而展开的竞争,进而产生监管无以实现的市场优化效果。[1] 国际证监会组织(IOSCO)也视竞争为强大的正向激励工具,尤其是在当前市场参与者可以24小时无间断地参与全球诸多互相竞争的市场和国际金融市场。[2] 正如哈佛经济学教授亨德里克·霍萨克(Hendrik Houthakker)所言,在金融市场这个"深坑"中,成百上千的交易者积极地投入市场价格的确定过程中,这难道不是完全竞争的缩

---

〔1〕 See Paul Latimaer & Philipp Maume, *Promoting Information in The Marketplace for Financial Services*, Springer International Publishing, 2015, p. 69.

〔2〕 See IOSCO, *Model for Effective Regulation*, *Report of The SRO Consultative Committee of IOSCO*, May 2000, p. 5.

影？[1]既然如此，金融市场的塑造也应该引入竞争和竞争法的力量。竞争法追求行业效率和公共利益，而竞争是实现这些目的的手段。无论是零售投资者还是机构投资者，抑或整个社会，都能受益于更加知情的投资活动和更加诚实公正的交易。设立一个统一的交易标准，强调诚实和正直，鼓励提高专业能力和知识，显然要比允许市场主体通过内幕交易反复博弈更能促进社会公共利益。因此，按照公平竞争法则，人们在市场活动中有公平竞争的条件和环境，任何一方当事人不得滥用权利、滥用优势从事市场活动。金融市场中投资者之间同样存在竞争，而这种竞争同样要求有公平的环境和条件，同样不允许滥用权力和优势地位。质言之，在股市内外，内幕交易都是一种不正当获得和滥用信息优势的反竞争行为。

（一）股票内幕交易的不正当竞争本质[2]

内幕交易本质上是“不公平地利用信息优势，先市场而动的证券交易行为”[3]。在股票内幕交易情形下，传统公司内部人享有获得内幕信息的优越条件、拥有普通投资者没有的信息。在内幕信息的敏感期，信息处于封闭状态，其价值会因为禁止泄露而大大增加。信息封闭的结果并非削弱而是强化了信息不对称。因此，从市场竞争法则的角度看，公司内部人如果利用这种条件和优势进行交易，无疑是典型的不正当竞争。[4] 比如，美国《1934 年证券交易法》第 16 条第（b）款就明确该条文旨在“防止这些公司的所有人、董事和官员不公平地利用他们与该公司的关系而得到的信息”。内幕交易罪在“对信息的垄断和不公平利用”，而非投机营利，因此，内幕交易法的目的是要“禁止对信息的不公平占有

---

〔1〕 See Hendrik Houthakker, *The Regulation of Financial and Other Futures Markets*, Journal of Finance, Vol. 37:2, p. 481(1982).

〔2〕 需要说明的是，出于行文之便利和严谨，本书在该节中将正文论述内容未涉及非股票金融产品和市场、但使用（证券）内幕交易概念，以及正文论述内容涉及非股票金融产品，但落脚于以股票为主的证券市场的相关论述归于此类。

〔3〕 吴志攀：《金融法概论》，北京大学出版社 2011 年版，第 347 页。

〔4〕 参见胡光志：《内幕交易及其法律控制研究》，法律出版社 2002 年版，第 48～53 页。

和利用",而非禁止董事、监事和经理买卖公司股票营利。[1]"无论是现行的非法形式还是作为合法的市场机制,内幕交易都会破坏竞争,危害自由市场的有效性和合适性……正是因为这个原因,内幕交易是不道德的。"[2]"内幕交易人滥用其不公平的信息优势,与广大投资者展开不正当的竞争"[3],应当界定为间接损害全体投资者整体利益的不正当证券交易行为。内幕交易是"滥用内幕信息优势及其经济价值""严重侵害资本市场信息竞争机制的行为",其违法所得就是"滥用内幕信息经济价值的犯罪化实现"[4]。与之类似,斯蒂芬·班布里奇教授也指出:"掌握信息多的一方与另一方交易也是不公平的,传统内部人具有绝对的信息获取优势,但这有违公平竞争的市场观念。""内幕交易损害了反向交易者的利益。"[5]新近,我国学者在确定证券内幕交易规制范围时也指出,"禁止内幕交易的道义标准总体上是行为违反基于重大信息公开的'平等竞争',而这种违反分'利益冲突型'和'不正当获取型'两种"[6]。

从过去衍生出的信义义务、盗用理论和信息平等获取理论等归责原则来看,股票内幕交易的不公平竞争性质主要体现在三个方面:第一,内幕人员利用了本不属于自己的内幕信息。第二,内幕交易以不当利用职务或工作便利为条件。第三,内幕交易实质上剥夺了投资者平等获取信息的机会。其中,信息平等获取理论是内幕交易违反公平竞争的最好说明。该理论认为,惩罚内幕交易的依据有两条:允许一方直接或间接地获取专为公司利益而不是私人利益的公司信息,是由于存在一种法律关系;允许一方明知交易对方不享有该类信息而利用其享有的信息优势,

---

〔1〕 参见朱锦清:《证券法学》(第3版),北京大学出版社2011年版,第202~203页。

〔2〕 Patricia H. Werhane, *The Ethics of Insider Trading*, Journal of Business Ethics, Vol. 11, p. 841(1989).

〔3〕 曹理:《证券内幕交易构成要件比较研究》,法律出版社2016年版,第400页。

〔4〕 刘宪权:《内幕交易违法所得司法判断规则研究》,载《中国法学》2015年第6期。

〔5〕 Stephen M. Bainbridge, *The Insider Trading Prohibition: A Legal and Economic Enigma*, University of Florida Law Review, Vol. 38:1, p. 55-62(1986).

〔6〕 李激汉:《证券内幕交易规制范围确定的内在逻辑》,载《北方法学》2022年第4期。

将构成内在的不可克服的不公正。[1] 虽然这些归责原则有些可能已经过时,具有很多的局限,但是,它们都反映了人类社会对内幕交易的否定性评价,只是体现这种评价的方法和角度有所不同而已。[2]

(二)股市外内幕交易的不正当竞争本质

在股票市场之外,内幕交易的不正当竞争本质也非常明显。将所有交易场所的金融工具纳入规制范畴的欧盟《反市场滥用条例》认为,内幕交易的核心在于"因获取内幕信息而具有的不公平优势,有损不知情第三方,且有损金融市场诚信和投资者信心"[3]。它有违投资公众对按照相同规则同等竞争的诚实、公允市场的合理期待。[4] 而美国的内幕交易法也已经由司法判例塑造为宽泛地禁止利用私密信息获取渠道不公平地谋利。[5] 欧盟2014年修订《反市场滥用条例》正是为了"与时俱进,打击金融市场、期货市场和相关衍生品市场中的市场滥用行为"[6]。也有学者指出,期货内幕交易行为的危害结果就在于信息强势方利用信息优势损害信息劣势方而获益,导致了不公平竞争和非诚实信用。[7] 一个有效的金融衍生产品市场,其作用的发挥建立在自由竞争的基础上,而金融衍生内幕交易是对自由竞争规则的破坏。[8]

除回应前述道德性困境外,这一定性的好处在于它能够充分揭示内幕交易的行为本质,并且有利于对诸多归责原则进行合理定位,进而实

---

〔1〕 参见胡荣国:《美国司法中的内幕交易归责理论》,载《武汉大学学报(哲学社会科学版)》1998年第3期。

〔2〕 参见胡光志:《内幕交易及其法律控制研究》,法律出版社2002年版,第50~54页。

〔3〕 欧盟《反市场滥用条例》序言第23段。

〔4〕 See H. R. Rep. No. 98-355, 98th Cong., 1st Sess. 5 (1983).

〔5〕 See Peter J. Henning, *Making up Insider Trading Law as You Go*, Washington University Journal of Law & Policy, Vol. 56:1, p. 102(2018).

〔6〕 Publications Office of the European Union, *Preventing Market Abuse in Financial Markets, Summary of Regulation (EU) No 596/2014 on Market Abuse*, EU(02. 12. 2021), https://eur-lex.europa.eu/legal-content/EN/TXT/HTML/? uri = LEGISSUM:240404_2&from = EN.

〔7〕 参见李靓:《期货内幕交易罪立法之国际比较》,载《财经理论与实践》2005年第6期,第120~122页。

〔8〕 参见巫文勇:《金融衍生产品交易侵权民事法律责任研究》,载《甘肃政法学院学报》2012年第1期。

现全市场内幕交易的有效规制。股市内外,内幕交易的本质都是投资者希望通过不正当地获取和滥用信息优势实现经济收益的最大化。在这一目的的驱使下,信息优势的获取方式、变现方式、交易场所等因素都只具有工具属性。无论是利用职务之便还是单纯的信息窃取,无论交易的金融产品是股票、期权、期货、衍生品、碳排放权还是比特币,无论交易的场所是场内还是场外,无论交易结果是正向的盈利还是损失的避免,无论自行交易还是泄密型交易,内幕交易者的终极目标,都是以不正当方式尽可能地获得信息优势,并将该优势的经济效益最大化。换言之,内幕交易者的视野开阔且思维活跃,内幕交易规制如果执着于某一(些)归责原则、金融产品、交易场所或交易方式,只会制造监管套利的空间。

(三)内幕交易的话语重述

如果把内幕交易理解为不正当地获取和滥用信息优势进行交易的不正当竞争行为,那么所有市场交易都存在内幕交易的可能,内幕交易不局限于证券和期货领域,甚至不限于金融产品和市场,其规制职权当然并非专属于证监会。但是,“内幕信息—内幕信息以外的未公开信息”“内幕交易—利用未公开信息交易”等区分在法律规范、规制实践和理论研究中不断强化。问题在于,内幕交易这个概念,何以既能突破“股市”,吸收利用非公开信息交易的内涵,将所有的金融产品和市场囊括在内,却又恰好止步与此,而不拓展至金融产品和市场之外呢?金融产品和市场之间的等价性与关联性、系统性金融风险防范等抽象的金融立法目标,也许能够作为理由,但依然缺乏解释力,因为这两点也是跨市场操纵的经济机理和规制基础。[1]

“当抽象一般概念及逻辑体系不足以掌握某生活现象或意义脉络的多样表现形态时,通常会想到的补助思考形态是类型。”[2]对于上述极具探索性的命题,马克思·韦伯用以解决概念唯实论与唯名论这个老问

---

〔1〕 参见谢杰:《跨市场操纵的经济机理与法律规制》,载《证券市场导报》2015 年第 12 期。

〔2〕 [德]卡尔·拉伦茨:《法学方法论》,陈爱娥译,商务印书馆 2003 年版,第 17 页。

题的方法——“理想类型”[1],也许是个不错的出路。当前的问题不在于内幕交易这一概念是否如其他相邻概念那么“真实”和具体,也不在于对内幕交易概念进行严格定义。紧迫的任务在于确定当前问题所适用的概念与相邻概念之间的共性及特殊性程度,并对相关具体实践进行持续的动态取舍。如此一来,便赋予了这些概念“发展的维度”[2],比如,内幕交易“不当取用信息优势”的反竞争维度,市场操纵“不正当控制资产配置决策”[3]的不当控制维度,虚假陈述“虚构事实、隐瞒真相”的欺诈维度。

因此,基于股市内外之观察,提取内幕交易“不当取用信息优势”维度,将其定性为一种不正当竞争行为并限定在金融产品和市场领域,仅仅是将其作为一种“理想类型”。这能为股市内外的内幕交易规制统一化奠定话语基础,并不妨碍对内幕交易的其他维度理解。在金融立法表达中尽量避免使用内幕交易、内幕交易者和内幕信息等在重大未公开信息之上层层嵌套的概念,同时避免将内幕交易规制与强制性信息披露制度挂钩的情况,尽量揭示其不当取用信息优势的反竞争维度以及使用非公开信息的概念。具体而言,至少立法中应尽可能采用 2021 年外汇局印发的《外汇市场交易行为规范指引》第 13 条的表达方式,禁止“不正当地获取和利用对价格有重大影响的非公开信息从事交易活动,或利用该信息建议其他人从事交易活动”。由此,各金融监管部门都可以在职权范围内对相关金融产品的内幕交易进行规制。至于开放性和自由度更高的理论研究,在使用这一概念时则应注意所选研究对象是否实际指向股票市场,针对具体金融产品和市场所指出的问题和提出的建议是否能够拓展适用于整体制度,避免以偏概全。

---

〔1〕［德］马克斯·韦伯:《经济与社会》,阎克文译,上海人民出版社 2010 年版,第 12～13 页。

〔2〕［德］马克斯·韦伯:《经济与社会》,阎克文译,上海人民出版社 2010 年版,第 12～13 页。

〔3〕谢杰:《市场操纵犯罪的机理与规制:法律与金融分析》,华东政法大学 2014 年博士学位论文,第 52 页。

二、价值取向:以公平竞争为反欺诈和市场诚信的价值桥梁

价值目标必须取得兼具肯定性和否定性的权威,法律必须为此在目的普遍化时详尽阐述法律机构的任务。[1] 如前所述,内幕交易制度向股市之外的拓展困难重重,根源在于,在反欺诈与市场诚信这两个传统的规制目标之间,缺乏更具指引功能和现实基础的价值桥梁。那么,公平竞争何以担此重任?

(一)公平竞争价值的领导特质与桥梁功能

在内幕交易规制的多元价值取向中,公平竞争是最契合内幕交易本质、最能凝聚多元价值的核心价值。如上一节所述,内幕交易是不正当获取信息优势并变现的竞争行为。从这一视角看,公平竞争价值能够平等地对待和评价机构和个人投资者、场内场外等各金融产品和市场。因而,它既能实现微观的投资者保护、公司治理、财产权保护等价值,也能中和反欺诈价值过于强烈的否定性,还能克服市场诚信过于抽象的缺陷,为股市内外的内幕交易规制提供更具体的价值指引。概言之,公平竞争进路能够摆脱美国信义义务关系论和欧盟平等市场论这两大监管进路的固有缺陷与束缚,转向更中立和普适的竞争价值。

因此,公平竞争作为反欺诈与市场诚信之间的价值桥梁,能够解决内幕交易规则的适用范围有限和差异化关照能力不足的问题。金融市场是投资者们利用资本和信息展开竞争的角斗场。公平竞争原则要求各主体在信息取用方面有平等的信息来源和机会,以实现市场公平。这比反欺诈更具价值指引功能,比市场诚信更具体,能统领和补强信义义务等各归责原则。换言之,公平竞争能够涵摄既有的诸多规则原则。所有通过违背信义义务或者通过窃取等方式不正当获取信息优势并通过交易金融工具将该优势变现的行为,都能够依据公平竞争原则纳入内幕交易规制范畴。因而,信义义务和盗用理论等都是该原则的类型化具

---

〔1〕 参见[美]P. 诺内特、[美]P. 塞尔兹尼克:《转变中的法律与社会:迈向回应型法》,张志铭译,中国政法大学出版社 2004 年版,第 93、117 页。

象。在信义义务、盗用理论等归责原则难以适用时，公平竞争原则能够作为一般条款进行兜底评价，更有效地应对各类新型内幕交易，如歧视性经济金融数据分销等“结构性内幕交易”，以及碳排放权内幕交易。同时，公平竞争价值又足够灵活，能以无损公平竞争秩序为标准，豁免“真正可接受的”内幕交易，实现对各金融产品和市场的差异化观照。

（二）公平竞争价值锚定的中国实际

以公平竞争为价值取向实现金融市场内幕交易规制的统一化，可能更契合缺乏判例法传统和统一金融立法的中国实际。

首先，中国并不具备类似的判例法传统，法院并无法突破《刑法》第180条和《证券法》第2条等规定，将股票之外的诸多金融产品纳入内幕交易的规制范畴。实践中，法院在内幕交易刑事诉讼中对中国证监会的行政认定意见采信程度非常之高，辩方对行政认定意见的抗辩几乎都未能被法院采信。[1] 而在政府主导型证券监管模式下，中国证监会行使的“准司法权”也面临诸多限制和合法性危机，难以对股票市场之外的内幕交易进行规制。如第四章第三节第二小节所述，2019年《证券法》修改内幕信息的兜底条款时，将“国务院证券监督管理机构认定的对证券交易价格有显著影响的其他重要信息”改为“国务院证券监督管理机构规定的其他事项”。从“认定”到“规定”的二字之差，意味着中国证监会不再具有事后认定内幕信息及其知情人的自由裁量权，相关内幕信息及其知情人的兜底认定都必须采用事先规定的形式。

其次，短期内中国不具备金融立法一体化的法制基础。2022年4月6日中国人民银行发布的《金融稳定法（草案征求意见稿）》如果通过，将是我国第一部在名称上出现“金融”二字的法律。但是从其草案内容来看，它并未对金融风险防范和金融稳定问题处理做出系统性规定，而侧重于金融风险事件的事后处置（尤其是行政处置），具有明显的问题导向式立法特征，因而有学者认为该法律草案更准确的表述应该是《金

---

〔1〕 参见毛玲玲：《内幕交易犯罪案件中的行政认定问题——以行刑衔接为视角》，载《上海政法学院学报（法治论丛）》2019年第1期。

融“不稳定”法》。[1] 2022 年 4 月 20 日《期货和衍生品法》通过后,证券和期货立法分立模式更是得到了巩固,也将长期持续。我国的内幕交易制度庞杂,缺乏一致性甚至是合法性。[2]

最重要的是,公平竞争进路在中国有稳固的价值共识和法制基础。建设统一开放、竞争有序的市场体系和强化竞争政策基础地位,也是新时代加快完善中国社会主义市场经济体制的基本共识。依托公平竞争的价值共识和竞争法的法制基础,公平竞争进路的改革难度和成本较小。

(三)公平竞争价值确立的法制路径

实践证明,普通法的规制路径不足以应对内幕交易的挑战,应采用成文法的干预手段。[3] 因此,内幕交易规制向股市之外的拓展必须要将公平竞争价值落实在具体规则中,而不能寄希望于以一种“有意的、建设性的模棱两可”(Constructive Ambiguity)方式,[4] 完全由司法或行政执法根据对内幕交易的不同理解而结合具体情况综合判定。

1. 开宗明义:以公平竞争为金融立法目标

竞争与金融稳定同等重要,金融稳定不能以牺牲竞争为代价。这一理念已渐成国际共识,尤其是在金融科技时代。[5] 2009 年,OECD 就强

---

〔1〕 参见黄韬:《〈金融“稳定”法〉还是〈金融“不稳定”法〉?》,载微信公众号“黄副教授”,2022 年 8 月 1 日,https://mp. weixin. qq. com/s/VQtWpz7zpQ_pw-BTFK7etg。

〔2〕 参见葛向孜:《内幕交易监管下的豁免制度研究》,法律出版社 2022 年版,第 187 ~ 191 页。

〔3〕 Omowunmi Adedurotimi, *Insider Trading Regulation: A Shift from the Common Law Perspective*, Journal of Law, Policy and Globalization, Vol. 83, p. 43(2019).

〔4〕 该观点认为,面对相互矛盾的政策关切,立法定义很可能既不够包容又过于包容。司法立法可能提供一个更好的选择,因为它不像立法,可以使用建设性的含糊性(Constructive Ambiguity)——故意模糊的标准,需要结合具体情况进行分析。司法立法使政策制定者能够对获取和使用市场敏感信息的许可限度保持模棱两可,从而有助于平衡引发内幕交易辩论的相互矛盾的担忧。参见 Jill E. Fisch, *Constructive Ambiguity and Judicial Development of insider Trading*, Southern Methodist University Law Review, Vol. 71:3, p. 749(2018).

〔5〕 See Competition Bureau Canada, *Technology-Led Innovation in The Canadian Financial Services Sector: A Market Study*, Ottawa, 2017. p. 67.

调竞争对提高金融体系的效率，从而促进长期经济增长的重要性。[1] 世界银行直言，金融稳定不能以牺牲竞争的重要性为代价。[2] 英国和澳大利亚将金融和银行业的寡头垄断和竞争弱化等乱象，主要归因于监管者对竞争因素的考量不足，并力促金融监管者对竞争因素的考量、竞争执法者对金融服务的理解。[3] 近年来，我国学界也更加重视金融法与竞争法的融合，竞争维度嵌入金融监管的呼声也逐渐出现。但是，相关呼吁主要集中于传统银行业的反垄断问题、互联网金融、金融科技和高频交易等金融创新领域的不正当竞争问题。[4]

因此，为落实竞争政策的基础地位和建设统一开放、竞争有序的金融市场体系，我国也应改变当前金融基础法律的立法目标侧重安全而公平竞争目标隐而不发的局面，在《证券法》《中国人民银行法》《证券投资基金法》《期货和衍生品法》乃至未来的《金融稳定法》或"金融统一法"等基础性金融法律中，将"维护和促进市场公平竞争秩序"明确为立法目标之一。由此，方能摆脱投资者和金融消费者保护的视角局限，理解内幕交易有损公平竞争的本质特征，奠定内幕交易规制统一化的价值基础。

2. 明确职权：落实金融市场竞争执法权

金融体制改革顶层设计中嵌入竞争监管向度已渐成国际趋势。比

---

〔1〕 See OECD, *Competition and Financial Markets: Key Findings*, 2009; *Roundtable on Competition, Concentration and Stability in the Banking Sector*, 2010, DAF/COMP (2010) 9; Ahrend, R., J. Arnold & F. Murtin, *Prudential Regulation and Competition in Financial Markets*, OECD Economics Department Working Papers, No. 735, OECD Publishing, 2009, https://doi.org/10.1787/220117664431.

〔2〕 See World Bank, *The Role of the State in Promoting Bank Competition*, Global Financial Development Report, 2013, p. 81.

〔3〕 See UK Independent Commission on Banking, *Final Report: Recommendations*, 2011; Competition & Market Authority, UK, *Retail Banking Market Investigation Final Report*, 9, 2016; Australian Government Productivity Commission, *Competition in the Australian Financial System*, Report no. 89, 2018; Parliament of The Commonwealth of Australia, *Review of the Four Major Banks: First Report*, Nov. 2016.

〔4〕 参见邢会强：《证券期货市场高频交易的法律监管框架研究》，载《中国法学》2016年第5期；曾威：《互联网金融竞争监管制度的构建》，载《法商研究》2016年第2期。

如,2000 年英国《金融服务与市场法》(Financial Services and Markets Act)第 1 条第 B 款将"为消费者利益促进有效竞争"作为英国金融市场行为监管局(Financial Conduct Authority,FCA)三大操作目标之一,其中还包括确保监管规则"使金融市场竞争蓬勃",第 2 条第 H 款将"尽合理可能促进市场有效竞争"作为审慎监管局(Prudential Regulation Authority,PRA)二级目标之一。自 2015 年获得竞争执法权的 FCA,也已在维护和促进金融市场竞争方面表现出独到优势。[1] 我国 2006 年《银行业监督管理法》将保护公平竞争和提高竞争能力作为监管目标,对银行业竞争执法权配置和竞争制度建设都起到了重要作用。[2] 2022 年银保监会工作会议也强调"要强化金融反垄断和反不正当竞争"。相比之下,《关于促进互联网金融健康发展的指导意见》虽以"维护公平竞争的市场秩序"为目标之一,奈何位阶较低,并未对互联网金融领域的不正当竞争执法格局有实质性改变。中国人民银行历次发布的金融科技(FinTech)发展规划则更多强调提升金融核心竞争力。

法律必须在目的普遍化时详尽阐述法律机构的任务。[3] 鉴于《反不正当竞争法》第 4 条允许对行业监管者授予竞争执法权,我国应当在其他基础法律中也明确赋予中国证监会和国家金融监督管理总局等金融监管部门"尽合理可能维护和促进市场公平竞争秩序"的竞争执法职权,而非倚重零散的行政法规或指导性文件。由此,以公平竞争视角审视股市内外的内幕交易才能成为现实,《加快完善经济体制意见》关于"加强和改进反垄断和反不正当竞争执法"的要求方能更好地在金融市

---

〔1〕 Deb Jones, *The FCA's Competition Powers*, , FCA(Sept. 30, 2018), https://www.fca.org.uk/news/speeches/fca% E2% 80% 99s-competition-powers.

〔2〕 参见 2004 年《中国银行业监督管理委员会办公厅关于银行业金融机构不正当竞争有关问题的批复》(银监办发〔2004〕313 号);《最高人民法院关于银行业虚假宣传的不正当竞争行为的处罚权由银监部门还是工商部门行使问题的答复》(〔2009〕行他字第 17 号);《中国银行业监督管理委员会办公厅关于〈中国银行业反商业贿赂承诺〉、〈中国银行业从业人员道德行为公约〉、〈中国银行业从业人员流动公约〉、〈中国银行业反不正当竞争公约〉等有关材料的批复》(银监办发〔2006〕180 号)。

〔3〕 参见[美]P. 诺内特、P. 塞尔兹尼克:《转变中的法律与社会:迈向回应型法》,张志铭译,中国政法大学出版社 2004 年版,第 117 页。

场得以落实。考虑到混业经营与金融创新使金融业务之间、金融业务与其他业务的界分越加困难,我国有必要深化金融监管部门对竞争、竞争执法部门对金融的共同理解。其中,金融市场监管部门应尤其注重强化对内幕交易的反竞争本质、滥用相对信息优势地位行为以及《反不正当竞争法》一般条款的理解和适用。在此基础上,各金融监管部门都应当对监管范围内各金融产品和市场的内幕交易进行规制,同时通过金融监管协调机制解决规制重叠和空白,逐步将内幕交易规制拓展到全金融产品和市场。

(四)公平竞争价值确立的难点所在

以公平竞争为内幕交易规制的核心价值取向,最难的可能是思维变革,即超越二分思维带来的诸多局限,如"经营者—消费者"、"竞争执法—金融监管"以及"反垄断—反不正当竞争"。

首先,以公平竞争价值重识内幕交易规制似乎涉及视角转换问题,即投资者或金融交易者何以成了经营者,谁又是消费者。乍看之下,其中最难解释的就是当内幕交易者为自然人,而交易对象为其他自然人、法人或非法人组织时,内幕交易者如何成为"从事商品生产、经营或提供服务"的"经营者",而交易对象又如何能构成"消费者"。但是实际上,竞争法保护的是竞争而不是竞争者。价值取向的变化,使其适用范围早已超越了竞争关系。经营者以外的组织和个人,只要其行为妨碍公平竞争的都适用竞争法。[1]

本质上,金融投资跟摆地摊一样,都是利用资本和信息的营利游戏。金融投资者,无论是机构投资者还是个人投资者,都会趋利避害,他们对于各项诱因的反应与市场经济的其他行业主体并无二致。[2] 一般认为,金融市场与一般商品和服务市场的主要区别在于,所反映的市场期

---

〔1〕 参见谢晓尧:《竞争秩序的道德解读:反不正当竞争法研究》,法律出版社2005年版,第65~74页。

〔2〕 See David Harrison, *Competition Law and Financial Services*, Routledge, 2014, p. 94, 108.

待和相应的价格波动规律不同。一般商品和服务市场涉及的是当下资产的现时产出,反映的是相对短期的市场期待,这一期待可能会因某些事件而变化,但这些变化相对平缓而持续。而金融工具和市场涉及对新资产的投资,所反映的是相对长期的、对未来的市场期待,这一市场期待的基础非常脆弱,因而更加容易产生波动和不稳定。竞争法更习惯于一般性的商品和服务市场,即运用现有资产而产生的现时产出。但是,没有任何法律上或理论上的理由可以阻止竞争法在金融市场的适用。比如,欧盟委员会强调,竞争规则在资本市场的适用与其他产业和服务行业一样。由于金融工具是对未来高度不确定性的反映,其对于市场预期的变化更加敏感,其价格也比一般的商品和服务有更大的波动。然而,在金融市场中,价格并不是卖方之间通过竞争寻求当下产品的买方的结果,反而是市场参与者们对未来不确定收入来源之权利的当下价值的集体看法或最佳估算。[1]

内幕交易这一不当竞争行为重在获取和变现重大非公开信息,正是希望利用金融市场这一定价机制的前提,即价格总能充分反映所有可获得的信息。过去学界过于强调股票投资者"弱且愚"的属性及金融消费者权利保护,一定程度上忽视了投资者的义务问题,忽视了投资者的"经营者"本质,尤其是其内幕交易对金融市场竞争秩序的破坏,以及处于弱势地位的反向交易者的"经营者"和"消费者"双重属性。由于机构投资者的经营者属性更强,这一视角转换还能回应内幕交易规制是否适用于债券、期货、衍生品市场等股市之外"王者间的游戏"的问题。[2] 更为重要的是,禁止内幕交易的 2022 年《期货和衍生品法》中也未再出现投资者或金融消费者的概念,而使用了更中性的交易者概念。

其次,以竞争法视角重识内幕交易规制,还涉及竞争执法和金融监管这两种分析范式的融合。长期以来,竞争政策在银行业的实施一直都

---

〔1〕 See David Harrison, *Competition Law and Financial Services*, Routledge, 2014, p. 88 - 91.

〔2〕 参见王怀勇、钟文财:《统一化与差异化:债券市场内幕交易规制的困境与法制进路》,载《证券市场导报》2020 年第 12 期。

非常谨慎。以美国为例，虽然1963年美国诉费城国家银行（United States v. Philadelphia National Bank）和1964年美国诉雷兴顿（United States v. Lexington）这两起美国联邦最高法院判例，实质性地侵蚀了事实上对银行业的反垄断豁免，但是金融机构在竞争执法方面依然受到了与其他行业非常不同的待遇。欧盟委员会直到1981年才将金融行业纳入竞争执法范畴，[1]但银行业依然被视为一个特殊行业，相关的市场主体很大程度上受以央行和监管部门为代表的国家财政政策及金融政策影响，而不是受市场力量的影响。因此，分析银行业的竞争问题非常复杂。一方面，降低成本和资源优化配置等支持竞争的一般理论依然适用于银行业。另一方面，在其他金融市场，由于公司关系方面的信息不对称、转换成本和零售银行业的网络效应，标准的竞争分析范式无法运用。[2] 虽然2008年金融危机后将竞争法适用于金融市场已成共识，但是相关研究主要局限在银行业和保险业大型金融机构的垄断问题以及金融机构经营过程中的不正当竞争行为。[3] 如何运用竞争分析范式来解剖内幕交易——这一围绕金融市场特有的核心定价机制发生的不当行为，如何将竞争分析范式融入内幕交易规制体系，尚付阙如。

最后，内幕交易作为一种滥用信息优势地位的行为，难以在竞争法"反垄断—反不正当竞争"二分格局中予以合理定位，因此公平竞争进路与欧盟市场论和美国义务论一样，依然可能会面临"它就是不对"的泛道德化批判。根本原因在于，竞争行为的正当性评判本身就具有泛道德化倾向。[4] 2017年《反不正当竞争法》修订时，最终也未能采纳草案中关于滥用相对优势地位的规定。有观点认为"滥用相对优势地位"不

---

〔1〕 European Court of Justice, 14 - 7 - 1981, C 172/80, Gerhard Züchner c. Bayerische Vereinsbank AG.

〔2〕 OECD, *Competition and Financial Markets: Key Findings*, 2009, p. 22 - 26.

〔3〕 See Andrea Lista, *EU Competition Law and the Financial Services Sector*, Informa Law from Routledge, 2013; David Harrison, *Competition Law and Financial Services*, Routledge, 2014.

〔4〕 参见蒋舸：《关于竞争行为正当性评判泛道德化之反思》，载《现代法学》2013年第6期。

是不正当竞争的问题,而是一个接近反垄断法的问题。[1] 但也有观点认为,反不正当竞争法"维护公平竞争"的独立价值品格,及其"从个体到整体"的利益保护路径,更契合规制滥用相对优势地位的内在逻辑。[2] 上述立法建议未被采纳,可能也是因为滥用相对优势行为无法在竞争法"反垄断—反不正当竞争"二分格局中找到恰当位置,致使公平竞争目的不能得到充分实现。至少在内幕交易语境下,不正当地获取重大非公开信息并将该信息优势变现,目的就在于实现对信息的短期垄断并在金融交易的竞争中胜出,它有违广义竞争法的价值追求。虽然,2022 年 11 月《反不正当竞争法(修订草案征求意见稿)》第 13 条再次增设了滥用相对优势地位这一新型的不正当竞争行为,但主要因应的是互联网经济中的竞争乱象,难以用来解构金融市场的内幕交易,其第 47 条对相对优势地位的解释也未将信息维度的优势纳入考量范围。正如波斯那在 21 世纪初对反垄断法应对新经济挑战的评论一般,[3] 本书认为,竞争法的价值和原则足够灵活,也切实忠于经济上的合理性,足以应对金融市场内幕交易的竞争性问题,真正的问题在于制度层面。

因此,内幕交易本质上的复杂性,以及法律对实质正义的追求,决定了内幕交易的正当性判断标准不可能完全客观。理论研究和制度设计所能做的,就是尽可能将这一主观的法律价值判断标准客观化,这也是公平竞争价值确立后的重点难点。换言之,以公平竞争重识金融市场内幕交易,其规制重心就从内幕信息的教义明晰转换为信息公平取用客观标准的探明。

三、范式转换:从内幕信息的教义明晰到正当取用的标准探明

如前所述,以公平竞争视角重识内幕交易及其规制,意味着在金融

---

[1] 参见王晓晔:《论滥用"相对优势地位"的法律规制》,载《现代法学》2016 年第 5 期。

[2] 参见龙俊:《滥用相对优势地位的反不正当竞争法规制原理》,载《法律科学(西北政法大学学报)》2017 年第 5 期。

[3] See Richard A. Posner, *Antitrust in the New Economy*, Antitrust Law Journal, Vol. 68, No. 3 (2001), p. 925.

监管中引入竞争执法分析范式。此分析范式的嵌入势必削弱内幕信息中心论及其教义明晰的重要性，并揭示内幕信息认定强调信息优势及其公平取用的制度内核。为防止规制范围扩大引发的泛道德化倾向，必须要将信息优势公平取用的正当性判断标准客观化。这已成为学界努力的方向之一。然而，以强制性信息披露制度和信息财产权益为切入点的代表性改革方案依然不尽理想。本节试图将制度改革的关注点引向具有指引和评价功能的法的表现形式，主张先将具有强制执行力的法律渊源（不限于信息披露规定）作为信息取用是否公平的正当性判断标准，而后逐步扩充到不具有强制执行力的软法（如市场规则、合同约定和行业惯例）。以此为中心，本节提出内幕交易规范应该淡化“内幕信息—内幕信息知情人/内幕交易主体—内幕交易”层层嵌套且内核不清的概念和程式化思维定式，尽量使用“无正当理由（或违反规定）不得利用所掌握的对价格有重大影响的非公开信息从事交易”的规范结构。在此基础上，本节提出了部分制度设想，以期将公平价值理念落实到具体规则，实现股市内外内幕交易规制的统一化。

（一）从主体到客体：内幕信息中心论的确立与再认识

在立法国际化和内容趋同化的趋势下，内幕人员和内幕信息这两大主客体要素的扩张与限缩，始终是以股票市场为中心的内幕交易立法、执法和理论研究的主旋律，甚至成了一个法教义学迷宫。其中，随着内幕交易主体范围的泛化，制度重心逐渐转向了对客体要素的把握，内幕信息中心论应运而生。[1]

1. 主体要素：内幕人员范围的扩张与限缩

在世界范围内，主导内幕人员认定及其范围的主要有两大进路：一是以信义义务为基础、强调主体身份的美国信义义务关系理论；二是立

---

〔1〕 参见胡光志：《内幕交易及其法律控制研究》，法律出版社2002年版，第325～326页；夏中宝：《从“身份中心主义”到“信息中心主义”——内幕交易主体法律规制之变迁》，载《金融服务法评论》2014年第1期；曾洋：《证券内幕交易主体识别的理论基础及逻辑展开》，载《中国法学》2014年第2期。

足于宏观市场监管、主张占有内幕信息者即为内幕人的欧盟市场基础理论。由于前者着眼于微观经济层面，故前一进路多侧重于"扩张"，以应对日益复杂和外溢的内幕交易。而后者以所有人为默认选项，其发展重点则在于"限缩"，即在信息不对称不可消除的客观现实下，逐步将形式符合但不具实质处罚性的行为排除在规制范畴之外。两大进路的交汇融合，共同促成了内幕交易主体范围强烈扩张之势。

美国采取的是特殊主体进路。由于立法缺乏对内幕人乃至内幕交易的定义，内幕交易主体范围的形塑，主要由司法判例对信义义务的扩张解释与限缩来完成。1980年的基亚雷拉诉美国（Chiarella v. United States）案确立了传统信义义务关系理论，将内幕交易主体限定为传统公司内部人，即对公司负有信义义务之人，如董事、高管、大股东和公司代理人等。然而，律师、专利代理人、会计师、承销商等因正常业务基础而正当获取内幕信息之人，同样可以进行内幕交易，但他们却对公司不负有传统的信义义务。为此，1983年的迪克斯诉SEC（Dirks v. SEC）判例将受信人范围扩展到基于业务和交易而对公司负有保密关系的外部人，提出了"拟制内部人"和"临时内部人"的概念。

那么，泄露型内幕交易中的信息受领者也不一定负有信义义务，这如何解决呢？该判例基于信义义务的衍生，将信息传递者与信息受领者视为一个共同体，前者负有的信义义务后者也要承担。但是，并非内部人所有披露内幕信息的行为都违反信义义务，只有不当披露才构成信义义务的违反。因此，该判例就将泄露者获取了"个人私利"为条件，对信息受领者的范围进行了限缩。[1] 2014年美国诉纽曼（United States v. Newman）判例对泄露型内幕交易的主体范围作了进一步限缩，不仅要求信息受领者必须知晓相关未公开信息是因为信息泄露者为追求个人私利而泄露出来的，还要求信息受领者与作为公司内部人的信息泄露者之间存在"明显亲近的个人关系"（meaningfully close personal relationship），

---

〔1〕 Dirks v. SEC, 463 U. S. 646 (1983).

如此才能认定“个人私利”这一条件得到了满足。[1] 但是，2016 年的萨尔曼诉美国（Salman v. United States）判例又放松了这一限制，认为如果泄露信息者与最初接受信息者存在亲密关系，就不再需要证明信息泄露者获得“金钱性的或具有类似价值的好处”，造成了新一轮的困惑（another round of confusion）[2]。此外，某公司外部人既不是因为公司内部人的泄露而获取公司重大未公开信息，也不对公司负有信义义务，能否构成内幕交易主体呢？其实 1997 年美国诉奥黑根（United States v. O'Hagan）判例又采用盗用理论对信义义务的内容和权利主体进行了扩充，使之不局限于发行人，而扩展到对信息来源负有信任和信赖关系的所有人。[3] 概言之，美国对内幕交易主体的认定是以信义义务为基础，通过对基础理论和个人私利的扩张解释来逐步扩大主体范围。

欧盟采取的是一般主体进路。由于强调宏观市场秩序的信息平等获取，欧盟自始就主张任何人只要他掌握了内幕信息，都可以成为内幕交易主体，无论其与上市公司或信息来源之间有无特定关系，也无论其信息获取的途径如何。因而，欧盟内幕交易主体制度建设的重点在于合理限缩。起初，1989 年《反内幕交易指令》和 2003 年《反市场滥用指令》都区分“直接内幕人”（primary insider）和“间接内幕人”（secondary insider）。通过因果关联性原则限制直接内幕人的范围，通过非偶然性限定间接内幕人的范围。不同的是，《反市场滥用指令》修改了前者对间接内幕人的主观要件，将对内幕信息的认知程度由“全面认知”改为“知道或者应当知道”，在降低证明标准的同时，扩大了主体范围。[4] 而 2014 年《反市场滥用条例》不仅取消了直接内幕人和间接内幕人的区分，还取消了内幕人的定义条款。“所有人”都可以无差别地成为内幕

---

〔1〕 United States v. Newman, 773 F. 3d 438, 452 (2d Cir. 2014).

〔2〕 See Thaya Brook Knight, *Salman* v. *U. S.*: *Another Insider Trading Case*, *Another Round of Confusion*, Cato Supreme Court Review, Vol. 2016 – 2017, p. 181 – 204 (2017).

〔3〕 参见王玉珏：《内幕交易罪应用法律对策与监管模式研究》，北京大学出版社 2017 年版，第 134 ~ 145 页。

〔4〕 参见王玉珏：《内幕交易罪应用法律对策与监管模式研究》，北京大学出版社 2017 年版，第 146 ~ 151 页。

交易主体,成为常识和潜在之义。其工作重心则转移到了内幕交易的主体豁免,比如提供市场流动性的做市商、中央对手方等获得授权的交易对手,但都是从正当行为(legitimate behaviour)角度展开的。[1]

在我国,"(任何)知情人"都能成为内幕交易主体逐渐成为共识[2],但法律层面的标准不明使行政执法和司法实践的扩张努力遭受诸多非议。而内幕信息知情人登记制度反映的是封闭式的静态行政管理思维,虽然便于事后追溯,但有悖于信息流动性及披露制度的开放性,不利于内幕交易的源头规制。[3] 执法实践中,对于"知悉"和"利用"标准的把握也更加注重结合案件相关情况综合认定内幕交易主体,而非局限于立法列举的具体类型。[4] 然而,前置性行政规定不断扩张与刑法解释相对限缩的冲突,却使我国内幕交易主体制度一度面临合法性危机。以2007年中国证监会《内幕交易认定指引》(已失效)为代表的前置性规定,一再扩张内幕交易主体范围,以"知悉"为主体识别标准,突破了当时《证券法》第73条、第74条的授权,突破了重"信义义务理论"的《内幕交易司法解释》,将规制对象几乎扩张到"所有人",而无论其是否负有信义义务。[5] 2008年"杭萧钢构案"中,法院也认为"凡原本依法不属于内幕信息知情人的,不论以什么方法获悉内幕信息,都为'非法'"[6]。这一解释看似为惩处当事人提供了依据,却削弱了司法的确定性和权威。这种固守文义解释、淡化获取行为严重违法性的主体认定

---

〔1〕 参见欧盟《反市场滥用条例》序言第29段和第30段,第9条第2款第(a)项。

〔2〕 参见曾洋:《证券内幕交易主体识别的理论基础及逻辑展开》,载《中国法学》2014年第2期。当然也有学者认为,虽然立法原意中兼采"人身联系法"和"信息占用法"两种标准存在逻辑混乱,但内幕交易主体不可能拓展到任何人,因为法不责众,否则法便形同虚设且不正义。参见马韫:《中国证券市场内幕交易监管实践研究和案例分析》,中国方正出版社2014年版,第86页。

〔3〕 参见马韫:《中国证券市场内幕交易监管实践研究和案例分析》,中国方正出版社2014年版,第131页。

〔4〕 参见宁荣:《内幕交易的多幅面孔:中国的监管标准与执法实践》,经济科学出版社2019年版,第97~146页。

〔5〕 参见吕成龙:《谁在偷偷地看牌?——中国证监会内幕交易执法的窘境与规范检讨》,载《清华法学》2017年第4期。

〔6〕 曾洋:《证券内幕交易主体识别的理论基础及逻辑展开》,载《中国法学》2014年第2期。

思路,最终也并未获得我国最高司法机关的认同。[1] 这反映从强调身份论的美国模式转向强调信息占有标准的欧盟模式必经的法律冲突,也反映了后者在全范围规制和实施效率方面的优势。但是,《内幕交易认定指引》属于行政指导性文件,不可避免地存在与上位法相冲突的合法性缺陷。[2] 2019 年《证券法》生效后《内幕交易认定指引》失效,合法性危机解除。但是,内幕交易的主体认定依然是"内幕信息的知情人"和"非法获取内幕信息的人"[3]。二者看似相互独立却又似包含关系,令人困惑。

在证券(股票)市场之外,内幕交易规范趋向于务实地将各类交易主体囊括在内,逐渐摆脱身份论和占有说的束缚与纠缠。当然股票化规制思维惯性依然存在,比如《碳排放权交易管理规则(试行)》第 33 条、《期货交易管理条例》第 70 条和《期货和衍生品法》第 13 条均将内幕交易主体表述为"内幕信息的知情人或者非法获取交易内幕信息的人"。但是,也有内幕交易规范摆脱了这一立法表达结构,不再强调身份或占有标准,而将所有交易主体囊括在内。[4] 比如,2016 年《信用风险缓释工具试点规则》第 34 条采用了"参与者"概念,根据该规则第 2 章的规定,参与者包括交易商和核心交易商。与之类似,2021 年外汇局《外汇市场交易行为规范指引》第 13 条则指向"市场参与者",根据该法第 3 条的规定,市场参与者包括直接参与外汇市场交易的机构,交易中心和银行间市场清算所股份有限公司(上海清算所)等金融基础设施运营机构,以及货币经纪公司等市场服务机构。可见,在股市内外这一背景下,内幕交易主体范围的确定不再纠结于从传统公司内部人信义义务衍生

---

〔1〕 韩轶:《内幕交易、泄露内幕信息罪犯罪主体认定的"辩审冲突"问题研究》,载《法商研究》2023 年第 1 期。

〔2〕 参见赵姗姗:《法益视角下证券内幕交易罪主体范围的规范构造》,载《政治与法律》2018 年第 10 期;Nicholas Howson, *Enforcement Without Foundation? —Insider Trading and China's Administrative Law Crisis*, American Journal of Comparative Law, Vol. 60:4, p. 955(2012).

〔3〕 有学者则将认定标准进一步提炼为"利益冲突"和"非法获取"。参见李激汉:《证券内幕交易规制范围确定的内在逻辑》,载《北方法学》2022 年第 4 期。

〔4〕 比较特别的是,2012 年《证券投资基金法》第 21 条将禁止利用未公开信息交易投资基金的主体范围确定为"公开募集基金的基金管理人及其董事、监事、高级管理人员和其他从业人员",将单位排除在外。

出的身份标准,而应该采取一般主体进路,依交易行为的反竞争性将所有直接和间接参与市场交易的主体/竞争者原则性地纳入规制范畴。

2. 客体要素:重识内幕信息中心论

由于所有人都可能成为内幕交易主体,而内幕交易主体是掌握和利用内幕信息交易的人,因此内幕交易规制的理论研究和制度设计越发倚重内幕信息。从"内幕信息—内幕交易主体—内幕交易"的定义思路和认定逻辑来看,知悉标准的引入使内幕信息认定成为内幕交易规制的起点与中心。比如,较早我国学者在研究证券(股票)内幕交易时明确提出内幕信息中心论:内幕交易规制发展数十年,其侧重点已经从强调内部人的主体身份转变为以内幕信息为中心,这符合内幕交易的本质和立法趋势,能够解决诸多概念的不周延,重构相关逻辑体系和完善相关制度。[1] 与之类似,我国也有学者主张以内幕信息为金融衍生品内幕交易制度建构的核心主轴。[2]

客观而言,当内幕信息兜底认定必须以中国证监会事先规定方式进行之时,以内幕信息为中心的法教义学明晰是罪刑法定的应有之义,也是行政制裁的合法性基础。这点在将某一特定金融产品和市场纳入内幕交易规制范畴之时尤为重要。而在法教义学上,内幕信息的法教义学明晰及其范围的扩展与限缩,主要围绕重大性、未公开性、相关性和准确性等构成要件方面的标准取舍而展开。总体而言,内幕信息教义明晰的国际趋势是在重大性方面以"理性投资者标准"的抽象界定模式为主,辅之以明文列举,在未公开性方面以引入沉淀时间要求的实质公开为核心判断标准,而相关性和准确性不具独立价值,属重大性的应有之义和考量因素。[3] 可见,重大性和未公开性是内幕信息的关键要件,而实质

---

〔1〕 参见胡光志:《内幕交易及其法律控制研究》,法律出版社 2002 年版,第 325 ~ 326 页。

〔2〕 参见刘成墉:《金融衍生品内幕交易问题研究》,法律出版社 2018 年版,第 187 ~ 189 页。

〔3〕 参见曹理:《证券内幕交易构成要件比较研究》,法律出版社 2016 年版,第 184 ~ 186 页。比如有学者建议引入实质公开标准,设置信息消化时限,内幕信息知情人必须自相关信息在法定渠道公告刊登之日起五日后才能入市交易。参见王玉珏:《内幕交易罪应用法律对策与监管模式研究》,北京大学出版社 2017 年版,第 20 页。

公平理念的引入则使相关认定更加主观。仔细想来,某一信息是否具备影响交易价格或价值的能力,本身是中立的事实判断问题,而某一信息是否属于内幕信息,是法律进行价值判断的结果。换言之,重大性是对信息优势的认定,是对该信息优势影响力大小的预判,而未公开性是对信息优势现实化的正当性判断。具言之,信息不相关、不准确或对金融产品的市场价格(价值)影响力轻微,即不存在信息优势,即便不正当地利用该信息进行交易也无危害或危害性较低;相关信息无须公开或已为大众知悉,则利用该信息交易属正当行为。质言之,重大性和未公开性的认定其实是判断信息优势是否存在,以及利用该信息优势进行交易是否正当。因此,内幕信息中心论实质上强调的还是对信息优势取用是否公平的判断。

但是问题在于,内幕交易的影响/危害性判断(或者信息优势)不能以本身中立的信息类型为唯一指标或前提,交易是否正当也不能以是否违反强制性公开披露为唯一标准,更何况并非所有应当公开披露的信息都已被纳入内幕信息范畴。也许在传统的公司内部人内幕交易中,狭义内幕信息的特殊来源确实意味着信息优势的存在,且交易即意味着义务的违反。但是,当证券内幕信息的范畴超越公司内部信息并吸纳公司外部信息之后,内幕信息已然泛化。内幕交易规制必须回归信息优势认定以及交易正当性判断的制度初衷。我国立法增加对利用未公开信息交易的规制,2019 年《利用未公开信息交易司法解释》第 1 条以“其他可能影响证券、期货交易‘活动’的信息”为兜底条款,第 3 条对“违反规定”的解释超越信息披露规定,将未公开信息保护、信息保密、禁止交易、禁止利益输送等规定作为交易正当性的判断依据,学者强调“对非法获取人员应基于严重违法性进行解释”[1],均直在其中。

更为重要的是,在股市内外更为宏观的图景中,内幕信息中心论的重要性大大减弱。过去对重大性和未公开性等要素的法教义学明晰,并

---

〔1〕 韩轶:《内幕交易、泄露内幕信息罪犯罪主体认定的“辩审冲突”问题研究》,载《法商研究》2023 年第 1 期。

无力解释内幕信息为何只存在于证券和期货市场,无力解释为何要将衍生品纳入内幕交易规制范畴,也无法解释期货和证券内幕信息在认定逻辑与信息范畴上的差异,对外汇、金融衍生品和碳排放权等场域内幕交易规制的帮助也有限。股市之外也存在诸多足以影响金融产品市场价格或价值的信息,依靠中国证监会事先规定的方式进行兜底认定以及"或披露或戒绝交易"的股票化规制思维,均难以延续。因此,内幕交易规制向股市之外的拓展,必须要超越内幕信息中心论,围绕信息优势的认定及其取用的正当性两大要素,在更广阔的金融市场中探求更加普适和可行的规制思路。

(二)从主观到客观:信息公平取用的标准确立

如第四章第二节所述,公平价值虽然被公认为是内幕交易规制的价值基础,但却因其主观模糊性而容易产生泛道德化倾向。因此,将主观的公平价值在信息取用场景中客观具象化,成为诸多学者的努力方向。以相关交易有无侵夺相关信息财产权益,或是否违反强制性信息披露制度,或是否存在"利益冲突"和/或"非法获取",都是非常有建设性的制度设想。遗憾的是,相关改革方案依然不尽理想。强制性信息披露义务不宜作为内幕交易规制范畴划分标准,对此本书已在第二章第三节第一部分详细分析过。因此,下文将在剖析信息财产权方案的基础上,吸收"利益冲突"和"非法获取"这两个判断标准,试图证成内幕交易规制应当以具有强制执行力的法律渊源为信息公平取用的判断标准。

1. 信息财产权改革思路的扬弃

在产权经济学"私有财—公共财"的二分思维影响下,将内幕信息视为"公共财"会引发市场信息供给萎缩甚至消失的担忧。这点很大程度上倒逼形成了将信息权益私有化并引入财产法的保护思路。比如,在以股票市场为中心探讨内幕交易制度改革时,有美国学者认为不当使用信息的责任理论是实现规制一致性的最佳选择,并主张以信息财产权是否受到侵害为具体标准。该改革方案主张明确赋予信息生产者和所有者——公司对信息的独占使用权,侵害这一信息独占使用权的交易行为就是不正当的。这种不当行为可以通过当前内幕交易制度禁止的欺诈方式实现,也可以通过盗窃、转制、贿赂、商业间谍和黑客攻击等方式实现。采用该理论可以只规制那些有损经济效率且具有道德可非难性的行为,豁免发行人明确同意的内幕交易,保障美国内幕交易制度的合法性、一致性和合理性。[1]

我国学者也认为,信息财产权是内幕交易规制的法理基础,信息财产说以其明确性发展了信义义务说,它比公平竞争说和信息流通说更能阐释内幕交易责任。[2] 同理,我国学者在探寻金融衍生品内幕交易归责基础时认为,不宜从"利用错误市价"和"利用信息优势"等主观视角探究内幕交易的可非难性,而应当将有无正当利用信息的权源作为客观评价标准。原因在于,内幕信息在本质上接近营业秘密(trade secrets)和投资建议(investment advices),具有无体产权的高度价值且极易损耗。内幕信息财产权是一种归属创造者的私有产权(private goods),其权益可以自由转让到最有效率的使用者手中。因此,缺乏正当权源的内幕交易就是侵夺信息财产权益的行为。至于有无正当权源,则需结合具体情况和财产权分配法则而定。[3]

诚然,信息财产权改革方案清晰明了、自成体系。它直究内幕交易的经济和道德根源,体现了尝试消弭"是"与"应当"逻辑鸿沟的勇气和智慧。但是,上述方案至少有以下四点值得商榷。

第一,混淆了经济学上的产权和法学上的财产权,而二者在价值取向、外延和效力上有着巨大差异。法学上的财产权之定义强调对物性和对世性,而前者是一种泛化的权利束,以经济效率最大化为旨归。用科斯的话来说,产权是"存在的合法权利,而非所有者拥有的合法权

---

〔1〕 See John P. Anderson, *Insider Trading: Law, Ethics, and Reform*, Cambridge University Press, 2018, p. 241 - 242.

〔2〕 参见缪因知:《反欺诈论下的内幕交易类型重构:原理反思与实证检验》,载《法学家》2021 年第 1 期;Stephen Bainbridge, *Regulating Insider Trading in the Post-Fiduciary Duty Era: Equal Access or Property Rights?*, UCLA School of Law, Law-Econ Research Paper No. 12 - 08, (2012)。

〔3〕 参见刘成墉:《金融衍生品内幕交易问题研究》,法律出版社 2018 年版,第 164 ~ 172 页。

利"[1]。法经济学研究中产权与财产权的概念混用,实际是一个"'财产性同质化'的过程:各权利束均平等→均是(广义)财产权→均具有了(狭义)财产权的对物特征→均能拘束全体世人"。在这一过程中,通过自由的权利顺位转换,[2]就能将许多不具有对世性的权利、利益和主张转变为具有对世性和强制力的财产权。由此,法律制度安排和责任分配就会取决于如何使效率最高(产出最高和成本最低),引发单向因果关系的逆转和信息成本的无序扩张,社会交往的基本秩序不复存在。[3]

第二,"私有财—公有财"的二分思维容易使相关结论不甚合理。该方案采用财产保护的私法思路,与过分强调信义义务和公司治理的反欺诈进路一样,忽视了内幕交易的负外部性及其市场规制维度。比如,如果将"特定上市公司信息"定性为私有财,[4]公司就可以利用未公开的公司重大事项交易自身股票和债券等金融产品。同理,破产债权人也可以利用重组过程中的关键信息交易相关金融工具,信用评级机构就有权在发布评级信息变化前自行或授权他人交易相关受影响的金融工具,因为它们都是相关信息的生产者和所有权人。将"交易信息"视为市场参与者的私有财,虽然能有效规制"抢帽子"等利用未公开信息交易的行为,但也容易将这些市场参与者滥用信息优势型市场操纵行为合法化。这些结论显然都有悖于理论共识和规制实践。

第三,忽视了权利不得滥用的基本原则。比如,《民法典》第132条规定:"民事主体不得滥用民事权利损害国家利益、社会公共利益或者他人合法权益。"虽然,"取得发行人同意即正当"方案在重点强调豁免发行人明确同意的内幕交易时,也为这一"避风港"规则设置了严格的程

---

〔1〕[美]科斯:《企业、市场与法律》,盛洪等译,上海三联书店1990年版,第90页。

〔2〕这一过程可参见刘成墉:《金融衍生品内幕交易问题研究》,法律出版社2018年版,第174~176页。

〔3〕参见冉昊:《法经济学中的"财产权"怎么了?——一个民法学人的困惑》,载《华东政法大学学报》2015年第2期。

〔4〕参见刘成墉:《金融衍生品内幕交易问题研究》,法律出版社2018年版,第183页。

序和条件,[1]但是,这一制度安排容易造成投资者损失,扰乱市场交易秩序。2019年《证券法》修订时在第51条中明确将发行人列为证券交易内幕信息的知情人,直在其中。而且从制度运行效率来看,设置这些严格的程序和条件来允许这一具有争议性的内幕交易,制度收益也不一定会高于这些制度成本。因此这也不一定符合法经济学“效率即公平”的价值取向。

第四,最为重要的是,“取得发行人同意即正当”的改革方案容易将手段当作目的,不自主地将内幕交易规制的价值目标限定为私有信息财产权保护。换言之,该方案的初衷是将内幕交易正当性的判断标准客观化,但结果可能会将内幕交易规制作为私有信息财产权益保护的手段。原因在于,侵犯信息财产权益只是不当取得和利用信息优势的手段之一。若将其作为唯一的判断标准,就会将内幕交易规制作为私有信息财产权益保护的手段之一。如同将内幕交易规制作为保障强制性信息披露制度完整性的手段之一,该改革方案的缺陷,根源还是在于对内幕交易规制多元价值的偏执一端。

综上所述,不宜将交易是否侵犯信息财产权益作为信息公平取用的客观和唯一标准。

2. 以法律渊源为标准的试证

以公平竞争重识内幕交易后,规制重点其实有二:一是信息优势的认定,即信息对价格的实质影响力;二是交易行为正当性的判断,即信息优势的获取和利用是否正当。

信息优势的认定涉及事实问题和法律取舍,其实是在为内幕交易规制划定边界,即法律和行政权力无须干预危害轻微或无危害的内幕交易。比如,对于信息公开后引起证券市场价格的变化幅度,我国有学者

[1] 具言之:(1)内部人必须向发行人提交拟进行的书面交易计划,列明交易类型、股份数量、大致时间等;(2)相关交易计划必须得到公司的明确授权;(3)公司必须事先向投资公众披露该公司的内幕交易政策,即允许内部人为了公司利益利用公司内部信息按照交易计划进行内幕交易;(4)公司必须在事后披露按照交易计划创造的获利。See John P. Anderson, *Insider Trading: Law, Ethics, and Reform*, Cambridge University Press, 2018, p. 243 - 246.

曾建议将门槛设定在5%或7%,[1]德国证券交易所曾给出的参考阈值是股票为5%,其他固定收益类证券是1.5%。[2] 信息公开后市场价格的变化幅度难以计量,以及抽象的理性投资者标准的兴起,虽然使这种信息重大性的量化思路无法实行且无必要。但是,针对债券交易大额、微利、流动性不足等特点、金融衍生品引发金融系统性风险的负外部性更强等不同金融产品的特点,设置差异化的信息优势认定和规制门槛,值得考虑。

以碳排放权为例,欧盟《反市场滥用条例》的特殊安排值得关注。在区分价格敏感信息和非价格敏感信息方面,该条例序言第51段明确指出,为避免让市场充斥无用的信息披露,并维持该措施未来的成本和效率,有必要对信息披露要求的影响范围进行限缩,限制在那些由于自身规模和活动能够对碳排放配额、以此为基础或相关的竞价产品和金融衍生产品等价格产生重大影响的欧盟碳排放交易系统(EU Emission Trading System,ETS)操作者(Operators)。针对排放配额设置专门的重大性标准,也是欧盟《反市场滥用条例》中其他金融产品所没有的。值得注意的是,纳入考量范围的产品还包括根据《欧盟第1031/2010号条例》[Regulation (EU) No 1030\2010]进行的碳配额拍卖。这种贯通一级拍卖市场和二级交易市场的规定方式,也是根据碳排放权交易特性作出的特别安排。之所以会如此特殊,一方面是因为碳排放配额没有"发行人";另一方面是因为金融监管与行业立法的相互影响。对于那些总排放量或额定热输入功率未超过既定门槛的排放配额市场参与者来说,如果其实体运行信息被认为不重要而无须披露,那么这些信息也应当被认为不会对排放配额及其相关联产品的价格造成重大影响。[3]

---

〔1〕 参见曹理:《证券内幕交易构成要件比较研究》,法律出版社2016年版,第167页。

〔2〕 [英]理查德·亚历山大:《内幕交易与洗钱:欧盟的法律与实践》,范明志、孙芳龙等译,法律出版社2011年版,第103页。

〔3〕 See Danny Busch, Guido Ferrarini & Seraina Grünewald ed., *Sustainable Finance in Europe: Corporate Governance, Financial Stability and Financial Markets*, Palgrave Macmillan, 2021, p.491-492.

交易行为正当与否,则属法律的价值判断,也是内幕交易规制的重中之重。规制范围扩张之时,必须将信息优势取用是否公平的判断标准客观化,以防治内幕交易规制的泛道德化。如前所述,强制性公开披露规定确实非常客观、容易把握,但是并非所有足以影响交易价格的信息都需要披露,相关信息甚至是需要保密的,而且“或披露或戒绝交易”的股市规制思维也不宜套用至非集中竞价交易的金融产品和市场。同理,以证券强制性信息披露制度为前提,基于重大信息公开的“平等竞争”价值而推导出的“利益冲突”和“非法获取”这两个具体判断标准,一是在其他金融产品和市场内幕交易认定中的可适用性仍有待考察;二是仍然不够客观,利益冲突和非法获取的认定依然需要结合具体的规范予以认定。既然如此,信息公平取用的判断,能否以交易是否违反相关法律规范为标准呢?换言之,如果相关信息足以影响交易价格,且有相关规范对该信息的产生、传播、披露、保护和利用等方面作出了规定,无正当理由违反相关规定获取和/或利用该信息进行交易,则构成内幕交易。

值得注意的是,这一思路已经为2019年《利用未公开信息交易司法解释》第3条和欧盟《反市场滥用条例》第7条所采纳。所不同的是,前者将作为判断依据的法律渊源限定为“法律、行政法规、部门规章、全国性行业规范有关证券、期货未公开信息保护的规定,以及行为人所在金融机构有关信息保密、禁止交易、禁止利益输送等规定”;后者则将作为判断依据的法律渊源限定为“欧盟法律或成员国法律、市场规则、合同约定和行业惯例”,且仅限于信息披露方面的法律渊源。

如此,信息公平取用标准客观化的重点,就在于明确哪些类型和层级的法律渊源应该作为信息优势取用是否公平的评价标准。其中重点可能有二:一是行业惯例和合同约定是否应当被纳入客观评价标准;二是哪些部门规章、部门规范性文件和市场规则应该被纳入客观评价标准。前者关系诸多采用非集中竞价交易方式的金融产品和市场能否被纳入内幕交易规制范畴,如非上市交易的公司债券、金融衍生品和外汇。后者则关系证监会以外的其他主管部门能否实际地对职权范围内管理的金融产品进行内幕交易规制,如银行间市场的信用风险缓释工具、碳排放权和外汇。从公平竞争价值取向和全金融市场规制一致性角度出发,本书倾向于参考欧盟《反市场滥用条例》的经验,逐步将法律、行政法规、部门规章、市场规则、合同约定和行业惯例均纳入信息公平取用的客观标准,但并不限于设置信息披露义务的法律渊源。信息取用是否公平的判断标准起初可以限定为法律、行政法规、部门规章等具有强制执行力的硬法,并逐步扩大至市场规则、合同约定和行业惯例等软法。换言之,违反相关法律、行政法规、部门规章、市场规则、合同约定和行业惯例,不正当获取和利用足以影响交易价格的信息进行金融产品交易,均构成内幕交易。

如此行事并非倒退,[1]恰恰是在校正内幕交易规制过于倚重证监会却又过分限制其裁量权的矛盾倾向,改变内幕信息规定过分依赖上市(公司)证券强制性信息披露制度的思维定式。针对信息规制扩大化引发信息生态受损的担忧,则可以通过非详尽指示性清单方式不断澄清哪些信息的取用行为是否构成内幕交易,通过集中豁免("安全港")制度不断澄清那些具备正当理由利用重大非公开信息进行金融交易的行为类型,吸收税收执法领域"首违不罚"的制度经验,同时结合法律渊源的类型和层级,根据行为的主观恶性和社会危害性匹配差异化的制裁标准与措施。

(三)从理念到规则:信息公平取用客观标准的具体实现

以公平竞争价值重识股市内外的内幕交易规制,并将客观的法律渊源作为信息公平取用的判断标准,意味着内幕交易规制的体系重塑,意味着要消弭股票化规制思维定式引致的诸多"双城记"。首先,消除诸多法律规范之间的冲突,统一用语和规范结构,将法律渊源确立为信息公平取用的判断标准,明确各金融监管机关的规制职权,并适时实现法

---

〔1〕 2005年《证券法》修订时,将内幕信息认定的重要条款(第62条)对于上市公司应当临时报告的重大事件的兜底认定,由"法律、行政法规规定的其他事项"改为"国务院证券监督管理机构规定的其他事项"。2019年《证券法》第52条也是与上市公司股票和上市交易债券应当披露的重大事件挂钩,未再列举其他信息类型。这恰恰反映了将内幕信息认定与上市公司信息披露制度挂钩的结果,因为不可能让上市公司公开披露所有法律法规规定的重大未公开信息。

典化。其次,内幕信息的法教义学明晰更多发挥指示性作用,因此应建立非详尽指示性内幕信息清单制度,为市场提供更加清晰、具体、丰富的指引。同时,鉴于股市内外交易机制的差异,还必须针对非集中竞价市场的探询行为展开信息规制。再次,建立集中豁免制度,系统性地确认正当取用信息优势的金融交易行为类型,以厘清内幕交易规制边界。最后,也最难的是,针对全金融市场的内幕交易行为设置差异化的法律责任,明确制裁标准与具体措施。

1. 完善规则:统一内幕交易规范体系

统合性立法是当代中国法治体系和法学理论的发展潮流,出于现实可能性的考虑,往往会采用渐进方式。"证券/股票—期货""期货—金融衍生品""场内—场外""机构投资者—个人投资者/金融消费者"等二分思维已深刻影响内幕交易立法、规制实践和理论研究,并在股市内外造成诸多"双城记"。因此,内幕交易规范的体系化难度非常大,应分清轻重缓急逐步展开。

首先,较急迫的应该是明确《刑法》第180条规定是否适用于金融衍生品。出于衍生品内幕交易的非正当性与规制一致性考虑,金融衍生品内幕交易也应纳入刑事制裁的范畴,其入刑门槛和刑事责任可以再作差异化的设置。具体途径仍需进一步探讨,比如,是直接在《刑法》第180条中增列衍生品,改为"证券、期货及金融衍生品交易",还是以司法解释的方式对期货交易进行广义解读,将金融衍生品囊括在内。前一方式能夯实衍生品内幕交易刑事规制的正当性基础,但立法成本和难度较大,也容易触发系统性反思,即是否还要增列其他金融产品,能否进行前瞻性、体系化的制度改革。后一方式显然有违《期货和衍生品法》对二者的严格界分,有违刑法的谦抑性,容易破坏司法的权威性。当然,考虑到衍生品的复杂多样,我国衍生品市场起步阶段的严格管控程度,社会认知和国际规制经验不足等因素,可以先积累行政规制的立法和实践经验,再考虑刑法层面的修改。不管如何,这一问题将是内幕交易规制体系重构的转折点,应该引起学界关注,也应该纳入立法议程。

其次,短期内较可行的是,在后续金融立法中明确规定各金融监管部门在职权范围内均应当禁止不正当获取和利用信息优势交易金融产品的行为。条文的具体措辞可以参考2021年外汇管理局《外汇市场交易行为规范指引》第13条:“市场参与者不得利用所掌握的对价格有重大影响的非公开信息从事交易活动,或利用该信息建议其他人从事交易活动。”其间,宜采用中性的市场参与者/交易者概念,而非具有法律父爱主义色彩的投资者概念,不宜在标题和条文中延续“内幕信息—内幕信息知情人—内幕交易”这一层层嵌套、内核不清的法律概念。但是,相关条文应该同时增加对行为正当性的判断及其标准。其间,判断标准应该超越强制性信息披露制度的思维定式,打破《证券法》和《刑法》股票化规制的思维惯性,将具体措辞从“未公开信息”调整为“非公开信息”。此外,应坚持以市场价格为导向统一信息影响力的认定标准,将2019年《利用未公开信息交易司法解释》第1条第3款“影响证券、期货交易活动”的兜底条款,修改为“影响证券、期货交易价格”。概言之,各金融监管主体都应在职权范围内禁止“市场参与者无正当理由(或违反规定)获取或利用所掌握的对价格有重大影响的非公开信息从事交易活动,或利用该信息建议其他人从事交易活动”。

具体而言,《信用风险缓释工具试点规则》不必再使用“内幕消息”概念,代之以“对价格有重大影响的非公开信息”。2021年生态环境部《碳排放权交易管理规则(试行)》第33条也不必先界定内幕信息并延续“内幕信息—内幕信息知情人—内幕交易”的认定逻辑,可直接禁止“市场参与者无正当理由(或违反规定)获取或利用所掌握的对价格有重大影响的非公开信息从事碳排放权交易,或利用该信息建议其他人从事交易活动”,并在拟作为行政法规的《碳排放权交易管理暂行条例(草案修改稿)》予以体现。在监管主体方面,以竞争执法范式重塑碳排放权内幕交易规制体系之后,可摆脱“证监会规制内幕交易较专业”的路径依赖,将碳排放权内幕交易(及市场操纵等不法行为)的执法权交由统一负责除证券业外的金融业监管的国家金融监督管理总局,因为碳排放权难以符合证券的抽象定义。在《证券法》等基础法律修订之前,可先由生态环境部对碳排放权市场的内幕交易进行统一执法。至于公司股票和上市交易的公司债券以外的证券产品,如政府债券、证券投资基金份额、资产管理产品、资产支持证券,证监会在制定相关规范时,均可以增设条文禁止市场参与者/交易者无正当理由利用所掌握的对价格有重大影响的非公开信息从事交易。在这一系列立法工作中,最重要的是嵌入信息公平取用的客观判断标准——具有强制执行力的正式法律渊源,并逐渐将软法纳入该判断标准的范畴。比如,参照欧盟《反市场滥用条例》的思路,在《利用未公开信息交易司法解释》第 3 条对“违反规定”的解释之上,将“市场规则、行业惯例、合同约定”纳入交易正当性的评判依据。这对于期货、衍生品、碳排放权、外汇和高频交易领域的内幕交易规制尤为关键。

最后,从中长期来看,要在《刑法》、《证券法》和《期货和衍生品法》等法律层面扭转内幕交易规范股票化的思维定式,并以前述公平竞争范式实现内幕交易规范的体系化,最为困难。因为按照上述改革思路,内幕交易立法不再区分内幕信息和内幕信息以外的其他未公开信息,甚至不再使用内幕信息和内幕信息知情人的概念。

以《刑法》为例,第 180 条可调整为:“违反法律、行政法规,利用所掌握的对价格有重大影响的非公开信息从事金融产品交易活动,或利用该信息建议其他人从事交易活动,情节严重的,处……,情节特别严重的,处……。单位犯前款罪的,对单位处……。适用本法条的金融产品范围,由最高人民法院依照法律、行政法规的规定确定。”对于“违反规定”“金融产品交易活动”“情节严重”“情节特别严重”等关键词句,则应交由最高人民法院和最高人民检察院共同出台司法解释予以明确,综合把握相关金融产品内幕交易的危害性和非法性。如此,可有效扭转内幕交易刑事制裁过分倚重行政规制的倾向,保持刑事制裁的独立性和谦抑性,也可以针对各金融产品及其内幕交易的特性进行差异化观照,弥补内幕交易立法的不完备。

同理,关于利用未公开信息交易(如《刑法》第180条第4款、《证券法》第54条)、内幕信息(如《证券法》第52条和《期货和衍生品法》第14条)及其知情人(如《证券法》第51条和《期货和衍生品法》第15条)的诸多条文都将面临重大修改、甚至被删除的命运。比如,一旦《证券法》第53条和第191条吸收了《外汇市场交易行为规范指引》第13条的行文结构,现行诸多内幕信息规范(如《证券法》第52条和《期货和衍生品法》第14条)的列举指引作用越发有限,不如系统规定非详尽指示性内幕信息清单制度(更确切地说是内幕交易行为类型清单,本节下一部分将详细阐述),不断通过举例、比较、解释、说明、建议等方式提供指引。同时,"监管部门事先规定"这一兜底认定方式更加矛盾。如果事先规定特指内幕信息规定,既无必要也不科学。将规定宽泛理解为信息披露和保护等某类或各类规定,不如直接在兜底条款中明确援引其他规定的标准,即前文所提信息公平取用的客观标准。若真如此,不如直接在禁止内幕交易的基础条文中予以明确。

然而,上述条文已耗费诸多立法成本和历代同仁的心血,改革的震荡和难度不可谓不大。因此,股市内外内幕交易规制统一化的法律渊源,不太可能是"反内幕交易法"、"金融市场滥用行为规制法"、"金融市场信息公平取用法"或是"金融统一法"中的某一章节;股市内外内幕交易规制的权限配置也很难超越"证券—非证券"的二分格局。较理想且可行的,可能是由国务院制定适用于全金融市场、超越各金融监管部门局限的《反内幕交易条例》,以此既能衔接法律层面对全金融市场内幕交易进行规制的各种宽泛授权,又能协调统一各金融监管部门在各金融市场开展内幕交易规制的认识和进路。即便如此,这一路径面临合法性危机,因为行政法规无力打破《证券法》《期货和衍生品法》《刑法》等法律对内幕信息及其知情人兜底认定的现有束缚。所以最现实可行的是,由中央金融委通过议事协调机制明确证监会以外的各金融监管部门均有权且应当禁止不正当获取和利用信息优势交易相关金融产品的行为。

2. 内幕信息:建立非详尽指示性清单制度

从公平竞争角度解构内幕交易的本质后,所有能够影响金融产品价格的非公开信息都可能构成内幕信息,过去围绕"内幕信息"的法教义学进路更多地将发挥形式上的指示功能。建立非详尽指示性清单制度,澄清有争议或认识不足的信息类型和交易场景,则关系全金融市场内幕交易规制的合法性和权威,信息公平取用客观标准的落实,以及信息规制扩大化破坏金融市场信息生态顾虑的驱除。鉴于此,我国各金融监管部门必须针对职权范围内各金融产品和市场的特殊性发布非详尽性的内幕信息参考清单,在充分征求市场意见的基础上澄清有争议或市场认识不足的信息类型和交易场景。比如,在信息类型化方面应增加对宏观信息的考量,在产品类型方面增加对标准化债权类资产和金融衍生品的考量。由于这一清单主要关注集中豁免制度下有争议的信息类型,相比采用"一般+列举"的立法技术而言,建立清单的工作量和难度已大大降低。更重要的是,该清单的确定具有非常强的针对性和可操作性,能够在有效规制内幕交易、防止行政权力滥用和维护金融市场信息生态之间取得平衡。

非详尽指示性清单制度的落地,可以首选刚被2022年《期货和衍生品法》纳入内幕交易规制范畴、但未列举相关内幕信息的金融衍生品。具体而言,可依据《期货和衍生品法》第8条,由中国证监会作为期货监督管理机构牵头,针对期货以外的金融衍生品的特殊性,发布金融衍生品内幕信息的非详尽指示性清单。以欧盟ESMA针对大宗商品衍生品出台的内幕信息指南为例,直接相关的内幕信息有:交易场所运营者发布的持仓情况周报,经纪商和交易场所掌握的已执行交易,订单下达、修改和取消的相关信息。出于一致性考虑,影响市场微观结构的信息不在其列,如基础大宗商品的技术规格和指数变化,一揽子构成的周期性重组等。对于无相关现货市场的期货衍生品,与之间接相关的内幕信息有:公共机关发布的官方经济数据,比如欧盟统计局(Rurostat)、欧洲央行(ECB)、成员国中央银行、国际公共组织等发布的对GDP、国际收支平衡、通货膨胀率的经济预测;运输领域与运费相关的数据,如实时运输数据、日常费率和基准价格评估报告等。有意见认为与大宗商品衍生品间接相关的内幕信息应当还包括:(1)政府或私人机构发布的天气预报,因为该信息会对农产品期货的生产和价格产生影响;(2)在金属大宗商品领域,还有能够导致严重减产的行业行动或事件(如旷工、罢工),生产层面的商业决策,与生产成本(如生产者的成本曲线)、生产投入(如能源价格)、仓储成本(如仓库租金)等相关的数据,气候变化对矿业生产的影响等;(3)可能成为新的立法依据的政治声明,如限价和限产。但是ESMA认为,这些信息只是可能影响相关大宗期货价格,并非按照欧盟法律或成员国法律、市场规则、合同约定、行业惯例应当予以披露,或被合理期待应当予以披露的信息,因而不应纳入指南的内幕信息清单。[1]

同时,欧盟ESMA认为与现货合约直接相关的内幕信息包括:(1)《反市场滥用条例》序言第20段规定的,根据《能源批发市场的诚信度与透明度条例》和自愿加入的联合组织数据库倡议(Joint Organisations Data Initiative,JODI)所应披露的,批发性能源产品(电力和油气)生产、存储、消费、运输、转化等能力和使用信息;(2)农产品大宗商品领域,具有农业和农产品市场管理职责的机关相关的行动和措施,跨机构的农产品市场信息系统(Agricultural Market Information System,AMIS)中应该披露的信息。有意见主张纳入那些应当予以公开的实际库存、可供交付的供应量、收成预测,特殊情况下特定市场主体资不抵债、与农药或杀虫剂的使用或其成分相关的立法。对此,ESMA认为指南所列例子不宜碎片化和颗粒化;(3)金属大宗商品领域,ESMA在咨询文件中提议将仓储机构掌握的库存和库存走向的数据纳入,但后来认为这类数据存在于所有的大宗商品,并不仅限于金属大宗商品。而且一些

---

〔1〕 ESMA Final Report, *Guidelines on MAR-Information Relating To Commodity Derivatives Markets or Related Spot Markets for The Purpose of The Definition of Inside Information on Commodity Derivatives*, 30 Sept. 2016, ESMA/2016/1412.

大宗商品衍生品交易所,如伦敦金属交易所(London Metal Exchange)已经根据其规则公布了这些数据,因此将其作为一个特例予以明确。[1]

此外,德国联邦金融监管局(BaFin)官网也发布了与碳排放配额相关的内幕信息,涉及能够影响排放设施直接运行或排放配额市场参与者减排活动的措施和事件。这些信息包括但不限于(计划外的)停工期、排放设施的部分或最终关停、与新排放设施建设有关的投资决定、大型排放设施的能源效率变动(如因生产设备现代化以提高能源利用效率的商业决策,或是因为在排放设施中使用不同燃料)。值得注意的是,上述信息通常只有在相关事件能够单独地对价格产生影响时,才能够构成内幕信息。比如,与减排活动相关且有提示告知义务的信息,包括航线和航班的(部分)停运、航班和航线的增加、在航班和航线中更换不同型号(如能够减少碳排放量)的飞机。同时,监管机构的重大决定等外部因素也能够构成内幕信息,如涉及可允许使用的燃料范围、自由分配的排放指标或其他能够影响欧盟碳排放交易体系的结构性改革。[2]

3. 行为样态:针对非集中竞价市场的探询行为展开信息规制

那么,如何应对"或公开披露或戒绝交易"这一传统股市二元规制思维的局限,应对重大非公开信息无须(或不得)公开披露而又无法戒绝交易的情况呢?这就得针对非集中竞价市场的探询制定行为准则,这对于碳排放权、金融衍生品和外汇等领域的内幕交易规制尤为重要。

首先,明确在遵守相关条件和程序下,询价过程中的信息(包括非公开信息)披露行为,应被视为个人正常履行其职责的行为,不具非法性。其次,明确询价的条件和程序要求。一是询价前评估。披露方应当在询价前明确评估询价是否会涉及内幕信息的披露,并对评估结论和相关理

---

〔1〕 ESMA Final Report, *Guidelines on MAR-Information Relating To Commodity Derivatives Markets or Related Spot Markets for The Purpose of The Definition of Inside Information on Commodity Derivatives*, 30 Sept. 2016, ESMA/2016/1412.

〔2〕 BaFin, *Information Obligations for Issuers*: *Other Types of Inside Information*, https://www.bafin.de/EN/Aufsicht/BoersenMaerkte/Emittentenleitfaden/Modul3/Kapitel1/Kapitel1_2/Kapitel1_2_2/kapitel1_2_2_node_en.html.

据做好书面记录。该义务适用于整个询价过程中的每一次信息披露。询价方应在每一次披露后做好记录更新。二是取得同意与告知义务。询价方在披露信息前应取得被询价方接受内幕信息的同意,并告知其不得直接或间接地利用或试图利用相关内幕信息、用自己或他人账户交易相关的金融产品,包括不得变动其原有的相关订单,其一旦接受内幕信息就负有保密义务。三是记录并妥善保管。书面记录询价对象的身份及其知情同意、义务告知内容和所披露内幕信息,并妥善保管至少5年,在有权机关要求时予以提交。四是当非公开信息不再是内幕信息时,应及时告知询价对象。[1] 为实现有效规制,询价过程中的告知、信息披露和记录义务,法律性质上应当是强制性义务,而非市场主体为自我保护而可选择适用的"避风港规则";时间范围上始于早期的试水阶段,而终于交易正式公布一段合理时间后;主体范围方面,不仅适用于银行等金融机构,也适用于公司等各类发行人;地域范围方面,相关义务应同样适用于在我国境内发行、申请发行和持有相关金融工具的所有主体,包括注册地在境外的市场主体。[2]

这将是有效规制股市外内幕交易最为关键,质疑和阻力最大的一环。值得坚持之处在于,它能强化金融监管部门的信息掌握能力,提供可行的正当性判断标准,为市场主体提供更确定的自我保护准则,使股市内外风清气爽。[3]

4. 集中豁免:厘清内幕交易规制边界

客观而言,以公平竞争为价值指引,将所有金融产品都纳入内幕交易规制范畴,容易导致打击面过大,毕竟现行规范也已豁免了诸多形式上构成内幕交易的正当行为。正如平等论超越关系论之后因规制范围

---

〔1〕 欧盟《反市场滥用条例》第11条。

〔2〕 See Labbé, Amélie, *MAR Market Sounding: Optional Safe Harbour or Compulsory Rule*, International Financial Law Review, London, Feb 1, 2018.

〔3〕 See Green, J. & Torrens, E., *The European Market Abuse Regulation: MAR Ado About Everything*, Journal of Investment Compliance, Vol. 17:2, p. 2, 5(2016).

扩大而更需要豁免制度,[1]以公平竞争重塑内幕交易规制的内在意义和结构,防范泛道德化倾向,也必将更加需要豁免制度。因此,内幕交易规制向股市外拓展之时,必须同时以是否有损金融市场公平竞争秩序为标准,建立规范化的豁免制度。通过类似"举证责任倒置"的做法,将焦点由该不该规制,转向该不该豁免,促使市场积极主动地与监管沟通,增强市场、监管和投资者对相关信息、产品和行为的理解,扭转内幕交易规制延伸适用的被动局势,妥善处理国家、市场和法治的关系,即以"安全港规则"[2]的建构来驱除信息规制扩大化破坏金融市场信息生态的"魔鬼之忧"[3]。同时,针对股市之外不具正当性的内幕交易,还可以依据《行政处罚法》第33条之规定,吸收税收执法领域"首违不罚"的制度经验,以非详尽事项清单的形式列举构成内幕交易但因行为轻微而不予以处罚的具体情形,使市场主体明晰相关交易的违法性并及时改正,并予以公示以实现普法教育之目的。

首先,应当在金融立法中的内幕交易规范中嵌入"非正当性"的判断标准,夯实内幕交易豁免制度的法律依据。比如,将《证券法》"非法获取内幕信息的人"改为"非因正当理由而知悉内幕信息的人"[4]。其次,应明确豁免的启动程序、认定标准和适用程序,对确实不应适用或暂不适用内幕交易规范的产品,以及形式上构成内幕交易、但实质无损公平竞争秩序和市场诚信的行为,逐一论证后由监管部门确认其正当性、予以豁免。比如,有学者认为,按规定程序收购投资者手中到期违约债券份额的行为属于不良债权的收购,已不属于证券交易行为,应当认定

[1] 参见葛向孜:《内幕交易监管下的豁免制度研究》,法律出版社2022年版,第135页。

[2] 参见陈洁:《交易抗辩规则的建构"利用自身信息交易"作为内幕——兼论我国内幕交易安全港规则的基本框架》,载《现代法学》2021年第5期。

[3] 参见彭冰:《魔鬼隐藏在细节中:证券法大修中的小条款》,载《中国法律评论》2019年第4期。

[4] 参见葛向孜:《内幕交易监管下的豁免制度研究》,法律出版社2022年版,第232~240页。

为内幕交易豁免情形之一。[1] 也有学者认为,应增加对预定交易安排、信息隔离、安定操作、自身交易信息等正当情形的豁免,但仍需以善意行事为适用前提。[2] 再次,政府部门、市场主体、专家学者和社会公众等认为相关产品和行为不应受内幕交易规制的,或者哪些市场规则、行业惯例和合同约定不适宜作为信息公平取用判断标准的,均可向监管部门提出豁免请求,并说明理由。在监管部门做出最终豁免认定期间,相关产品和行为、行业惯例等义务来源可享受有条件豁免,明显违法和不合理的除外。比如,有学者就认为,"公权力机构和国际组织履行特定职责"可纳入兜底条款进行考量,因为我国追究公权力机构内幕交易责任的可能性很低,而欧盟是超国家间组织,所以得列举该事项来协调各成员国权力机构和国际组织的运行。[3] 本书不认同该处理方式,明确列举该事项可规范公权力机构和特定组织的运行,也可以向国内外传递我国内幕交易规制的决心和体系化的评判标准,增强市场信心。最后,值得强调的是,相关认定应始终围绕信息取用是否有损市场公平竞争价值,避免"经济学成本效益的选择性论证"[4]。

在做好上述顶层设计之后,内幕交易规制已从主体规制转为了行为规制,"(任何)知情人"[5]都能成为内幕交易主体。因此,内幕人不再有适格一说,重点就转向了金融市场哪些主体应该被豁免。然而,按照公平竞争标准应该被完全豁免的主体很少。比如,欧盟《反市场滥用条例》虽然认为,总排放量或额定热输出功率不超过某一标准的碳市场参与者的相关运行信息不具有重大性,却明确规定这些市场参与者依然受

---

〔1〕 参见贺锐骁:《中国债券市场内幕交易法律规制研究》,华东政法大学 2020 年博士学位论文,第 128 页。

〔2〕 参见葛向孜:《内幕交易监管下的豁免制度研究》,法律出版社 2022 年版,第 232 ~ 240 页。

〔3〕 参见葛向孜:《内幕交易监管下的豁免制度研究》,法律出版社 2022 年版,第 238 ~ 239 页。

〔4〕 Stanislav Dolgopolov, *Insider Trading, Informed Trading, and Market Making: Liquidity of Securities Markets in the Zero-Sum Game*, William and Mary Business Law Review, Vol. 3:1, p. 55 (2012).

〔5〕 曾洋:《证券内幕交易主体识别的理论基础及逻辑展开》,载《中国法学》2014 年第 2 期。

到内幕交易规则的限制，不得利用能够获取到的其他内幕信息进行交易。

如第四章第三节所述，掌握诸多交易信息的做市商低买高卖，是为市场提供流动性的正当行为。因此，应当确认持有内幕信息的做市商和中央对手方履行做市和清算义务的合法性，但是应以无损公平竞争和市场诚信为界。因为，做市交易内含价格撮合者与自营交易者集于一身的利益冲突，认可做市商和中央对手方的正当性并不意味着其可以滥用所掌握的内幕信息。如欧盟《反市场滥用条例》序言第29段和第30段就规定，对做市商和授权对手方的保护并不包括“抢跑”等《反市场滥用条例》明确禁止的各项行为。

就破产程序中的债权人委员会成员是否应该被豁免而言，破产法的价值目标不应也不足以引导内幕交易规制。“促成破产重组和解论”为促成破产重组而允许债权人委员会成员进行内幕交易，牺牲了金融市场的公平竞争秩序。破产企业的走向对剩余索取权的经济价值影响重大，而且对信息非常敏感。只要债权人委员会成员不正当地获取和利用这些非公开信息进行相关金融产品交易，就会破坏金融市场的公平竞争秩序，就应当纳入内幕交易规制范畴。

同理，作为债权人的银行应当被允许利用CDS进行风险对冲，但一旦其利用了内幕信息，不确定的风险对冲就成了确定性的损失转移。如果涉及超额购买，该行为的性质更恶劣。因此，交易CDS的银行不应该被豁免。

5. 责任设置：设置差异化的制裁标准与措施

内幕交易的法律责任可分为民事、刑事和行政三个层面。内幕交易的民事责任属于私人执行的范畴，其责任主要取决于侵权法和合同法的规定，缺乏差异化设置的空间和必要性。因此，股市外内幕交易的差异化责任设置主要是在刑事和行政制裁的公共执行领域：一是按照罪责刑相适应的比例原则，针对非股票金融产品和市场的特殊性及其内幕交易的危害程度，设置差异化的刑事、行政制裁标准与措施；二是按照“一事不二罚”的原则，协调好行政制裁和刑事制裁的关系，避免对行为人作出过重处罚。

从实践来看，对内幕交易施加制裁是一项非常强调本土性和很有意思的系统工程。[1] 例如，欧盟《反市场滥用条例》更偏好行政制裁，倾向于将刑事制裁作为补充性的制裁措施。在行政制裁措施方面，欧盟在明确罚金最低数额之后，将具体标准和制裁措施的制定交由各成员国进一步细化。在刑事制裁方面，为防止内幕交易等不法行为流向制裁力度更轻的成员国，欧盟则在 2014 年通过需要各成员国立法转化的《反市场滥用刑事指令》(Directive 2014/57/EU on Criminal Sanctions for Market Abuse)设置了最低规则。其中，该指令第 7 条第 2 款规定，各成员国应采取必要措施确保所有金融工具(包括碳排放配额)内幕交易的自然人最高可判处至少 4 年监禁。同时，欧盟还非常注重罚金类之外的制裁措施，比如，制止令(cease and desist order)、公共警告、撤销或暂停对投资公司的授权、暂时或永久性地禁止投资公司开展投资管理业务、暂时性禁止利用自有账户进行交易、司法清盘、剥夺接受公共援助资格等。[2]

就我国而言，股市内外内幕交易规制一致性的实现，必须在制裁标准和具体措施的差异化设置方面予以体现，否则内幕交易就会流向制裁较轻的金融产品和市场。如果以公平竞争重识内幕交易，并将法律、行政法规、部门规章、市场规则、合同约定和行业惯例等法律渊源作为信息公平取用的客观标准，内幕交易规制范畴必将随之扩张到全金融市场。然而，金融产品和市场类型多样且创新不断，如何科学系统地设置制裁标准和具体措施呢？

基于内幕交易法的不完备性，将剩余立法权和执法权在立法者、法院、监管机关和市场自治主体之间重新分配，并以信息公平取用客观标

---

〔1〕［英］理查德·亚历山大：《内幕交易与洗钱：欧盟的法律与实践》，范明志、孙芳龙等译，法律出版社 2011 年版，第 124 ~ 142 页、第 213 ~ 234 页。

〔2〕 Marco Ventoruzzo & Sebastian Mock, *Market Abuse Regulation: Commentary and Annotated Guide*, Oxford University Press, 2017, p. 477 – 491. 同见《反市场滥用条例》第 9 条。

准的效力层级来匹配相应的法律责任,可能是其中关键。内幕交易者获取和/或利用信息进行交易所违反的客观标准——法律渊源之效力层级越高,则匹配更严厉的法律责任,而不是像目前《刑法》《证券法》《期货和衍生品法》一般,将内幕交易的认定倚重于证券和期货监督管理部门的专门规定,即证监会的部门规章或规范性文件。具体而言,违反法律和行政法规之规定,不正当地获取和/或利用重大非公开信息进行金融交易的,以刑事制裁为主,可附加行政责任和行业自律监管措施;违反行政法规、部门规章、部门规范性文件和地方性法规之规定,不正当地获取和/或利用重大非公开信息进行金融交易的,以监管部门施以行政责任为主,辅之以行业自律监管措施;违反自律性市场规则、行业惯例和合同约定,不正当地获取和/或利用重大非公开信息进行金融交易的,则只能施以自律性监管措施。其中,刑事制裁只能适用于违反法律和行政法规之规定、不正当获取和/或利用非公开重大信息进行的金融交易;行政制裁不能适用于违反市场规则、行业惯例和合同约定、不正当获取和/或利用非公开重大信息进行的金融交易。

在此基础上,还需针对股市内外各金融产品和市场的差异性来匹配相应的制裁标准与处罚力度。首先,应强化制裁标准在各金融产品和市场之间的相对一致性。比如,在刑事追诉标准方面,应提高期货交易保证金数额标准并引入合约价值和市场影响等其他指标,以权益证券和固定收益类证券为划分标准,提高固定收益类证券交易的追诉标准和行政处罚门槛,并在司法解释和行政法规有关情节严重性的认定标准中予以体现。比如,有学者建议,针对债券交易金额的特点,机构投资者等单位主体从事债券内幕交易的,累计成交金额的立案追诉标准应设置为1000万元及以上,因为1000万元一般是当前国内机构投资者债券成交的最小金额。[1] 而根据《利用未公开信息交易司法解释》第7条,期货交易占用保证金数额在1000万元以上的,已属于"情节特别严重"。其

〔1〕 参见贺锐骁:《中国债券市场内幕交易法律规制研究》,华东政法大学2020年博士学位论文,第128页。

次,应根据“场内—场外”和“现货—衍生品”等差异,探索如何将内幕交易危害程度以市场流动性、价格波动幅度、系统性风险因子、受损投资者数量及金额等量化指标予以呈现。再次,还应针对股市内外的差异性丰富行政制裁措施,如制止令、公开谴责、撤销对相关单位的许可、撤销相关人员的从业资格、暂时性禁止利用自有账户进行交易、市场禁入及永久禁止参加与发行人相关的任何债权人委员会等。这点在机构投资者主导的金融市场中尤为重要,因为罚金的震慑力往往不足。其中,可以参照2020年10月沪深交易所就上市公司自律监管发布的纪律处分实施标准,[1]探索如何在股市外以分类监管和精准监管为目标,将责任区分精细化,实现合理震慑的同时避免双重处罚。最后,应合理配置行政和刑事制裁的震慑力和优化行刑程序的衔接。虽然“一事不二罚”的原则并未禁止立法同时对内幕交易施加刑事和行政制裁,但是二者叠加状况也使制裁震慑力的精细化、合理配置愈加关键。股市之外的内幕交易更容易与诸多刑法罪名存在法条竞合和想象竞合,在我国,如何优化行刑程序的衔接,明晰内幕交易行政制裁和刑事制裁的区别与联系,实现对违法和犯罪的精准认定与处罚,[2]也是接下来内幕交易规制实践和理论研究的重点难点。

综上所述,内幕交易规制向股市外的拓展可以采用公平竞争进路。它契合内幕交易的行为本质,可以明确其规制的道德原点及正当性基

---

〔1〕 2022年1月《上海证券交易所上市公司自律监管指引第10号——纪律处分实施标准》第3条:本所对上市公司及相关监管对象实施的纪律处分包括:(一)通报批评;(二)公开谴责;(三)公开认定3年以上不适合担任上市公司董事、监事、高级管理人员或者境外发行人信息披露境内代表;(四)建议法院更换上市公司破产管理人或者管理人成员;(五)暂不接受发行人提交的发行上市申请文件;(六)暂不接受控股股东、实际控制人及其控制的其他发行人提交的发行上市申请文件;(七)暂不接受保荐人、承销商、证券服务机构提交的文件;(八)暂不接受保荐代表人及保荐人其他相关人员、承销商相关人员、证券服务机构相关人员签字的文件;(九)限制投资者账户交易;(十)收取惩罚性违约金;(十一)本所规定的其他纪律处分。本所实施前款第(七)项、第(八)项纪律处分的,同时将该决定通知监管对象所在单位(如适用)及聘请其执业的本所上市公司或者相关信息披露义务人。在暂不接受文件期间,本所可以决定是否对该监管对象出具且已受理的其他文件中止审查。

〔2〕 参见毛玲玲:《内幕交易犯罪案件中的行政认定问题——以行刑衔接为视角》,载《上海政法学院学报(法治论丛)》2019年第1期。

础。内幕交易在股市内外均是一种不正当获取和滥用信息优势的反竞争行为。公平竞争能够作为反欺诈和市场诚信的价值桥梁,凝聚其他多元价值,也契合强调落实竞争政策基础地位的中国现实。因此,应当在金融立法中明确公平竞争目标,落实金融监管部门竞争执法权。然而,将公平竞争价值嵌入内幕交易规制,意味着竞争执法和金融监管两种范式的融合,在目的、假设、方法和理论等方面都面临视角转换的诸多挑战。由此,内幕交易的规制重心应当从以内幕信息为中心的法教义学明晰,转变为信息公平取用标准的客观把握。这点在内幕交易立法、规制实践和理论探索中都得到印证。但是,不宜以相关交易有无侵夺相关信息财产权益,或是否违反强制性信息披露制度,作为信息公平取用判断标准客观化的方向,应该以客观的法律渊源为标准。换言之,为实现规制一致性,法律、行政法规、部门规章、市场规则、合同约定和行业惯例都应逐步纳入全金融市场信息取用正当性判断的客观标准。

该改革方案意味着要消弭股票化规制思维定式引致的诸多"双城记"。首先,是消除诸多法律规范之间的冲突,统一用语和规范结构,将法律渊源确立为信息公平取用的判断标准,明确各金融监管机关的规制职权,并适时实现法典化。其次,是内幕信息的法教义学明晰更多发挥指示性作用,因此应建立非详尽指示性内幕信息清单制度,为市场提供更加清晰、具体、丰富的指引。同时,鉴于股市内外交易机制的差异,还必须针对非集中竞价市场的探询行为展开信息规制。再次,建立集中豁免制度,系统性地确认正当取用信息优势的金融交易行为类型,以厘清内幕交易规制边界。最后,也最难的,针对全金融市场的内幕交易行为设置差异化的法律责任,明确制裁标准与具体措施。因出版周期、能力和篇幅有限,本书重在股市内外内幕交易规制体系化建构的理论探索,于此权作抛砖引玉,期冀更多专家学者的真知灼见。

结语　共识的瓦解与凝结

内幕交易制度发端于股票市场，经历了从经济学命题到法学命题的历程，被认为是证券市场违法行为中机理最复杂的类型之一，也已超越证券法范畴而成为一个金融法命题。纵观国内外，在理论研究、立法实践和执法工作层面，内幕交易规制已不同程度地拓展到债券等其他证券，期权和期货，信用违约互换[信用风险缓释(保护)工具]、差价合约和点差交易等金融衍生品，存款、基金、外汇和黄金等传统金融产品，比特币和NFT等加密资产，超越金融产品之分的程序化高频交易，乃至金融属性较强的碳排放权、剩余索取权、房地产和高端艺术品。但是，内幕交易规制的执法案例和理论研究依然高度集中于股票市场，股市之外的内幕交易案例和研究文献较罕见且争议较大，相关理论认知和制度实践在股市内外形成诸多“双城记”。在以股票市场为中心向外拓展的差序格局中，内幕交易规则中原本不那么坚固的传统共识正在瓦解，甚至面临“自我认知障碍”：到底什么是内幕交易，为什么要予以规制，如何界定受规制的产品范围，又如何一以贯之，股市内外真正的差异是什么，为什么内幕交易在某些市场被禁止而在某些市场又被允许，什么样的内幕交易不需要被禁止。更让人担忧的是，当内幕交易规制的本体论和价值论未成型而受规制产品的范围不断扩张之时，关于认识论、规范论、运行论和方法论的研究越深入，以内幕信息为中心的构成要件分析得越细致，这些根本性问题就越让我们困惑，内幕交易规制就越容易面临合法性危机，亟待体系化的理论阐释和统一化的制度重塑。

在股市之外，对于是否应当规制内幕交易的理论争论尤为激烈。过去用来证明内幕交易规制正当性的资源配置效率理论、逆向选择理论、管理层激励与补偿理论、投资者信息理论、信息（财）产权理论等诸多学说，对规制股市之外内幕交易的解释力越来越弱。从股票市场发展出来的信义义务、盗用理论和信息平等获取理论等传统归责原则，在衍生品、债券、期货、外汇、碳排放权、加密资产、高频交易等领域，都难以证成内幕交易规制的逻辑基础。在股市之外，人们对公平概念有了新的理解，内幕交易的法律内核不清，甚至并不一定具有道德上的可谴责性。一系列试图证成内幕交易合法化或差异化规制的创新理论涌现，如提高定价效率说、股东受益说、信息皆属公开说、私合同说、风险对冲说、信息财产权益说、保护银行偿付能力说以及促成破产重组和解说等。其间，股市内外的产品和市场差异往往被过分拔高，比如，交易机制是否为集中竞价、市场主体结构以个人还是机构投资者为主、信息披露制度是否适用。但是，对于为何股市之外的内幕交易也应当予以规制，支持规制者的理论阐释也明显力不从心。股市内外影响内幕交易规制的真正差异难以甄别，理论争辩往往演变为“它就是对的”和“它就是不对”的立场表达。

从历史的角度看，尽管学界对内幕交易是否应当予以规制的理论争鸣已持续50多年不息，但禁止内幕交易的立法越来越多，被纳入规制范畴的金融产品也越来越多。然而，国际社会对于哪些金融产品应当纳入内幕交易规制范畴尚无共识。欧盟在2014年将所有“金融工具”（包括碳排放权但不包括外汇现货）纳入内幕交易规制范畴。日本虽然在2006年围绕“金融商品”构建统一的金融法制，但只是套用证券内幕交易规范并在其中增加了“金融衍生品交易”的表述。大部分国家和地区的内幕交易规制范畴以证券、期货和衍生品为主，但是具体规则的实际适用范围往往更窄。比如，印度的内幕交易规范实际只针对公司证券。我国在2019年修订《证券法》时，针对上市交易的公司债券制定内幕交易规则,2022年《期货和衍生品法》规定禁止期货以外的衍生品内幕交易。但是,早在2014年我国外汇市场自律规范就已出现内幕交易规则,而欧盟在2020年才决定不将外汇现货纳入内幕交易规制范畴。与之类似,碳排放权内幕交易规范已在我国各碳交所的自律规范中涌现,但2024年《碳排放权交易管理暂行条例》未提及内幕交易。美国的内幕交易规范主要存在于证券和期货立法中,但是2023年美国成功追诉的是全球首例加密货币和NFT内幕交易案。可见,内幕交易规制产品范畴的扩张规律并不明显。

在这种情况下,当我们将起初针对股票市场制定的具体内幕交易规则扩张适用于股市之外,就会发现原有规范的诸多不适。我国法律层面的内幕交易规范可适用于证券、期货和衍生品,但是其中的证券实际上只有上市公司股票和上市交易的公司债券,不包括其他标准化债权类资产。更重要的是,法律规范往往以本身中性的内幕信息为中心,采用内幕信息知情人利用内幕信息进行交易的循环定义方式,预设了内幕交易的存在,其实并未界定内幕交易的法律内核,甚至并未明确内幕交易立法所保护的价值。我国尚未归纳出明确的内幕交易归责原则,证券内幕交易规制受反欺诈理论逻辑的影响较大,而在股市之外(以期货市场为代表)又倾向采用市场诚信理论逻辑。[1] 两种规制逻辑的杂糅,导致证券和期货领域有关内幕信息和内幕交易主体的认定思路和具体范围明显不同。由此产生的制度分歧集中体现在证券领域(股市)区分内幕信息和内幕信息以外的其他未公开信息,并且规定不同范围的知情人,但期货和衍生品立法对此又不作区分。法律层面的这种分歧,导致信用风险缓释工具、外汇和碳排放权等其他领域较低层级的规则往往避免使用内幕交易和内幕信息等概念,转而采用内幕消息、非公开信息和敏感信息等概念,相关规范也无法在更高层级的部门规章、行政法规和法律层

[1] 美国模式以反欺诈为目标,因合法性、合理性和一致性存在重大缺陷而被各国所抛弃。欧盟模式以市场诚信为目标,国际认可度较高,但是市场诚信目标过于抽象,我国并不宜参考欧盟模式将市场诚信作为内幕交易立法的唯一立法目的。

面予以体现。值得注意的是，2023 年证监会主导草拟《衍生品交易监督管理办法》的两次征求意见稿均未进一步明确何为衍生品交易的内幕信息，但增加了利用内幕信息以外的其他未公开信息交易衍生品的规定。按照内幕信息及其知情人范围必须由法律或监管部门事先规定的精神，衍生品领域尚无法开展内幕交易的行政执法，按照罪刑法定原则尚不能适用《刑法》第 180 条。

究其根源，以内幕信息为中心的法教义学分析，所求得的确定性其实源于内幕交易规范以外的主观信念或价值取向。[1] 在什么是内幕交易及其规制目标没有明确的情况下，构成要件分析框架之下的内幕信息要件成了吸纳多元价值目标并平衡诸多矛盾的支点。但是，本身中立的内幕信息要件，不应承载也无法独力承载内幕交易立法的诸多期待，既要有效打击内幕交易又要约束行政权力，既要净化市场生态又要缓解规制扩大化带来信息生态受损之忧。况且，内幕信息的界定对倚重主板公开发行市场和强制性信息披露制度的“或披露或戒绝”股市规制逻辑产生了路径依赖，束缚了其他诸多金融市场内幕交易规范的制定。

多元价值的纠缠和悬置，“或披露或戒绝”的逻辑使内幕信息规定与上市公司强制信息披露制度挂钩，这就解释了为何证券法关于上市公司应当披露的重大事项的规定能实质性地替代本就平行的内幕信息一般规定。由此，未列举而应当披露的其他重大事项从监管部门的事后认定改为事先规定，也演变为内幕信息兜底认定方式的转向。这也能解释为何会区分出内幕信息以外的其他未公开信息，为什么“老鼠仓”事件中的客户交易信息被定性为未公开信息，为什么《利用未公开信息交易司法解释》对“违反规定”的解释会超越信息披露规定，将未公开信息保护、信息保密、禁止交易、禁止利益输送等规定纳入在内，还将影响证券期货交易“活动”（而非价格）的信息也囊括在内。这还能解释为何《期货和衍生品法》无法明确衍生品内幕信息，证监会在《衍生品交易监督

---

〔1〕 戴昕：《信息隐私：制度议题与多元理论》，北京大学出版社 2024 年版，第 38 页。

管理办法》的征求意见稿中区分衍生品交易中内幕信息以外的其他未公开信息;碳排放权、外汇、信用风险缓释工具等其他领域较高层级的立法为何未明确禁止内幕交易。

对症下药,内幕交易规制在股市内外的统一化有两大重点:一是明确什么是内幕交易,以何为目标予以规制;二是如何转变以内幕信息为中心的构成要件分析框架,转向何处。在研究证券和衍生品内幕交易规制时,有学者提出了具有建设性的信息财产权益说和信息披露制度完整性说等改革方案。即内幕交易是侵夺相关信息财产权益的行为,对其予以规制是为了保护相关(财)产权人利益;或者说内幕交易是违反强制信息披露义务的行为,对其予以规制是为了保护信息披露制度的完整性。因诸多原因,这些方案放在股市内外的大背景下仍不够理想,无法引领内幕交易规制的体系重塑,还需要探索新的改革方案。

溯本求源,本书发现内幕交易在股市内外都是"不当取用信息优势"的不正当竞争行为,据此共性提出内幕交易规制应当以公平竞争为价值承载来凝聚共识。以此为基础,本书吸收反不正当竞争法一般条款之精神,顺应刑法犯罪构成理论从"四要件"转向"三阶层"的发展趋势,建构了股市内外内幕交易规制体系重塑的"公平竞争范式"。过去内幕信息的认定倚重信息的重大性和未公开性。在信息重大性方面,无论内幕信息还是内幕信息以外的其他未(非)公开信息,都具有一旦公开就会影响交易价格的信息优势。信息若不相关或对交易产品的市场价格(价值)影响轻微,即不存在信息优势,即便不正当地被利用来进行交易也无危害性或危害性较低,故法律和行政权力无须干预。而内幕信息的未公开性其实内含对信息优势现实化行为的违法性判断,即将内幕交易限定为违反强制信息披露义务的行为,然而是否违反强制性公开披露制度并非唯一判断依据。因此,内幕信息其实应是重大非公开信息而不只是未公开信息,金融市场内幕交易规制的统一化应该采用递进式的"符合性—违法性—有责性"三阶层论,判断信息优势取用行为是否存在、取用行为是否违法以及是否存在应当被豁免的情形。其中,信息优势取用行为违法性判断的重点，就在于突破强制性信息披露规定，并明确哪些类型和层级的法律渊源应该作为评价依据。限制执法部门的权力限制应该通过合理限缩作为行为违法性判断依据的法律渊源的具体类型和范围来完成，而非坚持内幕信息必须由监管部门事先规定。而缓解规制扩大化影响市场信息生态之忧的制度重点，则应放在“有责性”这一层面，通过集中豁免的安全港制度不断澄清哪些利用重大非公开信息的交易具备正当理由而无损公平竞争秩序，以为市场交易、行政执法和司法审判提供更具体、可操作的指引。如此转变思维之后，内幕交易规制应针对非集中竞价市场的探询行为展开信息规制，内幕信息及其知情人的范围界定也应向行为范式转换，从而演变为以非详尽指示性清单的方式来澄清哪些信息取用行为构成内幕交易，并且总结股市内外的差异构建内幕交易行为主观恶性和社会危害性判断的评价体系，对法律责任进行更加精密的分层设置。

近年来，金融监管一体化进程加快，以“公平竞争范式”凝结共识、引领内幕交易规制在股市内外的统一化更加迫切。“十四五”规划提出，要“完善现代金融监管体系”。2023 年中央金融工作会议强调要“依法将所有金融活动全部纳入监管”，“打造规则统一、监管协同的金融市场”。2024 年《政府工作报告》也重申要“健全金融监管体制，提高金融风险防控能力”。正是基于这样的认识，本书认为内幕交易在股市内外均属滥用信息优势的不正当竞争行为，基于此提出一个融合金融监管和竞争执法分析框架的“公平竞争范式”：依次判断信息优势是否存在、信息优势的利用是否违法、信息优势的利用是否具有违法阻却事由。借此突破以内幕信息为中心的教义分析的局限，将规制重心转向以法律法规为主要依据的信息优势利用正当性判断，以消弭股市内外的制度分歧、认识盲区和误区，实现内幕交易规制体系在股市内外的统一化。

需要说明的是，内幕交易规制的公平竞争范式可能是更优解，但绝不是最优解。比如，公平竞争范式如何能将内幕交易规制范畴刚好设定在金融市场，而不至于泛化到整个市场经济呢？对于内幕交易法的适用范围，有学者主张限制在普通上市股票、证券范围内，也有人认为不应该包括期货和 EFT，而仅限于需要强制信息披露的资产，还有人主张在合同法基础上需要增加一层法律保护的领域（如加密资产），众说纷纭。本书采用理想类型的思考方式，即将内幕交易类型化为"金融市场不当取用信息优势的反竞争行为"，以凝聚共识，汇集力量，画出最大同心圆。这可以说仅是未来内幕交易立法改革中的一种价值选择，因为内幕交易这一抽象的一般概念及逻辑体系本身已不足以涵摄金融市场中相关行为的多维脉络和复杂形态。拉伦茨曾言："构想的'成就'常以其于事务上的后果如何为准。于此涉及的不仅是逻辑操作，毋宁常涉及法律的目的、交易需要，或法目的及诉讼经济，此与法的解释及法官的法的续造，并无不同。"[1] 本书提出的公平竞争范式与"内幕信息中心论""信息财产权益说""信息披露制度完整性说"等制度建言一样，都是真诚的构想，有待锤炼、理解、接受和实践。

韩愈《原道》尝言："然则如之何而可也？不塞不流，不止不行。"本书选择的"股市内外"研究视角内嵌了否定之否定的品格，出于规制一致性考虑而提出的公平竞争范式最终超越了股市内外之分。若非如此，不足以反映内幕交易规制诞生于股票市场之后面临的现实困境。若非如此，不足以反映股市之外理论争鸣的碎片化和颗粒化，不足以全面反映"股票化思维"规范在拓展适用于股市之外的诸多不适。若非如此，不足以构建一个涵盖整个金融市场、既有内在一致性、又能合理观照诸多差异性的规制体系。正所谓，不破不立。

以公平竞争范式重识股市内外的内幕交易及其规制之后，研究重点和制度重心不再是"是否应当规制"和"为何予以规制"，而在于"如何予以规制"。金融市场内幕交易规制下一阶段的研究，可以从宏观、中观和微观三个层面发力。宏观层面，可以从金融法和竞争法融合的视野对内幕交易规制的体系重塑进行理论把握，比如，"竞争执法范式"何以嵌入

---

〔1〕［德］卡尔·拉伦茨：《法学方法论》，陈爱娥译，商务印书馆 2003 年版，第 324 页。

金融监管,将内幕交易规制扩张到全金融市场是否实际可遵循,如何抑制公平竞争进路的泛道德化倾向,如何把握立法统合节奏。中观层面,可以探索金融市场逐步纳入内幕交易规制范畴的技术路线,明确其与市场操纵、虚假陈述、贪污受贿等容易发生竞合的法律制度之间的逻辑关系、具体边界和协调机制。微观层面,则可从技术性条款入手,打磨金融市场内幕交易规制“公平范式”的最佳条文结构,研究集中豁免的制度建设、法律责任的分层精细化设置、执法权力的分配和协调,将公平竞争范式在金融市场的各个场域予以细化。

参考文献

一、中文类主要参考文献

1. 葛向孜:《内幕交易监管下的豁免制度研究》,法律出版社 2022 年版。

2. 宁荣:《内幕交易的多副面孔:中国的监管标准与执法实践》,经济科学出版社 2019 年版。

3. 刘成墉:《金融衍生品内幕交易问题研究》,法律出版社 2018 年版。

4. 王玉珏:《内幕交易罪应用法律对策与监管模式研究》,北京大学出版社 2017 年版。

5. 曹理:《证券内幕交易构成要件比较研究》,法律出版社 2016 年版。

6. 周德清等:《金融市场内幕交易影响研究》,经济科学出版社 2017 年版。

7. 雷丽清:《中美内幕交易罪比较研究》,中国检察出版社 2014 年版。

8. 张小宁:《证券内幕交易罪研究》,中国人民公安大学出版社 2011 年版。

9. 张祥宇:《内幕交易罪客观构成要件要素研究》,中国政法大学出版社 2018 年版。

10. [英]理查德·亚历山大:《内幕交易与洗钱:欧盟的法律与实践》,范明志、孙芳龙等译,法律出版社 2011 年版。

11. 井涛:《内幕交易规制论》,北京大学出版社 2007 年版。

12. 马韫:《中国证券市场内幕交易监管实践研究和案例分析》,中国方正出版社 2014 年版。

13. 胡光志:《内幕交易及其法律控制研究》,法律出版社 2002 年版。

14. 郑顺炎:《证券内幕交易规制的本土化研究》,北京大学出版社 2002 年版。

15. 杨亮:《内幕交易论》,北京大学出版社 2001 年版。

16. 贺绍奇:《内幕交易的法律透视:理论研究与案例分析》,人民法院出版社 2000 年版。

17. 王瑞贺、方星海主编:《中华人民共和国期货和衍生品法释义》,法律出版社 2022 年版。

18. 叶林主编:《中华人民共和国期货和衍生品法理解与适用》,中国法制出版社 2022 年版。

19. 沈炳熙、曹媛媛:《中国债券市场:30 年改革与发展》(第 2 版),北京大学出版社 2014 年版。

20. 冯果等:《债券市场风险防范的法治逻辑》,法律出版社 2016 年版。

21. 缪因知:《中国证券法律实施机制研究》,北京大学出版社 2017 年版。

22. 洪艳蓉:《金融监管治理:关于证券监管独立性的思考》,北京大学出版社 2017 年版。

23. 吴志攀:《金融法概论》,北京大学出版社 2011 年版。

24. 彭冰主编:《规训资本市场:证券违法行为处罚研究》,法律出版社 2018 年版。

25. 施天涛、周伦军主编:《美国证券欺诈经典案例:内幕交易与虚假陈述》,法律出版社 2015 年版。

26. 上海证券交易所:《债券技术:创新与发展》,上海人民出版社 2013 年版。

27. 蔡奕:《证券市场监管执法的前沿问题研究——来自一线监管者的思考》,厦门大学出版社 2015 年版。

28. 张小波:《中国证券市场内幕交易的分析及其监管研究》,西南财经大学出版社 2015 年版。

29. 陈洁主编:《商法界论集(第二卷):期货法立法研究》,法律出版社 2018 年版。

30. 张国炎、张熙鸣译:《美国期货交易法》,上海社会科学院出版社 2015 年版。

31. 应飞虎:《信息失灵的制度克服研究》,法律出版社 2004 年版。

32. 谢晓尧:《竞争秩序的道德解读:反不正当竞争法研究》,法律出版社 2005 年版。

33. 欧阳琦:《澳门金融法律制度》,澳门基金会、社会科学文献出版社 2016 年版。

34. [美]P. 诺内特、[美]P. 塞尔兹尼克:《转变中的法律与社会:迈向回应型法》,张志铭译,中国政法大学出版社 2004 年版。

35. [奥]卡瑞恩·克诺尔·塞蒂娜、[英]亚力克斯·普瑞达主编:《牛津金融社会学手册》,艾云、罗龙秋、向静林译,社会科学文献出版社 2019 年版。

36. [德]卡尔·拉伦茨:《法学方法论》,陈爱娥译,商务印书馆 2003 年版。

37. [德]马克斯·韦伯:《经济与社会》,阎克文译,上海人民出版社 2010 年版。

38. 贺锐骁:《中国债券市场内幕交易法律规制研究》,华东政法大学博士论文,2020 年。

39. 刘国:《中国证券市场内幕交易及政府管制研究——基于法经济

学与交易者行为》,南京理工大学 2015 年博士学位论文。

40. 林宜灿:《证券内幕交易犯罪案件侦查研究》,中国人民公安大学 2018 年博士学位论文。

41. 傅智辉:《中国市政债券市场监管制度研究》,财政部财政科学研究所 2014 年博士学位论文。

42. 杜晓芬:《我国内幕交易法律监管体系构建的研究——兼论法律监管体系下的中小投资者保护》,南开大学 2014 年博士学位论文。

43. 谢杰:《市场操纵犯罪的机理与规制:法律与金融分析》,华东政法大学 2014 年博士学位论文。

44. 周钦逢:《论我国台湾地区内幕交易罪》,华东政法大学 2013 年博士学位论文。

45. 闫荣涛:《股指期货交易的私法分析》,中国政法大学 2011 年博士学位论文。

46. 廉鹏:《内部人交易与公司信息披露研究——基于中国上市公司的分析》,吉林大学 2009 年博士学位论文。

47. 张掌然:《问题论》,武汉大学 2005 年博士学位论文。

48. 谢杰:《期货市场内幕交易犯罪的机理解构与刑法规制》,载《上海政法学院学报(法治论丛)》2022 年第 4 期。

49. 鲍晓晔:《中国期货内幕交易规制立法现状与完善》,载《上海师范大学学报(哲学社会科学版)》2021 年第 6 期。

50. 叶林、钟维、邹启钊:《期货市场内幕交易:理论基础与构成要件》,载曹越主编《期货及衍生品法律评论》(第 2 卷),法律出版社 2020 年版。

51. 李铭、许恒、杨文飞:《期货市场很少发生内幕交易?——基于投资者特征与内幕交易动机的实证分析》,载《征信》2019 年第 9 期。

52. 谢杰:《期货市场内幕交易的法律规制》,载《财经法学》2019 年第 5 期。

53. 龙非:《未公开重大交易信息应当作为内幕信息——光大证券

“乌龙指”事件处罚案分析》,载《法律适用(司法案例)》2018 年第 10 期。

54. 刘军岭:《期货内幕交易与泄露期货内幕信息行为比较研究》,载《上海金融》2017 年第 1 期。

55. 任超:《美国期货内幕交易执法实践新发展》,载《证券市场导报》2018 年第 7 期。

56. 邢会强:《证券期货市场高频交易的法律监管框架研究》,载《中国法学》2016 年第 5 期。

57. 李西臣:《错单交易信息何以成为内幕信息?——析证监会处罚光大证券“乌龙指”案》,载《兰州学刊》2016 年第 5 期。

58. 上海市第二中级人民法院课题组:《证券市场内幕交易民事赔偿责任问题研究——以光大乌龙指引发的内幕交易案为视角》,载《证券法苑》2019 年第 3 期。

59. 朱芸阳:《股指期货内幕交易监管困境与出路》,载《人民论坛》2015 年第 32 期。

60. 钟维:《期货市场内幕交易:理论阐释与比较法分析——兼论我国期货法之内幕交易制度的构建》,载《广东社会科学》2015 年 4 期。

61. 刘成墉:《金融衍生品之跨市场内幕交易——以检视台湾地区规范间隙为视角》,载《证券法律评论》,中国法制出版社 2015 年。

62. 李睿:《光大证券异常交易事件的刑法评析》,载《华东政法大学学报》2014 年第 5 期。

63. 柯静:《“光大乌龙指”诉讼案的行政法问题研究》,载《上海金融》2015 年第 2 期。

64. 陈洁、曾洋:《对“8 · 16 光大事件”内幕交易定性之质疑》,载《法学评论》2014 年第 1 期。

65. 熊锦秋:《认定光大证券内幕交易依法有据》,载《上海证券报》2014 年 2 月 18 日,第 A02 版。

66. 缪因知:《光大证券事件行政处罚与民事索赔之合法性质疑》,

载《法学》2014 年第 1 期。

67. 刘爱童:《证券、期货内幕交易犯罪若干问题研究——以内幕交易、泄露内幕信息罪为视角》,载《武汉理工大学学报(社会科学版)》2012 年第 4 期。

68. 巫文勇:《金融衍生产品交易侵权民事法律责任研究》,载《甘肃政法学院学报》2012 年第 1 期。

69. 毛雅娟、喻世友、吴荣福:《对金融衍生品市场内幕交易的一些新思考——澳大利亚现行的反内幕交易法及其带给我们的若干启示》,载《金融论坛》2006 年第 6 期。

70. 张国炎:《期货内幕交易》,载《政治与法律》1999 年第 6 期。

71. 吴越:《现货与期货交易的界分标准与法律规制》,载《中国法学》2020 年第 2 期。

72. 孔庆林、杨晓华:《金鱼缸效应在防止股指期货内幕交易中的应用》,载《财会通讯》2011 年第 14 期。

73. 李靓:《期货内幕交易罪立法之国际比较》,载《财经理论与实践》2005 年第 6 期。

74. 姜彦君:《证券、期货内幕交易刑法规制与评价》,载《中国刑事法杂志》2001 年第 6 期。

75. 武佳薇:《〈期货和衍生品法〉调整对象演变逻辑》,载《银行家》2022 年第 6 期。

76. 王怀勇、钟文财:《统一化与差异化:债券市场内幕交易规制的困境与法制进路》,载《证券市场导报》2020 年第 12 期。

77. 贺锐骁:《〈民法典〉背景下我国债券内幕交易民事责任认定及承担》,载《法律适用》2020 年第 19 期。

78. 张子学:《浅析债券市场内幕交易的规制》,载《证券法苑》2012 年第 1 期。

79. 范黎红:《信用违约互换(CDS)市场内幕交易的法律规制》,载《证券市场导报》2019 年第 8 期。

80. 王晓翌:《债券市场内幕交易与监管机制研究》,载《中国商论》2015 年第 32 期。

81. 董铸辉:《论我国信用违约互换的法律监管路径选择》,载《北方金融》2019 年第 8 期。

82. 洪艳蓉:《〈证券法(三审稿)〉债券规则评析》,载《中国法律评论》2019 年第 4 期。

83. 常健、罗伟恒:《论我国信用违约互换(CDS)风险的法律防范——基于信息披露规则完善的视角》,载《上海财经大学学报》2017 年第 3 期。

84. 张昕、苟宇:《我国信用衍生产品合约的法律性质》,载《金融法苑》2008 年第 2 期。

85. 梅明华:《信用衍生产品有关法律问题探析》,载《金融论坛》2005 年第 3 期。

86. 宋常、韩斯玥、张羽瑶:《中国债券市场的多头监管:低效监管抑或部门竞争》,载《上海金融》2013 年第 2 期。

87. 冯果:《债券的证券本质与债券市场法制化——〈证券法〉修订背景下的债券法律体系重构与完善》,载《证券法苑》2016 年第 1 期。

88. 徐忠:《中国债券市场发展中热点问题及其认识》,载《金融研究》2015 年第 2 期。

89. 洪艳蓉:《〈证券法〉债券规则的批判与重构》,载《中国政法大学学报》2015 年第 3 期。

90. 洪艳蓉:《公司债券违约零容忍的法律救赎》,载《法学》2013 年第 12 期。

91. 宋亮:《我国公司债券违约的法治化治理》,载《湖北社会科学》2018 年第 1 期。

92. 南玉梅:《债券交易人卖者责任探析——以信息披露义务与诚信义务为核心》,载《中国政法大学学报》2017 年第 1 期。

93. 李彦之:《中国证监会监管下的公司债券创新改革十议》,载《西南金融》2018年第8期。

94. 蒋大兴：《被忽略的债券制度史——中国（公司）债券市场的法律瓶颈》，载《河南财经政法大学学报》2012年第4期。

95. 窦鹏娟：《新常态下我国公司债券违约问题及其解决的法治逻辑》，载《法学评论》2016年第2期。

96. 徐聪：《论转轨背景下证券法治逻辑与制度的现代化——兼评〈证券法（修订草案）〉"一读稿"》，载《法学评论》2016年第2期。

97. 金永军、赵敏、刘斌：《债券只适合场外交易吗?》，载《证券市场导报》2011年第7期。

98. 房绍坤、王洪平：《公司董事对公司债权人之信义义务与注意义务——加拿大最高法院"Peoples Department Stores Inc. (Trustee of) v. Wise"案述评》，载《环球法律评论》2005年第4期。

99. 张子学：《资管账户因管理人证券违法所获收益的没收问题——兼议引入证券行政处罚第三人制度》，载《证券市场导报》2015年第7期。

100. 蒋雪柔：《关于私募证券投资基金监管问题的思考》，载《经贸实践》2018年第11期。

101. 王潇炜、顾桂定：《重大资产重组中是否存在基金内幕交易？——基于基金持股数据的FDR分析》，载《经济管理》2015年第8期。

102. 郭晓婧：《公募与私募合谋下的内幕交易》，载《现代经济信息》2007年第4期。

103. 俞峰、卢勇等：《境外个股期权违法行为监管研究》，载《2015年证券投资咨询机构创新发展论坛论文》，中国证券业协会，2015年7月31日。

104. 彭鲁军、陈亦聪：《股票期权内幕交易法律规制之检视与思考》，载《证券法苑》2014年第4期。

105. 叶德珠、胡北平：《基于期权平价原理的内幕交易管制设计》，载《广东金融学院学报》2008 年第 2 期。

106. 张颖、郑学清:《股权激励的市场反应及其内幕交易的实证研究》,载《华东经济管理》2008 年第 12 期。

107. 韩轶:《内幕交易、泄露内幕信息罪犯罪主体认定的“辩审冲突”问题研究》,载《法商研究》2023 年第 1 期。

108. 李激汉:《证券内幕交易规制范围确定的内在逻辑》,载《北方法学》2022 年第 4 期。

109. 张淑芬、左坚卫:《新〈证券法〉下证券内幕交易主体的立法重构》,载《云南师范大学学报(哲学社会科学版)》2022 年第 1 期。

110. 宋颐阳:《内幕交易犯罪识别路径研究:从发行人许可的“内幕交易”谈起》,载《法学评论》2022 年第 1 期。

111. 曹理:《新〈证券法〉下内幕交易认定的理念转换与制度重构——以光大证券“乌龙指”案为对象的分析》,载《西南民族大学学报(人文社会科学版)》2022 年第 1 期。

112. 李激汉、徐成龙:《构建我国证券内幕交易规制理论的基本路径探析》,载《河北法学》2021 年第 12 期。

113. 陈洁:《交易抗辩规则的建构“利用自身信息交易”作为内幕——兼论我国内幕交易安全港规则的基本框架》,载《现代法学》2021 年第 5 期。

114. 吕成龙:《中国证监会内幕交易处罚的裁量之治》,载《法学评论》2021 年第 5 期。

115. 金燚:《内幕交易之违法所得:行刑衔接视角下的实证考察与理论辨析》,载《湖北社会科学》2021 年第 2 期。

116. 缪因知:《反欺诈论下的内幕交易类型重构:原理反思与实证检验》,载《法学家》2021 年第 1 期。

117. 李激汉:《新〈证券法〉下内幕交易主体范围确定之构想》,载《北方法学》2020 年第 6 期。

118. 吕成龙:《内幕交易的“源头规制”:动因、经验与路径》,载《证券市场导报》2020 年第 9 期。

119. 彭冰:《魔鬼隐藏在细节中:证券法大修中的小条款》,载《中国法律评论》2019 年第 4 期。

120. 毛玲玲:《内幕交易犯罪案件中的行政认定问题——以行刑衔接为视角》,载《上海政法学院学报(法治论丛)》2019 年第 1 期。

121. 史佳欣:《论内幕交易法律规制的核心逻辑——基于公司治理与证券监管的双重面向》,载《河北法学》2018 年第 4 期。

122. 赵姗姗:《法益视角下证券内幕交易罪主体范围的规范构造》,载《政治与法律》2018 年第 10 期。

123. 李支:《我国禁止内幕交易制度的理论逻辑及其反思》,载《学术界》2015 年第 7 期。

124. 刘宪权:《内幕交易违法所得司法判断规则研究》,载《中国法学》2015 年第 6 期。

125. 夏中宝:《从"身份中心主义"到"信息中心主义"——内幕交易主体法律规制之变迁》,载《金融服务法评论》2014 年第 1 期。

126. 张心向:《我国证券内幕交易行为之处罚现状分析》,载《当代法学》2013 年第 4 期。

127. 何青、房睿:《内幕交易监管:国际经验与中国启示》,载《经济理论与经济管理》2013 年第 7 期。

128. 傅穹、曹理:《禁止内幕交易立法理念转换及其体系效应——从反欺诈到市场诚信》,载《法律科学(西北政法大学学报)》2013 年第 6 期。

129. 谢杰:《最新内幕交易犯罪司法解释的缺陷与规则优化》,载《法学》2012 年第 10 期。

130. 毛玲玲:《证券刑法的矛盾样态及反思》,载《中外法学》2014 年第 3 期。

131. 张鹂:《内幕交易规制的理论及实务疑难问题研究》,载《法律适用》2015 年第 3 期。

132. 吴昉昱:《我国证券内幕交易主体之理论解读与规则构建》,载《政治与法律》2015 年第 7 期。

133. 段磊:《日本证券市场内幕交易规制的最新动态及借鉴——以 2013 年〈金融商品交易法〉修订为线索》,载《证券市场导报》2014 年第 6 期。

134. 万国华、张崇胜:《我国反证券欺诈机制的检视与完善》,载《金融与经济》2018 年第 8 期。

135. 彭志、肖土盛、赵园:《中国资本市场 20 年内幕交易行为案例综述》,载《财经研究》2017 年第 12 期。

136. 吕成龙:《谁在偷偷地看牌?——中国证监会内幕交易执法的窘境与规范检讨》,载《清华法学》2017 年第 4 期。

137. 曾洋:《证券内幕交易主体识别的理论基础及逻辑展开》,载《中国法学》2014 年第 2 期。

138. 李明良、李虹:《欧盟市场滥用规制框架修订草案述评——兼论金融犯罪罪责认定的客观化与社会化趋势》,载《证券市场导报》2012 年第 11 期。

139. 刘宪权、林雨佳:《利用未公开信息交易共同犯罪的认定》,载《政治与法律》2019 年第 4 期。

140. 彭冰:《重新定性"老鼠仓"——运动式证券监管反思》,载《清华法学》2018 年第 6 期。

141. 叶良芳、申屠晓莉:《论理解释对文理解释的校验功能——"两高"指导性案例马乐利用未公开信息交易案评释》,载《中国刑事法杂志》2018 年第 1 期。

142. 刘宪权:《论利用未公开信息交易罪法定刑的设置及适用》,载《现代法学》2016 年第 5 期。

143. 孙谦:《援引法定刑的刑法解释——以马乐利用未公开信息交易案为例》,载《法学研究》2016 年第 1 期。

144. 谢杰:《利用未公开信息交易罪量刑情节的刑法解释与实践适

用——“老鼠仓”抗诉案引发的资本市场犯罪司法解释反思》，载《政治与法律》2015年第7期。

145. 李耀杰：《利用未公开信息交易罪的“情节特别严重”之辩——兼评马乐基金老鼠仓案》，载《法律适用》2015年第3期。

146. 古加锦：《利用未公开信息交易罪司法适用的疑难问题研究》，载《政治与法律》2015年第2期。

147. 王欣元、康相鹏：《利用未公开信息交易罪疑难问题探析》，载《法学》2014年第6期。

148. 石奎：《利用未公开信息交易罪的刑法分析》，载《财经科学》2014年第2期。

149. 赵渊：《论国家机关工作人员内幕交易罪的几个问题》，载《中国刑事法杂志》2013年第4期。

150. 王涛、汤琳琳：《利用未公开信息交易罪的认定标准》，载《法学》2013年第2期。

151. 浙江省丽水市人民检察院课题组、陈海鹰：《利用未公开信息交易罪疑难问题探析》，载《河北法学》2011年第5期。

152. 缪因知：《信息型操纵市场行为执法标准研究》，载《清华法学》2019年第6期。

153. 张超、甘培忠：《市场操纵的规范解构和分析框架维度构建》，载《暨南学报(哲学社会科学版)》2019年第9期。

154. 沈友耀、薛恒：《论高频交易操纵的规制路径》，载《现代经济探讨》2019年第7期。

155. 左坚卫、张淑芬：《“抢帽子交易”型操纵证券市场罪研究》，载《法学杂志》2019年第6期。

156. 焦增军、李铭：《幌骗交易：类型化解释与期货市场操纵规制》，载《中国社会科学院研究生院学报》2019年第2期。

157. 萧鑫：《证券做市交易与市场操纵的界分》，载《比较法研究》2019年第1期。

158. 沈似夏:《操纵证券、期货市场罪“兜底条款”的司法认定——以某抢帽子操纵证券市场案为例》,载《新金融》2018 年第 8 期。

159. 钟维:《跨市场操纵的行为模式与法律规制》,载《法学家》2018 年第 3 期。

160. 卢勤忠、黄敏:《期货市场中“抢先交易”行为的刑法规制》,载《政治与法律》2017 年第 9 期。

161. 陈晨:《证券市场信息型操纵认定难点及监管对策研究》,载《证券市场导报》2017 年第 8 期。

162. 陈煜:《证券期货市场交易型操纵行为主观认定问题探讨——以非市场化交易手段为视角》,载《证券市场导报》2017 年第 8 期。

163. 宋澜、姚晓光:《金融基准操纵:垄断、欺诈与法典化——兼论对〈刑法〉182 条操纵证券期货市场罪的补充》,载《上海金融》2017 年第 7 期。

164. 郑佳宁:《操纵证券市场行为法律认定标准的实证研究与再审视》,载《政法论丛》2016 年第 5 期。

165. 熊永明、徐艳君:《操纵证券、期货市场罪“兜底条款”的适用研究》,载《法律适用》2016 年第 10 期。

166. 胡光志、张美玲:《我国期货市场操纵立法之完善——基于英美的经验》,载《法学》2016 年第 1 期。

167. 谢杰:《跨市场操纵的经济机理与法律规制》,载《证券市场导报》2015 年第 12 期。

168. 王越:《LIBOR 操纵案的刑法学反思——试论市场操纵犯罪的新类型:基准操纵》,载《政治与法律》2015 年第 12 期。

169. 刘宪权、谢杰:《市场操纵犯罪的实质解构:法律与经济分析》,载《现代法学》2014 年第 6 期。

170. 田宏杰:《操纵证券市场罪:行为本质及其司法认定》,载《中国人民大学学报》2014 年第 4 期。

171. 刘宪权:《操纵证券、期货市场罪“兜底条款”解释规则的建构与应用——抢帽子交易刑法属性辨正》,载《中外法学》2013 年第 6 期。

172. 王学勤、吴前煜:《从自律走向法律:美国期货市场监管 160 年管窥》,载《证券市场导报》2009 年第 10 期。

173. 邹青松:《复杂金融产品规制的欧盟法范例及其启示》,载《金融法苑》2022 年第 1 期。

174. 孙天琦、刘宏玉、张晓东:《金融批发市场的行为监管——以外汇市场为例》,载《当代金融家》2020 年第 Z1 期。

175. 盛学军、杨贵桥:《道德维度与法律思维的错位——对金融法学中“金融道德风险论”的批判》,载《天津师范大学学报(社会科学版)》2015 年第 1 期。

176. 倪受彬:《碳排放权权利属性论——兼谈中国碳市场交易规则的完善》,载《政治与法律》2022 年第 2 期。

177. 刘明明:《论中国碳金融监管体制的构建》,载《中国政法大学学报》2021 年第 5 期。

178. 涂永前:《碳金融的法律再造》,载《中国社会科学》2012 年第 3 期。

179. 王明远:《论碳排放权的准物权和发展权属性》,载《中国法学》2010 年第 6 期。

180. 陈波:《论我国碳市场金融化的监管困境及其制度完善》,载《证券市场导报》2017 年第 9 期。

181. 王慧:《论碳排放权的特许权本质》,载《法制与社会发展》2017 年第 6 期。

182. 汪青松:《信任机制演进下的金融交易异变与法律调整进路——基于信息哲学发展和信息技术进步的视角》,载《法学评论》2019 年第 5 期。

二、英文类主要参考文献

1. Danny Busch, Guido Ferrarini & Seraina Grünewald ed., *Sustainable*

Finance in Europe: Corporate Governance, Financial Stability and Financial Markets, Palgrave Macmillan, 2021.

2. John P. Anderson, *Insider Trading: Law, Ethics, and Reform*, Cambridge University Press, 2018.

3. Marco Ventoruzzo & Sebastian Mock, *Market Abuse Regulation: Commentary and Annotated Guide*, Oxford University Press, 2017.

4. NicholasL. Georgakopoulos, *The Logic of Securities Law*, Cambridge University Press, 2017.

5. Iwona Seredynska, *Insider Dealing and Criminal Law: Dangerous Liaisons*, Springer Publisher, 2012.

6. Stephen M. Bainbridge ed. ,*Research Handbook on Insider Trading*, Edward Elgar Publishing, 2013.

7. Larry D. Soderquist et al. , *Securities Law* (Fifth Edition), Foundation Press, 2014.

8. Matthias Haentjens & Pierre de Gioia-Carabellese, *European Banking and Financial Law*, Routledge, 2015.

9. Hui Huang, *International Securities Markets: Insider Trading Law in China*, Kluwer Law International, 2006.

10. Nasser Arshadi & Thomas H. Eyssell, *The Law and Finance of Corporate Insider Trading: Theory and Evidence*, Springer U. S. , 1993.

11. William Wang,*Marc Steinberg*, *Insider Trading*, Oxford University Press, 2010.

12. Gary G. Lynch,*Insider Trading and High Yield Corporate Bonds: Bases of Liability and Future Enforcement Trends*, Corporate Law and Practice Course Handbook Series PLI Order No. B4 –7014, 1992.

13. Harlan D. Platt,*The First Junk Bond: A Story of Corporate Boom and Bust*, Beard Books, 2002.

14. Stephen M. Bainbridge,*Insider Trading Law and Policy*, Foundation

Press, 2014.

15. Niamh Moloney, *EU Securities and Financial Markets Regulation*, third edition, Oxford University Press, 2014.

16. Stephen M. Bainbridge, *Equal Access to Information: The Fraud at The Heart of Texas Gulf Sulphur*, 13 UCLA School of Law, Law & Economic Research Paper Series No. 17 – 14, 2017.

17. Carl (Chip) Loewenson & Jr., Ruti Smithline, *Insider Trading: Law and Developments*, American Bar Association, 2018.

18. Sarah Clarke, *Insider Trading: Law and Practice*, Oxford University Press, 2013.

19. Paul U. Ali& Greg N. Gregoriou, *Insider Trading: Global Developments and Analysis*, CRC Press, 2008.

20. Paul Latimaer & Philipp Maume, *Promoting Information in The Marketplace for Financial Services*, Springer International Publishing Switzerland, 2015.

21. David Harrison, *Competition Law and Financial Services*, Routledge, 2014.

22. Andrea Lista, *EU Competition Law and the Financial Services Sector*, Informa Law from Routledge, 2013.

23. New Zealand Ministry for the Environment, *Designing a governance framework for the New Zealand Emissions Trading Scheme: Consultation document*, New Zealand Government, 2021.

24. European Securities and Markets Authotity, *Preliminary Report: Emission Allowances and Derivatives Thereof*, ESMA70 – 445 – 7, 15 Nov. 2021.

25. European Securities and Markets Authotity, *MAR Review Report*, ESMA70 – 156 – 2391, 23 Sept. 2020.

26. SEC& CFTC, *A Joint Report of the SEC and the CFTC on*

Harmonization of Regulation, Oct. 16, 2009.

27. Alexander Kurov, Alessio Sancetta, Georg Strasser & Marketa Halova Wolfe, *Price Drift Before U. S. Macroeconomic News: Private Information About Public Announcements*, European Central Bank, Working Paper Series No. 1901, 2016.

28. James J. Park, *When Are Tokens Securities? Some Questions from The Perplexed*, 6 – 7, UCLA Sch. of Law, Law & Economics, Research Paper No. 18 – 13, 2018.

29. New Zealand Ministry for the Environment, *Designing A Governance Framework for The New Zealand Emissions Trading Scheme: Summary of Submissions*, Dec. 2021.

30. The New Zealand Initiative, *Submission to the Ministry for the Environment on Designing a Governance Framework for the New Zealand Emission Trading Scheme*, 17 Sept. 2021

31. New Zealand Cabinet, *Minute of Decision of the Amendment to the Climate Change Response Act 2002: Tranche One*, CAB – 18 – MIN – 0606. 01, Dec. 2018.

32. New Zealand Ministry for the Environment, *Impact Summary: Prohibiting insider trading and market manipulation in the New Zealand Emissions Trading Scheme*, Nov. 2018.

33. European Commission, *Analysis of European Corporate Bond Markets: Analytical Report Supporting the Main Report from the Commission Expert Group on Corporate Bonds*, Nov. 2017.

34. European Commission, *Drivers of Corporate Bond Market Liquidity in the European Union*, 2017.

35. European Commission, *Improving European Corporate Bond Markets-Report from the Commission Expert Group on Corporate Bonds*, Nov. 2017.

36. European Commission, *Identifying Market and Regulatory Obstacles*

to the Development of Private Placement of Debt in the EU, Dec. 2017.

37. Competition Bureau Canada, *Technology-Led Innovation in The Canadian Financial Services Sector: A Market Study*, 2017.

38. IOSCO, *Regulatory Reporting and Public Transparency in the Secondary Corporate Bond Markets*, FR05/2018, April 2018.

39. Çelik S. G. Demirtaş & M. Isaksson, *Corporate Bonds, Bondholders and Corporate Governance*, OECD Corporate Governance Working Papers, No. 16, OECD Publishing, Paris, 2015.

40. INTERPOL, *Guide to Carbon Trading Crime*, 2013.

41. World Bank, *The Role of the State in Promoting Bank Competition*, Global Financial Development Report, 2013.

42. OECD, *Competition and Financial Markets: Key Findings*, 2009.

43. OECD, *Roundtable on Competition, Concentration and Stability in the Banking Sector*, 2010.

44. IOSCO, *Model for Effective Regulation*, Report of The SRO Consultative Committee of IOSCO, 2000.

45. Rousse O & Benoît Sévi, *Informed Trading in Oil Futures Market*, (Feem, Working Paper No. 70. 2016).

46. Sanford J. Grossman, *An Analysis of the Role of "Insider Trading" on Futures Markets*, The Journal of Business, Vol. 59:2, Part 2: Futures and Options Markets (1986).

47. Nina Swift Goodman, *Trading in Commodity Futures Using Nonpublic Information*, Georgetown Law Journal, Vol. 73:1 (1984).

48. Craig S. Donohue, *Dual Trading in the Commodity Futures Markets: Should It Be Banned*, Loyola University Chicago Law Journal, Vol. 21 (1989).

49. Andrew Verstein, *Insider Trading in Commodities Markets*, Virginia Law Review, Vol. 102:2 (2016).

50. ESMA Final Report, *Guidelines on MAR-Information Relating to Commodity Derivatives Markets or Related Spot Markets for The Purpose of The Definition of Inside Information on Commodity Derivatives*, ESMA/2016/1412 (2016).

51. Sharon Brown-Hruska & Robert S. Zwirb, *Legal Clarity and Regulatory Discretion—Exploring the Law and Economics of Insider Trading in Derivatives Markets*, Capital Markets Law Journal, Vol. 2 (2007).

52. Hendrik Houthakker, *The Regulation of Financial and Other Futures Markets*, Journal of Finance, Vol. 37:2 (1982).

53. Harvey L. Pitt & Karl A. Groskaufmanis, *A Tale of Two Instruments: Insider Trading in Non-Equity Securities*, Business Lawyer (ABA), Vol. 49:1 (1993 – 1994).

54. Kristin N. Johnson, *Things Fall Apart: Regulating the Credit Default Swap Commons*, University of Colorado Law Review, Vol. 82 (2011).

55. Günter Franke, *Inside Information In Bank Lending And The European Insider Directive*, Discussion Papers, Series Ⅱ 97, University of Konstanz, Collaborative Research Centre (SFB) 178 "Internationalization of the Economy" (1989).

56. Kedia, Simi & Zhou, Xing, *Insider Trading and Conflicts of Interest: Evidence from Corporate Bonds* (2009).

57. Anonymous, *Insider Trading in Junk Bonds*, Harvard Law Review, Vol. 105:7 (1992).

58. Andrew Verstein, *Insider Trading: Are Insolvent Firms Different*, Brooklyn Journal of Corporate, Financial & Commercial Law, Vol. 13:1 (2018).

59. Douglas B. Levene, *Credit Default Swaps and Insider Trading*, Virginia Law and Business Review, Vol. 7:2 (2012).

60. Yesha Yadav, *Insider Trading in Derivatives Markets*, Georgetown Law Journal, Vol. 103:2 (2015).

61. Adam Reiser, *Should Insider Trading in Credit Default Swap Markets be Regulated-The Landmark Significance of SEC* v. *Rorech*, DePaul Business & Commercial Law Journal, Vol. 9:4 (2011).

62. Çelik, S., G. Demirtaş & M. Isaksson, *Corporate Bond Market Trends, Emerging Risks and Monetary Policy* (OECD Capital Market Series, Paris, 2020).

63. Eva Su, *COVID-19 and Corporate Debt Market Stress* (Mar. 25, 2020).

64. William K. S. Wang, *Cause of Action for Option Traders against Insider Option Traders*, Harvard Law Review, Vol. 101:A (1988).

65. Lowry M., Rossi M. & Zhu Z., *Informed Trading by Advisor Banks: Evidence from Options Holdings*, Review of Financial Studies, Vol. 32:2 (2019).

66. R. Rene Pengra, *Insider Trading, Debt Securities, and Rule 10b-5: Evaluating the Fiduciary Relationship*, New York University Law Review, Vol. 67:6 (1992).

67. *Private Causes of Action for Option Investors Under SEC Rule 10b-5: A Policy, Doctrinal, and Economic Analysis*, Harvard Law Review, Vol. 100 (1987).

68. Covington Hardee, *Stock Options and the Insider Trading Provisions of the Securities Exchange Act*, Harvard Law Review, Vol. 65 (1952).

69. Steven Huddart & Mark Lang, *Information Distribution Within Firms: Evidence from Stock Option Exercises*, Journal of Accounting and Economics, Vol. 34: 1-3 (2003).

70. Ashiq Ali, Kelsey D. & Wei Yibin Zhou, *Insider Trading and Option Grant Timing in Response to Fire Sales (and Purchases) of Stocks*

by Mutual Funds, Journal of Accounting Research, Vol. 49:3 (2011).

71. Bruno Biais & Pierre Hillion, *Insider and Liquidity Trading in Stock and Options Markets*, The Review of Financial Studies, Vol. 7:4 (1994).

72. Sugato Chakravarty, Huseyin Gulen & Stewart Mayhew, *Informed Trading in Stock and Option Markets*, The Journal of Finance, Vol. 59:3 (2005).

73. Brandon Cline, Xudong Fu, Thomas M. Springer & Tian Tang, *Insider Trading in REITs: Evidence from Informed Stock Option Exercise Around Seasoned Equity Offerings*, Journal of Real Estate Research, Vol. 36:4 (2014).

74. Bruno Biais & Pierre Hillion, *Options Prices, Insider Trading, and Interdealer Competition* (CEPR Financial Markets Paper, No. 0015, European Science Foundation Network in Financial Markets, 1991).

75. David C. Hyland, Salil K. Sarkar & Niranjan Tripathy, *Insider Trading When an Underlying Option Is Present*, Financial Analysts Journal, Vol. 59:3 (2003).

76. Robert Chen & Xinlei Zhao, *The Information Content of Insider Call Options Trading*, Financial Management, Vol. 34:2 (2005).

77. Steve Thel, *Closing a Loophole: Insider Trading in Standardized Options*, Fordham Urban Law Journal, Vol. 16 (1987).

78. Jonathan A. Batten, Igor Lonˇcarski, Peter G. Szilagyi, *Strategic Insider Trading in Foreign Exchange Markets*, Journal of Corporate Finance, Vol. 69 (2021).

79. Campbell R. Harvey & Roger D. Huang, *Volatility in the Foreign Currency Futures Market*, Review of Financial Studies, Vol. 4:3 (1991).

80. Ramon P. De Gennaro & Ronald E. Shrieves, *Public Information Releases, Private Information Arrival and Volatility in The Foreign Exchange Market*, Journal of Empirical Finance, Vol. 4:4 (1997).

81. Owen F. Humpage, *The United States as an Informed Foreign-Exchange Speculator*, Journal of International Financial Markets, Institutions and Money, Vol. 10:3 -4 (2000).

82. Michael J. Sager & Mark P. Taylor, *Under the Microscope: The Structure of The Foreign Exchange Market*, International Journal of Finance & Economics, Vol. 11:1 (2006).

83. Michael D. Bordo, Owen F. Humpage & Anna J. Schwartz, *The Federal Reserve as An Informed Foreign Exchange Trader*: 1973 - 1995 (National Bureau of Economic Research Working Paper Series, 2011).

84. Lukas Menkhoff & Maik Schmeling, *Trader See, Trader Do: How Do (Small) FX Traders React to Large Counterparties' Trades?*, Journal of International Money and Finance, Vol. 29:7 (2010).

85. Rime, D., *Private or Public Information in Foreign Exchange Markets? An Empirical Analysis*, SSRN (Jan. 15, 2001), https://papers.ssrn.com/sol3/papers.cfm? abstract_id = 239149.

86. Ito T., R. K. Lyons & M. T. Melvin, *Is There Private Information in the FX Market? The Tokyo Experiment*, The Journal of Finance, Vol. 53(3) (1998).

87. Andrew Verstein, *Crypto Assets and Insider Trading Law's Domain*, Iowa Law Review, Vol. 105:1 (2019).

88. John P. Anderson, *Insider Trading and Cryptoassets: The Waters Just Got Muddier*, Iowa Law Review, Vol. 104 (2020).

89. Mihailis E. Diamantis, *The Light Touch of Caveat Emptor in Crypto's Wild West*, Iowa Law Review, Vol. 104 (2020).

90. Joshua Mitts & Eric Talley, *Informed Trading and Cybersecurity Breaches*, Harvard Business Law Review, Vol. 9:1 (2019).

91. Wenjun Feng, Yiming Wang & Zhengjun Zhang, *Informed Trading in The Bitcoin Market*, Finance Research Letters, Vol. 26 (2018).

92. Travis Hannibal, *Common Law and Statutory Remedies for Insider Trading in Cryptocurrencies*, AALS 2019 Annual Meeting Discussion Group Paper on Insider Trading and Cryptoassets.

93. Florida International University Legal Studies Research Paper, No. 19 – 18 (2019).

94. Sean Belcher, *Tracing the Invisible: Section 11's Tracing Requirement and Blockchain*, Colorado Technology Law Journal, Vol. 16 (2017).

95. Michael D. Guttentag, *Shorting Crypto Assets and Insider Trading*, Iowa Law Review Online, Vol. 105 (2021).

96. Eskandari Shayan, Moosavi Seyedehmahsa & Clark, Jeremy, SoK, *Transparent Dishonesty: Front-Running Attacks on Blockchain*, FC 2019: Financial Cryptography and Data Security, SSRN(Feb. 19, 2019), https://ssrn.com/abstract=3369236.

97. Vijayakumaran Adarsh, Vijayakumaran Adarsh & Aravind Giri, *Error 5XX: A Critique on Application of Insider Trading Regulations to Cryptocurrencies in India*, Rgnul Financial and Mercantile Law Review, Vol. 8 (1), SSRN (November 12, 2020), https://ssrn.com/abstract=3826034.

98. Emily Crane, *Regulation without Deflation: Cryptocurrency and Its Insider Trading Conundrum*, John Marshall Law Review, Vol. 51: 4 (2018).

99. M. Todd Henderson & Max Raskin, *A Regulatory Classification of Digital Assets: Toward an Operational Howey Test for Cryptocurrencies, ICOs, and Other Digital Assets*, Columbia Business Law Review, Vol. 2019:2 (2019).

100. James J. Angel & Douglas M. McCabe, *Insider Trading 2.0? The Ethics of Information Sales*, Journal of Business Ethics, Vol. 147: 4 (2018).

101. Sonal Sahel, *Circumventing Insider Trading Laws by Cyberhacking: A Look into the Vulnerability of Cybersecurity Breaches in Regard to Insider Trading*, Journal of International Business and Law, Vol. 15:2 (2016).

102. Yesha Yadav, *Insider Trading and Market Structure*, *UCLA Law Review*, Vol. 63:4 (2016).

103. Ioanid Roşu, *Fast and Slow Informed Trading*, Journal of Financial Markets, Vol. 43 (2019).

104. Tom CW Lin, *The New Market Manipulation*, Emory Law Journal, Vol. 66:6 (2017).

105. Gregory Scopino, *The (Questionable) Legality of High-Speed "Pinging" and "Front Running" in the Futures Markets*, Connecticut Law Review, Vol. 47 (2015).

106. Robert A. Prentice, *Internet and Its Challenges for the Future of Insider Trading Regulation*, Harvard Journal of Law and Technology, Vol. 12 (1999).

107. Osborne Sarah, *The Asymmetric Private Information Mask: A Comparative Analysis of Private Equity Bids and Tender/Merger Offers*, SSRN (Feb. 12, 2018), https://ssrn.com/abstract=3440999.

108. Acharya Viral V. & Timothy C. Johnson, *More Insiders, More Insider Trading: Evidence from Private Equity Buyouts*, Journal of Financial Economics, Vol. 98:3 (2010).

109. Ji Chai Lin & John S. Howe, *Insider Trading in the OTC Market*, The Journal of Finance, Vol. 45:4 (2012).

110. Andrew M. Goldstein, *Collector Alain Servais on Insider Trading in the Art Market, "Blood-Sucking Leeches" and Why We're Now Just the Fashion Industry* (Artspace, May, 2015).

111. Sarah E. Light, *The New Insider Trading: Environmental Markets within the Firm*, Stanford Environmental Law Journal, Vol. 34:1 (2015).

112. Kyle, A. S. ,*Continuous Auctions and Insider Trading*, Econometrica, Vol. 53:(6) (1985).

113. Maydybura Alina & Andrew Brian,*A Study of the Determinants of Emissions Unit Allowance Price in the European Union Emissions Trading Scheme*, Australasian Accounting, Business and Finance Journal, Vol. 5:4 (2011).

114. Stephen M. Bainbridge, *A Critique of the Insider Trading Prohibition Act of 2021*, University of Illinois Law Review Online, 2021.

115. Kayla Quigley,*The Insider Trading Prohibition Act: A Small Step Towards A Codified Insider Trading Law*, Fordham Journal of Corporate & Financial Law, Vol. 26:1 (2021).

116. Stephen M. Bainbridge, *The Law and Economics of Insider Trading 2. 0*, Forthcoming in Encyclopedia of Law and Economics (2nd edition 2020), UCLA School of Law, Law-Econ Research Paper, No. 19 – 01, https://ssrn. com/abstract = 3312406.

117. Andrea Perrone, *EU Market Abuse Regulation: The Puzzle of Enforcement*, European Business Organization Law Review, Vol. 21: 2 (2020).

118. Yesha Yadav, *Insider Information and the Limits of Insider Trading*, Washington University Journal of Law and Policy, Vol. 56 (2018).

119. Ryan D. , *Dealing with the Market Abuse Regulation: Case for Modernisation*, King's Inns Law Review, Vol. 8 (2019).

120. Cindy A. Schipani & H. Nejat Seyhun, *Defining Material, Nonpublic: What Should Constitute Illegal Insider Information*, Fordham Journal of Corporate and Financial Law, Vol. 21:2 (2016).

121. Bradley J. Bondi & Steven D. Lofchie, *The Law of Insider Trading: Legal Theories, Common Defenses, and Best Practices for Ensuring Compliance*, New York University Journal of Law & Business,

Vol. 8:1 (2011).

122. Omowunmi Adedurotimi, *Insider Trading Regulation: A Shift from the Common Law Perspective*, Journal of Law, Policy and Globalization, Vol. 83 (2019).

123. Magdalena Roibu, *All Eyes on Market-Abuse, Misuse and Insider Dealing*, Journal of Eastern-European Criminal Law, Vol. 2 (2015).

124. Stanislav Dolgopolov, *Insider Trading, Informed Trading, and Market Making: Liquidity of Securities Markets in the Zero-Sum Game*, William and Mary Business Law Review, Vol. 3:1 (2012).

125. John P. Anderson, *The Final Step to Insider Trading Reform: Answering the It's Just Not Right Objection*, Journal of Law, Economics & Policy, Vol. 12:3 (2016).

126. Vanessa Edwards, *The Insider Dealing Directive and Its Implementation in the United Kingdom*, Maastricht Journal of European and Comparative Law, Vol. 3 (1996).

127. Merritt B. Fox et al., *Informed Trading and Its Regulation*, Journal of Corporation Law, Vol. 43:4 (2018).

128. Victor Brudney, *Insiders, Outsiders, and Informational Advantages Under the Federal Securities Laws*, Harvard Law Review, Vol. 93 (1979).

129. James J. Park, *Insider Trading and the Integrity of Mandatory Disclosure*, Wisconsin Law Review, Vol. 6 (2018).

130. Donald C. Langevoort, *Fine Distinctions in the Contemporary Law of Insider Trading*, Columbia Business Law Review, Vol. 2013:2 (2013).

131. Kurt A. Hohenstein, *Fair to All People: The SEC and the Regulation of Insider Trading (The SEC Takes Command)* (SEC Historical Society, Nov., 2006).

132. Reed Harasimowicz, *Nothing New, Man-The Second Circuit's*

Clarification of Insider Trading Liability in United States v. Newman Comes at a Critical Juncture in the Evolution of Insider Trading, Boston College Law Review, Vol. 57 (2016).

133. Kevin S. Haeberle & M. Todd Henderson, *A New Market-Based Approach to Securities Law*, The University of Chicago Law Review, Vol. 85:6 (2018).

134. Azfer A. Khan, *Blurring the Edges of Corporate Law: Insider Trading and the Martoma Decision*, Harvard Business Law Review, Vol. 8 (2018).

135. Thaya Brook Knight, *Salman v. U. S.: Another Insider Trading Case, Another Round of Confusion*, Cato Supreme Court Review, Vol. 2016 (2017).

136. Zachary J. Gubler, *Maximalism with an Experimental Twist: Insider Trading Law at the Supreme Court*, Washington University Journal of Law & Policy, Vol. 56 (2018).

137. James D. Cox, *Seeking an Objective for Regulating insider Trading through Texas Gulf Sulphur*, Southern Methodist University Law Review, Vol. 71 (2018).

138. Kenneth R. Davis, *The Equality Principle: How Title Ⅶ Can Save Insider Trading Law*, Cardozo Law Review, Vol. 39 (2017).

139. Jill E. Fisch, *Constructive Ambiguity and Judicial Development of insider Trading*, Southern Methodist University Law Review, Vol. 71:3 (2018).

140. Hugh B. Ⅲ Hamilton, *At the Water's Hedge: International Insider-Trading Enforcement after Morrison*, Duke Law Journal, Vol. 68 (2019).

141. John P. Anderson, *When Does Corporate Criminal Liability for Insider Trading Make Sense*, Stetson Law Review, Vol. 46 (2016).

142. Andrew P. Van Osselaer, *Insider Trading Enforcement & Link*

Prediction, Texas Law Review, Vol. 96 (2017).

143. Narayan Prasad Sharma, *A Reading into Insider Trading: Concept, Cases, Consequences and Countermeasures*, NJA Law Journal, Vol. 12 (2018).

144. A. C. Pritchard, *Insider Trading Law and the Ambiguous Quest for Edge*, Michigan Law Review, Vol. 116 (2018).

145. Marcus J. Curtis, *Kantian Fairness and the Law of Insider Trading*, Northwestern Interdisciplinary Law Review, Vol. 9 (2016).

146. Donna M. Nagy, *Salman v. United States: Insider Trading's Tipping Point*, Stanford Law Review, Vol. 69 (2017).

147. Andras Kecskes & Vendel Halasz, *The Regulation of Insider Trading in the United States*, 2018 Jura: A Pecsi Tudomanyegyetem Allames Jogtudomanyi Karanak tudomanyos lapja 440 (2018).

148. Roberta S. Karmel, *The Fiduciary Principle of Insider Trading Needs Revision*, Washington University Journal of Law & Policy, Vol. 56 (2018).

149. A. C. Pritchard, *The SEC, Administrative Usurpation, and Insider Trading*, Stanford Law Review, Vol. 69 (2017).

150. Zachary J. Gubler, *A Unified Theory of Insider Trading Law*, Georgetown Law Journal, Vol. 105:5 (2017).

151. Peter J. Henning, *Making up Insider Trading Law as You Go*, Washington University Journal of Law & Policy, Vol. 56:1 (2018).

152. John P. Anderson, *Solving the Paradox of Insider Trading Compliance*, Temple Law Review, Vol. 88:2 (2016).

153. John P. Anderson, *Insider Trading and the Myth of Market Confidence*, Washington University Journal of Law & Policy, Vol. 56 (2018).

154. Michael A. Perino, *The Lost History of Insider Trading*, University

of Illinois Law Review, Vol. 2019:3 (2019).

155. Mercer Bullard, *Insider Trading in a Mannean Marketplace*, Temple Law Review, Vol. 88:2 (2016).

156. Kenneth R. Davis, *Insider Trading Flaw: Toward a Fraud-on-the-Market Theory and Beyond*, American University Law Review, Vol. 66:1 (2016).

157. Michael D. Guttentag, *Selective Disclosure and Insider Trading*, Florida Law Review, Vol. 69 (2017).

158. John P. Anderson, *Poetic Expansions of Insider Trading Liability*, Journal of Corporation Law, Vol. 43:2 (2018).

159. Sarah Baumgartel, *Privileging Professional Insider Trading*, Georgia Law Review, Vol. 51 (2016).

160. Miriam H. Baer, *Insider Trading's Legality Problem*, Yale Law Journal Forum, Vol. 127 (2017 - 2018).

161. Suwarno Abadi, Sekaring Ayumeida Kusnadi, Rihantor Bayu Aji & Dwi Elok Indriastuty, *Insider Trading and Money Laundering in the Perspective of Transnational Crime*, Journal of Law, Policy and Globalization, Vol. 89 (2019).

162. Ventoruzzo Marco, *Comparing Insider Trading in the United States and in the European Union: History and Recent Developments* [European Corporate Governance Institute (ECGI)-Law Working Paper No. 257/2014, Bocconi Legal Studies Research Paper No. 2442049, May, 2014].

163. Ester Herlin-Karnell & Nicholas Ryder, *Market Manipulation and Insider Trading: Regulatory Challenges in the United States of America* (the European Union and the United Kingdom, Hart Publishing, 2019).

164. Labbé Amélie, *MAR Market Sounding: Optional Safe Harbour or Compulsory Rule*, International Financial Law Review, Feb 1 (2018).

165. Green J. & Torrens E., *The European Market Abuse Regulation:*

MAR Ado About Everything, Journal of Investment Compliance, Vol. 17:2 (2016).

166. Engle Eric, *Insider Trading in U. S. and E. U. Law: A Comparison*, European Business Law Review, Vol. 26 (2010).

167. Douglas Cumming, Alexander Peter Groh & Sofia Johan, *Same Rules, Different Enforcement: Market Abuse in Europe*, Journal of International Financial Markets, Institutions and Money, Vol. 54 (2018).

168. Carlos Conceicao, Polly Snyder & Chris Stott, *U. S. Insider Trading V EU Insider Dealing: A Difference More Than In Name*, Journal of International Banking and Financial Law, Vol. 30:4 (2015).

169. Martínez Flórez Aurora, *Legal Foundations of the Prohibition of Market Abuse*, SSRN (Apr. 9, 2019), https://ssrn. com/abstract = 3369103.

170. Alexander F. Loke, *From the Fiduciary Theory to Information Abuse: The Changing Fabric of Insider Trading Law in the U. K. , Australia and Singapore*, American Journal of Comparative Law, Vol. 54:1 (2006).

171. Panagiotis Staikouras, *The Conundrum of the Market Abuse Directive Preventative Measures for EU Financial Services' Integration: In Search of Equilibrium between Market Integrity Enhancement and Undue Regulatory Encumbrance*, Legal Issues of Economic Integration, Vol. 35:4 (2008).

172. Schaumburg-Müller Peer, *Disclosure of Price-sensitive Information: What Effect Do "Intermediate Steps" Have on the Statutory Disclosure Date?*, European Company Law, Vol. 10:1 (2013).

173. Stephen M. Bainbridge, *Incorporating State Law Fiduciary Duties into the Federal Insider Trading Prohibition*, Washington and Lee Law Review, Vol. 52:4 (1995).

174. Patricia H. Werhane, *The Ethics of Insider Trading*, Journal of

Business Ethics, Vol. 11 (1989).

175. Nina Chestney, Kate Abnett & Susanna Twidale, *Europe's Carbon Price Nears The* 100 *Euro Milestone*, Reuters, Feb. 7, 2022.

176. Philip Aldrick, *Hedge Funds Eavesdrop on Vital Bank of England Briefings*, The Times, Dec. 19, 2019.

177. Joseph Young, *South Korean Official Initiated Insider Trading, Bought Bitcoin Before Trading Ban Fiasco*, CCN, Jan. 19, 2018.

178. Winston Williams, *Insider Trading and Options*, New York Times, Apr. 13, 1983, Section D, p. 1.

179. Daniel Fisher, *U. S. Falling Behind Europe on Insider Trading Law, Rakoff Says*, Forbes, Mar. 1, 2017.

180. Peg Brickley, *Bondholders Accuse LBI, HPS of Insider Trading in Debt*, Wall Street Journal, Mar. 19, 2019.

181. Peter J. Henning, *Can Cryptocurrencies Survive the Start of Government Regulation*?, N. Y. Times: Deal book, Dec. 13, 2018.

182. Josh Barbanel, *After Amazon HQ2, Uproar in New York Over Real Estate "Insider Trading": The Proposed Legislation Would Prohibit People from Buying or Selling Real Estate Based on Any Nonpublic Government Action*, Wall Street Journal, Dec. 3, 2018.

183. Maytaal Angel & Emma Farge, *EU Close to Agreeing Rules for Insider Trading in Commodities*, Reuters, Jun. 14, 2013.

184. Peter J. Henning, *Judge Rakoff Ruling on Tips May Help Prosecution on Insider Trading Cases*, N. Y. Times: Deal book, July 7, 2015.

185. Jason P. Gottlieb, *Daniel Isaacs and Christopher Pendleton, Insider Trading and Cryptocurrency: A Primer for Traders*, Bloomberg Law, Feb. 22, 2018.

186. John McDermott, *SEC Probes "ETF-Stripping" by Insider Traders*, Financial Times, February 10, 2011.

后　记

人生,大抵就是成全与被成全的过程。

本书“以竞争法重识内幕交易规制”的核心构思,源于我的博士学位论文。读博期间,曾经数次幻想和酝酿过写致谢的情绪,也曾设想过以“一把辛酸泪,满纸荒唐言”为开头。然真正到收笔之时,内心反而无比平静。当日凌晨一点,在南苑操场转了几圈之后,写下了此后记的主体内容。想来,把日益稀薄的头顶和逐渐紧张的太阳穴归咎于博士学位论文,是不公平的。它没有承载那么多的心血,这些年过得其实没那么辛酸。真正的痛苦,可能源于近几年在彷徨中对大问题的思考,以及由此产生的无力感。更确切地说,那就是想得太多而做得太少。但是,那些思考也奠定了本书的底色:不执迷于理论和权威,而是诉诸真情实感、法的朴素价值和基本逻辑。

书中感悟得以呈现,有些机缘。2019 年 9 月从德国交换回校后,我决定更换博士学位论文选题。一个备选题目是在研究债券市场监管中延伸出来的“股市外内幕交易规制”,另一个是切合热点的“金融科技竞争监管权配置研究”。依然清晰地记得,那天下午恩师王怀勇教授的办公室门外有好几位同门等着敲定选题,我很激动地跟师弟邓若翰博士讲第二个选题。但是,在了解我的想法和相关文献情况后,王怀勇教授沉思了好一会儿,建议我研究内幕交易规制。现在回想,那一时刻颇有罗伯特·弗罗斯特《未选择的路》(*The Road Not Taken*)的意味:“林中有两条路,我选择了人迹罕至的那一条,一切皆源于此。”很快,我就在探索这条人迹罕至的路的途中遇到了方向性的困惑:竞争法能否弥合内幕交易规制在股市内外的割裂。对此,有幸得到了卢代富教授和陈耿华师姐的肯定及鼓励。随后,我以债券市场为突破点的相关阶段性思考在《证券市场导报》得以发表,并被中国人民大学书报资料中心《复印报刊资料》全文转载,毕业论文也获评校级优秀博士学位论文。由此,“以竞争法重识内幕交易规制”的研究就有了些许信心和底气。恰逢唐弋夫博士启动论文出版事宜,我便决定一同将这些感悟付梓。现在回想,导师起初说我的博士学位论文框架更像是个人著作的写法,果然应验。特别感谢广东金融学院法学院张雅萍院长、澳门科技大学方泉院长的赏识以及各位同事的帮助,让我在博士毕业之后能够持续地对这一问题进行探索。衷心感谢论文评审中各位匿名专家的真知灼见,感谢《证券市场导报》的各位编辑,特别感谢法律出版社编辑陈妮博士、张思婕女士和王鸿女士,她(他)们的肯定、专业、耐心和细心,让这些感悟少了诸多毛糙和谬误之处,得以更理想的状态呈现,让作品成为更好的作品,也让作者成为更好的作者。

进入而立之年,首先要感谢的是我的家人。父母的养育与成全,大伯和伯母“读晒几”的鼓励,哥哥姐姐们的支持使我得以在这20多年里自由地探索、试错和成长,而“不用怎么工作”,甚至还未怎么尽过孝。感谢妻子Inacia的珍视、理解和支持,感谢岳母的关照,让我得以在镜海之滨安心思考和生活。否则,生于武夷山麓的我,今天也不可能在小谭山畔敲下这段文字。没有他们的成全,我也不可能得到诸多良师益友的厚爱和成全。

教育,是一棵树撼动另一棵树,一朵云推动另一朵云,一个灵魂唤醒另一个灵魂。求学路上,我要重点感谢的是博导王怀勇教授。恩师是我的人生楷模,给我的人生留下了深深的烙印。他让我深刻感受了何为“学高为师,身正为范”,何为“仰望星空,脚踏实地”。面对我的困惑,恩师无论多忙，总能快速地指出问题所在并给予真诚的意见。其中，有让我面红耳赤眼湿的鞭挞："你这个（申报书）没有达到博士生该有的水平"；有让我渐渐找到自信和方向的文章点评意见："有新意但有点空"；有促使我进一步认识和接纳自我的评语："优点和缺点都很突出"；也有同门转述而让我涕零的认可："文财我不担心"。遗憾的是，读博期间我自认并未很好地进入状态，辜负了恩师的期望和栽培。同时，我也要重点感谢硕导江帆教授，是她将我引向"诗与远方"；感谢尹亚军师兄，是他将我引向读博和治学这条道路，并督促我"不断突破自己的极限"。他们都总是在关键时候唤醒、撼动和推动我，是我在西南政法大学求学7年最宝贵的财富。同时也感谢中学期间对我影响最大的志霞老师、利香老师、芬梅老师和宋友均老师。这些可爱的人可能并不知晓自己对我有这么大的影响，甚至不一定会看到这些文字，因为我并不善于表达情感。

时间太瘦，指缝太宽。从2011年懵懵懂懂地确定"法律+英语"职业方向算起，已12年有余。这10多年要感谢的良师益友还有很多。感谢西南政法大学和广东外语外贸大学给予我的专业基因和自信，虽然它们都不是"985""211"，都还未进"双一流"，虽然自己也远称不上专业。感谢西南政法大学经济法学院"黄大年式"教学团队里的所有老师，感谢他们的传道授业解惑。其中要特别感谢在求学、生活和工作上多次指点我的卢代富教授。感谢在博士毕业论文开题、预答辩和正式答辩过程中指点过我的胡光志教授、鲁篱教授、岳彩申教授、张怡教授、盛学军教授、许明月教授、胡元聪教授、邓纲教授、周勇兵教授、杨惠教授、万江教授、Christoph Kumpan教授等。他们提醒我"不能通过限缩范围来说明问题和创新性""注意明确研究对象""要抓住问题""找准特殊性""既已提出公平竞争范式，何不贯彻到底，突破'内幕信息－内幕交易主体'的传统分析框架"，并对公平竞争进路给予肯定和智力支持。值得说明的是，胡光志教授在21世纪初就主持了关于内幕交易的国家社科基金项目，其专著也是本书的重点参考书目之一。2017年，笔者因故未能成为胡光志教授的博士生,却在机缘巧合下能继续拓展胡教授20年前的研究,在博士毕业之时还能请来胡教授担任论文答辩委员会主席,也算有所师承,幸哉。同时,也要感谢钟颖、陈耿华和刘志伟等师兄师姐的指点;感谢远在德国哈勒的李晨明博士用手机一页页地帮我扫描500多页的关键文献,特别感谢师兄张国华博士拨冗通读全文、细致标记并一同探讨如何完善,特别感谢吴宇希博士的支持和鼓励。他们让我切身体会到何为"共同的智慧结晶"。

感谢在开州雪宝山一行中让我触动良多的郑若瀚、朱战威、曾野、李丹、杨丽梅等诸位博士师兄师姐。感谢段浩、陈永福、李季刚、孙林、耿志强、莫旻丹、郭芳芳、邓若翰、卫子豪、吴忠奇、徐溯、李龙飞、李子贡、王鹤翔、徐民治、李晓阳、张丁月等诸多博士同学的一路同行。或促膝长谈,或湖边一叙,或东北炕上一聚,或再杀一局,或凌晨帮我校对全文,或排忧解难,或徒步,他们的陪伴和温暖都是支持我完成拙著不可或缺的力量。感谢一同在德国求学和欧洲自驾的张喆锐、唐彬、辛爽、刘莉卉等同学,他(她)们的陪伴让我度过了一段惬意时光。"为何内幕交易似乎只在股票市场有"这个持续推动我研究的疑问就萌生于这段时光。要感谢的人还有很多,在此难免挂一漏万,敬请谅解。

行文至此,似乎取得了天大的成就。但是,尝想自己何德何能,能够得到这么多有心人的成全,有较为理想的教研环境,何其幸哉。以拙著予以回馈的想法显然也令人不安。进入而立之年,能做的应该就是继续探索,尽自己所能去撼动、推动、唤醒、成全自己和他人。

钟文财

2024年9月11日于小谭山畔